Achim Wohlgethan
Operation Kundus

Achim Wohlgethan

Operation Kundus

Mein zweiter Einsatz
in Afghanistan

Econ

Da die in diesem Buch beschriebenen Ereignisse schon eine Weile zurückliegen, werden die Dialoge unter Umständen nicht im exakten Wortlaut wiedergegeben, sind aber sinngemäß so erfolgt. Zum Schutz der Betroffenen wurden alle vorkommenden Personen, die nicht Personen des öffentlichen Lebens sind, anonymisiert.

Econ ist ein Verlag
der Ullstein Buchverlage GmbH

ISBN: 978-3-430-20073-8

© der deutschsprachigen Ausgabe
Ullstein Buchverlage GmbH, Berlin 2009
© Bilder: Privatbestände Achim Wohlgethan
© Karten Umschlagklappen: Peter Palm, Berlin
Alle Rechte vorbehalten
Gesetzt aus der Sabon und DIN
Satz: LVD GmbH, Berlin
Druck und Bindearbeiten: CPI – Clausen & Bosse, Leck
Printed in Germany

Inhaltsverzeichnis

Prolog 7

Falsche Infos und Kompetenzgerangel – Die Vorbereitung
auf den Einsatz 11

Reise ins Ungewisse – Als Vorauskräfte nach Kundus .. 45

Verschlossene Container und schlafende Wachen –
Die Zustände im Lager und erste Aufträge 65

Toyota, Snoopy und Co. – Schlammschlacht Nummer
eins und Zuwachs im Camp 93

Mehr Sand im Getriebe – Streit in der Einheit und eine
schwierige Fahrt 121

Kabul, ich komme – Über den Salang-Pass in die
fremdgewordene Heimat 141

Reise ans Ende der Welt – Ein Crash und ein Besuch bei
Cap Anamur 167

Kling Glöckchen klingeling – Neues vom Geheimdienst,
ein Fehlalarm und Weihnachten im Camp 195

Brenzlige Pfade – Trip nach Tadschikistan, Monkey Show
fürs Fernsehen und »vergiftete« Schokolade 219

Abschied auf Raten – Pessimismus in Faisabad, ein
merkwürdiger Beschuss und ein frustrierendes Finale . . 243

Total am Ende – Meine Zeit im Bundeswehr-Krankenhaus
und der schwierige Start in ein neues Leben 261

Anja – Aus der Sicht einer Soldatenfrau. 287

Fazit. 297

Danksagung 309

Glossar und Abkürzungsverzeichnis 313

Prolog

5. November 2003 ... Hoch über den Wolken lässt mich das leise Dröhnen der zwei Turboprop-Motoren der Bundeswehrtransportmaschine C-160 Transall vor mich hindämmern. Es ist noch früh, die Müdigkeit sitzt mir in den Knochen. Gegen sechs Uhr morgens hatten wir den Luftstützpunkt der Bundeswehr in Termez, Usbekistan, verlassen. Wir, das sind fünfzehn deutsche Soldaten auf dem Weg ins Ungewisse.

Nach etwa einer Viertelstunde passieren wir bereits die Grenze zu Afghanistan. Unser Ziel ist Kundus, die Hauptstadt der gleichnamigen nordafghanischen Provinz. Für westliche Menschen ist die Stadt nahe der tadschikischen Grenze unbekanntes Land. Lediglich 27 Soldaten des deutschen Vorauskommandos sind schon einige Tage vor Ort, außerdem etwa fünfzehnSoldaten von den amerikanischen Special Forces.

Seit meinem ersten Einsatz in Kabul von April bis Oktober 2002 war die Sicherheitslage in Afghanistan immer bedrohlicher geworden, auch und vor allem für die deutsche Bundeswehr. Im Mai 2003 hatte sich in Kabul ein Selbstmordattentäter neben einem Bus der Bundeswehr in die Luft gesprengt. Vier Soldaten starben, 29 wurden zum Teil schwer verletzt. Aufgrund dieses Vorfalls wurden nur noch gepanzerte Fahrzeuge zum Truppentransport eingesetzt, wenigstens in Kabul.

Ich habe keine Ahnung, wie wir in Kundus zum Lager gebracht werden, ob überhaupt gepanzerte Fahrzeuge vor Ort sind. Vermutlich nicht. Die Bundeswehr ist erst vor wenigen Tagen bei dem von den USA gegründeten regionalen Wiederaufbauteam, dem sogenannten Provincial Reconstruction Team, kurz PRT, in Kundus angekommen. Bald sollen bis zu 230 deutsche Soldatinnen und Soldaten von diesem Stützpunkt aus den wirtschaftlichen, politischen und sozialen Wiederaufbau des Landes unterstützen und die Bevölkerung schützen. Doch bis dahin ist es noch ein weiter Weg.

Meine Gedanken schweifen zurück ins Jahr 2002, und ich erinnere mich an meine niederländischen Kameraden des KCT (Korps Commando Troepen). An diese Spezialeinheit war ich zu meinen Kabul-Zeiten »ausgeliehen« worden und hatte eine Menge erlebt. Meine niederländischen Kameraden sind jetzt im Süden des Landes für die US-geführte Operation Enduring Freedom (OEF) unterwegs und jagen Terroristen. Ich bin nun Teil eines deutschen Teams, der Spezialzüge. Hervorgegangen aus den Aufklärungs- und Verbindungszügen der Fallschirmjägerbataillone, sollen diese gerade erst gegründeten Züge Tiefenaufklärung und andere speziellere Aufgaben übernehmen.

Mit meinem Teamführer Patrick Gerken, genannt Gerko, einem Hauptfeldwebel, habe ich es gut getroffen. Er ist seit etlichen Jahren Mitglied eines Fallschirmjägerbataillons und beherrscht die infanteristischen Einsatzgrundsätze im Schlaf. Wir kennen uns gut, und ich bin sicher, dass ich mich jederzeit auf ihn verlassen kann. Auch die beiden anderen Kameraden meines Vierer-Teams, Hauptfeldwebel André und Stabsunteroffizier Nils, kenne ich schon von früher und bin froh, sie bei meinem zweiten »Besuch« in diesem Land an der Seite zu haben.

Mir gegenüber beugt sich ein Soldat immer wieder interessiert nach vorne, um aus dem Fenster der Maschine zu spähen. Vor elf Monaten war ich das dort auf dem Sitz, denke ich und lächele vor mich hin. Dem Gesicht meines Kameraden sind Aufregung und eine gehörige Portion Skepsis anzusehen. Was erwartet uns dort unten? Wie ist das Leben in Kundus, wie wird die Versorgungslage sein? Und wie die Bedrohungslage? All diese Fragen lese ich meinem Kameraden von den Augen ab. Ich weiß zwar auch nicht, was uns erwartet. Doch ich bin sicher, dass die Erfahrung meines letzten Einsatzes mir helfen wird, gut zurechtzukommen und auch die Unwägbarkeiten gut wegzustecken.

Ich bin gespannt, ob der Einsatz diesmal etwas besser klappt oder ob ich schon wieder einen bürokratischen Wahnsinn erleben werde wie damals in Kabul. Falls dem so wäre, können wir uns auf was gefasst machen, denke ich. In Kundus, so viel ist schon im Vorfeld klar, herrschen von Beginn an erschwerte Bedingungen: Wir sind dort isoliert und auf uns allein gestellt – ganz anders als in der Hauptstadt mit dem großen internationalen ISAF-Lager, den vielen Botschaften und Hotels mit westlichem Standard, wo man sich bei einer Patrouille auch mal mit einem Brathähnchen oder Steak versorgen konnte. Nun senkt sich die Nase der Maschine, wir verlieren schnell an Höhe. Mann, ging das schnell, wir müssen schon im Anflug auf Kundus sein. Ich richte mich auf und strecke mich. Mein Teamführer Gerko grinst mich aufmunternd an, als hätte er meine vielen Gedanken gelesen und wolle sagen: »Wird schon, Achim!« Ich nicke grinsend zurück. In meinem Inneren sieht es allerdings anders aus ...

Falsche Infos und Kompetenzgerangel – Die Vorbereitung auf den Einsatz

Im Oktober 2002, ein gutes Jahr vor meinen Flug nach Kundus, war ich aus meinem ersten Einsatz in Kabul zurückgekommen – eine Erfahrung, die mich sehr geprägt und verändert hatte. Nach dem Dauerstress, den ich als einer niederländischen Spezialeinheit unterstellter Bundeswehrsoldat hatte, fiel ich in ein tiefes Loch, das ich erst einige Monaten später hinter mir lassen konnte.

Nun stand ich vor ganz alltäglichen Problemen. Fünf Jahre hatte ich in der Kaserne gelebt, dort meine Stube gehabt. Als meine Einheit, das Fallschirmjägerbataillon 314, in Oldenburg aufgelöst und die Soldaten auf die verschiedene Standorte verteilt wurden, hatte ich keine Bleibe mehr.

In Oldenburg fand ich ziemlich schnell eine kleine 1,5-Zimmer-Wohnung, die ich mit dem absolut Nötigsten ausstattete. Obwohl ich mich in Deutschland wieder einigermaßen heimisch fühlte und im Fallschirmjägerbataillon 313 in Varel – dieses Städtchen liegt zwischen Wilhelmshaven und Oldenburg – meine neue militärische Heimat fand, dachte ich dennoch fast täglich an das Land am Hindukusch und meine dort gemachten Erlebnisse und Erfahrungen. Vor allem mit meinen niederländischen Kameraden fühlte ich mich weiter eng verbunden. Ich wusste, dass sie in den verschiedensten Kontingenten und Konstellationen immer wieder in Afghanistan eingesetzt wurden. Auch im Irak waren einige Teams unterwegs. In meinen Gedanken wünschte ich ihnen Glück und hoffte, dass alle gesund heimkehrten.

Mein größtes Problem war die Rückkehr in den militärischen Normalbetrieb. Der Alltag bei der Bundeswehr, das heißt Training, Ausbildung, Fallschirmspringen sowie Übungen, Übungen und nochmals Übungen. Das befriedigte mich nicht mehr, nachdem ich bei den niederländischen Kommandos gut viereinhalb Monate quasi in der »Champions League« gespielt hatte. Nun war wieder Kreisklasse angesagt – mit wenig Aussicht auf einen Aufstieg. Belastend war außerdem, dass ich mit keiner Menschenseele über meine Erfahrungen und Erlebnisse in Afghanistan reden konnte, weil ich Angst hatte, dass mich niemand verstand. Außerdem wollte ich nicht als Angeber und Aufschneider dastehen, wenn ich von den speziellen Operationen mit den Niederländern erzählte. Deshalb hielt ich weiterhin meinen Mund, machte die Sache mit mir selber aus und folgte dem Programm – was nicht ganz einfach war.

Immerhin auf dem Papier stand eine neue Herausforderung an: Die Spezialzüge der Bundeswehr befanden sich im Aufbau. Sie waren der sogenannten Division Spezielle Operationen (DSO) unterstellt, in der bis 2010 alle luftlandefähigen und Spezialeinheiten gebündelt werden. Die Spezialzüge, darunter auch mein Bataillon 313 in Varel, verstehen sich als Elite-Vorauskräfte der Fallschirmjägerbataillone. Wann immer es irgendwo in der Welt brennen würde und die Bundeswehr ausrücken wollte, würden Soldaten dieser Spezialzüge geschickt, für die es penible Eignungstests und sogar eine Probezeit gab. Da für uns in Zukunft die weltweite Zusammenarbeit mit Spezialeinheiten auf dem Programm stand, mussten ziemlich schnell die internationalen Standardverfahren eingeführt werden – also Sachen wie die verschiedensten Schießtechniken, logistische Vorbereitungen für einen schnellen Einsatz, unterschiedliche Arten der Verbringung ins Einsatzgebiet, zu Lande, zu Wasser und zu Luft. Alles, was eine Spezialeinheit leistete, musste schnellstmöglich den einfachen oder bereits individuell spezialisierten Fallschirmjägern beigebracht werden.

Vorsichtig versuchte ich, meine Erfahrungen aus meiner Zeit bei den Niederländern und meiner sehr vielseitigen Ausbildung an den verschiedensten Schulen der Bundeswehr und anderer Nationen mit einfließen zu lassen. Bei den Niederländern hatten wir beispielsweise Techniken wie das Erstürmen und Durchsuchen von Gebäuden oder Vorgehensweisen bei der Feindbekämpfung – gerade auf sehr engen Pässen im Gebirge – bis zum Umfallen geübt und teilweise auch eingesetzt. Allerdings stand mir bei einigen Vorgesetzten mein Rang als Stabsunteroffizier im Weg.

Als »Stuffz« wird man nicht unbedingt von allen Vorgesetzten ernst genommen, geschweige denn wurde es akzeptiert, dass man auch in dieser Funktion gute und intensive Erfahrungen sammeln, auswerten und umsetzen konnte. Aber ich wollte auf gar keinen Fall zu sehr auf den Busch klopfen. Deshalb kostete es mich viel Fingerspitzengefühl, um bei unseren Trainings trotzdem gute und erprobte Drills einzubringen. Allerdings gelang mir das nur bedingt, zu groß waren die hierarchischen Schranken. Manchmal kam es mir auch so vor, als ob einige Vorgesetzte fast ein bisschen neidisch auf mich waren, zumindest auf meine Einsatzzeit in Afghanistan. Längst nicht alle Vorgesetzten hatten bereits am Hindukusch Dienst geleistet, insofern hatte ich ihnen diese Erfahrung voraus. Diese Skepsis frustrierte mich natürlich zutiefst. Ich wollte mich einbringen, wollte meinen Teil zum Aufbau des Zuges beitragen, jedoch ließ man mich oftmals am ausgestreckten Arm verhungern. Ich begann deshalb, mich stärker auf mein Privatleben zu konzentrieren.

Ein heikles Thema war für mich das Kennenlernen von Frauen. Ich hatte zwar ein Bedürfnis nach Nähe, allerdings sträubten sich mir die Nackenhaare bei dem Gedanken, zu erzählen, was ich beruflich tue und getan hatte. Das Internet war mein Retter. Dating- und Flirtlines schossen wie Pilze aus dem Boden, und ich meldete mich bei einer an. Kurze Zeit später hatte ich einen Treffer: eine Frau aus Bremen namens Anja. Wir schrieben uns viele E-Mails und lernten uns immer besser kennen. Irgendwie fiel es mir leichter, erst einmal über das Internet zu kommunizieren, so konnte ich eine gewisse Distanz wahren und alles unter Kontrolle halten. Trotz des intensiven Austauschs hielt ich mich mit sehr persönlichen Dingen und Infos über meinen Job total zurück. Ich hatte das Gefühl, mich verstecken und sehr bedeckt halten zu müssen, damit sie mich ja nicht fragt, was ich eigentlich beruflich so mache. Sie wusste nur, dass ich bei den Fallschirmjägern bin. Nach zig geschriebenen E-Mails war es endlich so weit. Wir wollten uns treffen, uns endlich persönlich kennenlernen. Vor unserem Date am 1. Mai 2003 hatte ich schon etwas Bammel, aber ich freute mich auch darauf. Ich hatte ja schon viele gute, sympathische Seiten an Anja gesehen und insgesamt ein gutes Gefühl. Sie hatte mir auch geschrieben, dass sie eine kleine Tochter von eineinhalb Jahren hatte. Das gefiel mir. Irgendwie hatte ich in Afghanistan eine Schutzfunktion gegenüber Kindern und Frauen entwickelt.

Wir hatten ein sehr schönes Treffen in Bremen, bei dem es ordentlich zwischen uns funkte. Die nächsten Tage und Wochen fuhr ich, sooft es ging, nach Bremen und besuchte Anja und ihre Tochter Lena. Unser Verhältnis wurde immer intensiver und inniger. Zum ersten Mal seit sehr langer Zeit hatte ich meine Gedanken nicht nur beim Militär. Ich freute mich bei jedem Besuch über die »häusliche Idylle« und die schönen, harmonischen Stunden. Etwas, worüber ich früher gelächelt hätte, wenn mir das jemand erzählt hätte. So vergingen die Tage und Wochen.

Plötzlich, etwa Mitte April, begannen erste Gerüchte im Bataillon zu kursieren: Es ginge, zumindest für Teile, Richtung Afghanistan! Genaueres war nicht zu erfahren, doch an Gerüchten ist ja oft ein Körnchen Wahrheit. Die Nachricht elektrisierte mich. Nach Monaten voller Alltag und Ruhe spürte ich wieder eine gute, vertraute Anspannung in mir. Die Aussicht auf eine neue Herausforderung, auf eine Rückkehr nach Afghanistan ließ mein Herz höher schlagen. Ich wollte unbedingt dabei sein, ich wollte das Land und seine Menschen wiedersehen! Ich wurde immer aufgeregter und erwartete, ja sehnte fast den Tag herbei, an dem der Kommandeur endlich etwas Offizielles verlautbaren ließ.

Plötzlich wurde mir klar, dass dieses Mal alles anders werden würde. Ich war ja nun in einer Beziehung! Ich hatte keine Ahnung, wie ich damit umgehen sollte. Das war eine ungewohnte, völlig neue Erfahrung für mich. Etwas, worüber sich Tausende von Soldatinnen und Soldaten ihre Gedanken machen müssen, wenn ein Auslandseinsatz ansteht. Ich sah ganz plötzlich viele unserer Familienväter mit ganz anderen Augen. Was die Trennung von den Lieben zu Hause bedeutete, wie man ihnen die Ängste und Sorgen nehmen konnte – darüber hatte ich mir vorher noch nie Gedanken gemacht. Anja und die kleine Lena zurückzulassen bereitete mir Kopfzerbrechen. Wie sollte ich Anja unsere Trennung beibringen? Eine schwierige Zeit lag vor mir und ich hoffte, dass ich den richtigen Ton und den richtigen Zeitpunkt finden würde, sie schonend vorzubereiten.

Trotz der neuen Probleme, die sich vor mir auftaten, freute mich die Aussicht auf einen zweiten Einsatz und die Möglichkeit, das Erlernte in die Tat umzusetzen. Es gab so wenige Gelegenheiten, aus dem militärischen Alltag mit den ständigen Trockenübungen auszubrechen, da wollte ich jede Chance beim Schopf packen. Fieberhaft versuchten einige Kameraden, die auf den Einsatz ähnlich scharf waren wie ich, an mehr Information zu kommen. Doch die Führung hielt sich total bedeckt, es war wirklich nichts herauszufinden.

Meinem Truppführer Gerko erzählte ich zum ersten Mal, welche Aufträge ich in Kabul durchgeführt und zu welcher Einheit ich dabei gehört hatte. Er hörte mir aufmerksam zu und pfiff durch die Zähne. »Mannomann, Achim, ich bin beeindruckt! Wir müssen unbedingt versuchen, dass so viel wie möglich von deinem Know-how verwertet wird.« Ich schaute ihn dankbar an. »Und damit meine ich nicht nur unser Team«, fuhr Gerko fort, »sondern den ganzen Spezialzug«. Dadurch wuchs meine Tätigkeit als Ausbilder von Tag zu Tag. Bis heute bin ich Gerko sehr dankbar dafür, dass er sich so für mich eingesetzt hat.

Nach einiger Zeit verdichteten sich die Gerüchte dahingehend, dass es wohl darum ging, das Kommando Spezialkräfte (KSK) aus Bagram herauszulösen, wo sie vom afghanischen Hauptquartier der Amerikaner aus operierten. Diese deutsche

Spezialeinheit war ein Teil der von den Amerikanern geführten Operation Enduring Freedom im Süden Afghanistans, dem militärischen Kampf gegen den Terrorismus. Doch tatsächlich waren diese hochspezialisierten Kämpfer vom KSK weitgehend »arbeitslos«, weil die Amerikaner es leid waren, jeden Auftrag für die Deutschen vom Einsatzführungskommando in Potsdam absegnen zu lassen. Statt des KSK sollten die Spezialzüge der Fallschirmjägerbataillone herangezogen werden, also praktisch die nächstniedrigere Stufe der Spezialeinheiten. In meinen Augen war das absolut sinnvoll, denn die vom KSK realisierten Aufträge lagen auch in unserem Aufgabenspektrum. Operationen der Amerikaner sichern und Auffanglinien bilden, dafür brauchte man kein Elitesoldat vom KSK zu sein. Irgendwann bekam das KSK-Ablösungsgerücht auch einen Namen: »Operation Schneller Gepard«. Doch es kam alles anders.

Eines schönen Tages wurde ich von Hauptmann Kuhlert in den Stab zitiert. Dieser Hauptmann kannte mich schon aus dem Fallschirmjägerbataillon 314 in Oldenburg. Er wusste, welche Ausbildungen ich durchlaufen hatte, und kannte das Aufgabenfeld in Kabul aus meiner Personalakte. »Wohlgethan, Sie haben ja sicher von der Operation Schneller Gepard gehört. Mal angenommen, es kommt dazu – was meinen Sie: Wie könnte so eine Truppe aussehen? Wie viel Mann wären das, und wie wäre die Zusammensetzung? Was bräuchten wir an Material und Ausrüstung?« Hatte ich richtig gehört? Der Leiter einer Stabsabteilung wollte meine Meinung hören? Es fiel mir schwer, meine Genugtuung zu verbergen. »Dazu fällt mir eine ganze Menge ein«, sagte ich. »Am besten mache ich Ihnen ein Konzept, dann haben Sie gleich alle Infos in der Hand.«

Innerhalb weniger Tage hatte ich dieses Papier fertig und übergab es ihm. Nachdem Hauptmann Kuhlert es sich durchgelesen hatte, zeigte er sich sehr zufrieden mit meiner Arbeit. »Das klingt alles sehr vernünftig und gut durchdacht, Wohlgethan. Jetzt ist die Frage, wie wir das Papier am besten dem Bataillonskommandeur vermitteln können. Sie wissen ja, wie das ist.« Oh ja, das wusste ich nur zu gut. Ein Papier von einem

Stabsunteroffizier des Spezialzugs würde bei etlichen Mitarbeitern des Stabes wohl lediglich ein müdes Lächeln hervorrufen. Außerdem gehörte der Kommandeur nicht unbedingt zu meinen Fans. Nach meiner Rückkehr aus Kabul hatte ich mich bei ihm nicht gerade beliebt gemacht, als ich meinen Wechsel vom Einsatz mit den Niederländern in Afghanistan zum Standarddienst in der Kaserne als Abstieg von der Champions League in die Kreisliga bezeichnet hatte. Allerdings war der Vergleich von mir nicht auf das Personal der Spezialzüge gemünzt gewesen, sondern auf den bisherigen Ausbildungs- und Erfahrungsstand im Vergleich zu den niederländischen Kommandosoldaten des KCT.

Aber ich hatte auch Kritik geäußert, die in den Zuständigkeitsbereich des Kommandeurs fiel. Es fehlten beispielsweise tiefgreifende Ausbildungskonzepte, was mir sehr sauer aufstieß. Auch dass der Ausbildungsschwerpunkt auf Freifallspringen gesetzt wurde – dabei wird der Schirm im Gegensatz zum üblichen Automatikspringen von Hand geöffnet –, zumindest in der ersten Zeit, fand ich ziemlich sinnlos. Schließlich war dies nur eine von vielen Möglichkeiten, an den Ort des Geschehens zu kommen, und doch wurde dieser Verbringungsart ein so hoher Stellenwert eingeräumt. Dabei wurde es erst nach dem Sprung, nämlich am Boden, existentiell: Dann war infanteristisches Know-how gefragt. Kurz und gut, es wurde gerade in der Anfangsphase der Spezialzüge eine Menge an Zeit verplempert, die viel sinnvoller hätte genutzt werden können.

Hauptmann Kuhlert legte dem Kommandeur mein Konzept vor, mit meiner Unterschrift darunter. Seiner Meinung nach war es nicht wichtig, welchen Dienstgrad der Urheber hatte, sondern nur, ob die Vorschläge fundiert waren und auf praktischen Erfahrungen beruhten. Außerdem wollte er sich nicht mit fremden Federn schmücken – eine Einstellung, die keineswegs selbstverständlich ist. Leider, so muss ich rückblickend sagen, war es ein taktischer Fehler, das Papier mit meinem Namen darauf einfach so weiterzureichen.

In meinem Konzept ging es unter anderem um die Ausbildung

unserer Kräfte. Da wir das KSK aus Bagram herauslösen sollten, kamen für mich auch nur Ausbilder vom KSK in Frage. Die meisten dieser Elitesoldaten kannten sich bereits in und um Bagram aus, wo sämtliche Special Forces aus den beteiligten NATO-Staaten untergebracht waren, und wussten auch, welche speziellen Fähigkeiten benötigt wurden. Doch mein folgerichtiger Vorschlag stieß in unserem Stab auf wenig Gegenliebe. Manche wollten sich nicht die Blöße geben und beim KSK in Calw nach Ausbildern fragen. Ich weiß nicht, ob man einen Gesichtsverlust befürchtete oder woran es sonst lag: Mein Konzept wurde abgelehnt.

Kurze Zeit später bekamen wir einen Ausbildungsplan aus dem Stab und, oh Wunder!, ich erkannte eine Menge meiner Vorschläge wieder. Sie waren natürlich umformuliert worden, aber im Großen und Ganzen meinem Papier sehr ähnlich. Mit dem Unterschied, dass nun »Oberstleutnant« und »Kommandeur« darunter stand. Mir war der Etikettenschwindel zu diesem Zeitpunkt total egal, denn allein dass dieser Ausbildungsplan existierte, war ein weiterer wichtiger Schritt zum Einsatz in Afghanistan. Wir hatten endlich etwas Konkretes in der Hand und machten uns mit Feuereifer ans Trainieren.

Das Team »Gerko«, zu dem ich gehörte, war wirklich gut. Gerko hatte zwar noch keine Auslandserfahrung, aber er war einer der besten Soldaten, die ich je kennengelernt habe. Sieben Jahre kannte ich ihn schon, und wir machten auch privat viel miteinander. Ich hatte uneingeschränktes Vertrauen zu ihm. Mit ihm als Truppführer konnte uns nichts passieren. Auch auf André, den stellvertretenden Truppführer, konnte man sich hundertprozentig verlassen. Nils, der vierte Mann im Bunde, war ebenfalls eine absolute Bereicherung für unser Team. Ich habe selten einen Soldaten erlebt, der so motiviert und wissbegierig war und der sich in Eigeninitiative während und außerhalb des Diensts ständig weiterbildete.

Es stimmte nicht nur menschlich zwischen uns, sondern auch fachlich. Das Ausbildungsniveau unseres Teams war sehr gut, auch durch unser gemeinsames Training. Ich freute mich, mit diesen Jungs in den Einsatz gehen zu dürfen. Die größten Gewissensbisse hatte ich wegen Anja und der Kleinen. Sage ich es ihr, oder halte ich lieber den Mund? Ich hielt dann erst mal dicht. Allein schon deshalb, weil das Ganze ja noch im Planungsstadium und noch lange nicht spruchreif war. Ich wollte nicht unnötig die Pferde scheu machen. Doch bei aller Vorfreude auf den Einsatz fürchtete ich schon den Tag, an dem ich meinen Marschbefehl in Händen halten würde, um nach Afghanistan zu verlegen. Vor dem dann unausweichlichen Gespräch mit Anja grauste mir. Das konnte nur heftig werden.

Ich blieb nun auch häufiger zum Übernachten in der Kaserne in Varel. Wir sprachen die kommenden Ereignisse durch oder übten wichtige Vorgehensweisen, vor allem das Arbeiten im Vier-Mann-Team. Da wir uns in jeder Situation blind aufeinander verlassen können mussten, waren das Training und das dadurch entstehende Vertrauen existentiell. Alle im Team waren total engagiert, und so wurden wir von Tag zu Tag besser und eine richtig gut eingespielte Mannschaft. »Ich finde es einfach nur geil mit euch«, meinte Nils eines Abends nach einer Übung. »Hoffentlich wird die Sache endlich mal spruchreif.«

Er hatte recht. Ob gerade wir vier tatsächlich nach Afghanistan gehen würden, stand noch völlig in den Sternen. Aber wenn ich etwas von den niederländischen Kommandos gelernt hatte, dann dies: Auf gewisse Szenarien und Vorfälle kannst du dich nie genug vorbereiten. Du reagierst dann schneller, angemessener und sicherer im Einsatz, wenn du Routine hast. Eine intensive Ausbildung mit dem Team und auch mit dem vorhandenen Material kann unter Umständen darüber entscheiden, ob du überlebst oder nicht. Denn die modernste Waffe ist immer nur so gut wie der Mensch, der sie bedient. Da wir alle wieder heil nach Hause kommen wollten und voller Vorfreude auf den Einsatz waren, übten und trainierten wir wie die Bekloppten.

Wenn ich einmal doch nach Hause fuhr, war ich gedanklich bereits in Afghanistan. Selbst in meinen eigenen vier Wänden konnte ich nun nicht mehr abschalten, was auch meine Freundin bemerkte. »Was ist denn los mit dir?«, wollte Anja manchmal am Telefon herausfinden. »Du wirkst so abwesend.« Außerdem fragte sie, warum ich mich nur noch sporadisch melde. »Ich habe einfach viel zu tun, Anja«, versuchte ich sie zu beschwichtigen. Da sie von den Afghanistan-Plänen ja noch nichts wusste, wählte ich eine harmlose Variante und sagte: »Wir probieren in meiner Einheit gerade viel Neues aus. Da ist mein ganzer Einsatz gefragt.« Aber eigentlich versuchte ich, das Thema »Arbeit« zu vermeiden und suchte somit immer wieder nach belanglosen Ausreden.

Mit Unbehagen dachte ich nun immer wieder an das Gespräch, das mir bevorstand, wenn der Einsatzbefehl erfolgte. Ich hatte keine Ahnung, wie ich das Anja schonend beibringen sollte. Das alles war neu für mich und ziemlich aufreibend. Immer wieder kam mir die Szene in den Sinn, als meine Mutter nach meiner Rückkehr aus Kabul das erste Mal vor mir stand. Sie hatte mich fest in den Arm genommen – und dann war all die Angst der vergangenen Monate aus ihr hervorgebrochen: Sie klammerte sich an mich und heulte wie ein Schlosshund. Mir war erst in diesem Moment klargeworden, in was für einer emotionalen Ausnahmesituation sich die Angehörigen zu Hause befanden, wie viele Sorgen sie sich machten. Und nun stand mir das Ganze mit Anja bevor. Glücklicherweise setzte sie mich nicht unter Druck, wenn wir uns weniger sahen und ich am Telefon ein bisschen einsilbig war. Sicher ahnte sie wohl schon etwas. Umso bewundernswerter, wie zuvorkommend und gelassen sie mit der Situation umging.

Die Ausbildung wurde für den gesamten Zug intensiviert. Der Spezialzug bestand zu diesem Zeitpunkt aus circa dreißig Mann. Da niemand wusste, wie viele von uns am Ende tatsächlich nach Afghanistan verlegen, mussten erst mal alle auf einen Ausbildungsstand gebracht werden. Das war allerdings leichter gesagt als getan, da viele nicht über genügend infanteristische Fähigkeiten verfügten. Das lag daran, dass in der Entstehungsphase der Spezialzug mit Personal bestückt wurde, das einen Freifalllehrgang hatte. Normal wäre es gewesen, das Personal aus hervorragenden Infanteristen zu rekrutieren und ihm danach einen

Freifalllehrgang zu verpassen. Somit gab es am Anfang zwar eine sehr hohe Einsatzbereitschaft beim Fallschirmspringen, aber nicht beim Kämpfen – was für viele eine ganz neue Aufgabe war. Auch eine Ausbildung des Kontingents durch das KSK hinsichtlich bestimmter Techniken und Taktiken war vorgesehen – ganz so, wie ich es vorgeschlagen hatte. Im Juni 2003 erhielten wir das erste Material: bessere Waffen und Funkgeräte sowie Überlebensausrüstung.

Das hört sich alles toll an, aber die Sachen waren im Vergleich zu anderen Nationen immer noch nicht gut genug. Außerdem fehlten einige Dinge, die wir wirklich gebraucht hätten, etwa Funkgeräte, die mit denen anderer Nationen kompatibel waren. Kurz darauf kamen auch die ersten Ausbilder aus Calw, um mit uns spezielle Einsatzszenarien zu üben. Wir begannen in den Trupps mit der Ausbildung für Zugriffe auf Zielpersonen oder Gebäude sowie das Fahren und Verhalten im Konvoi. Auch sehr viel Spezielleres wie das Befreien von Geiseln wurde uns gezeigt und trainiert. Ich genoss das Ganze sehr. Die ruhige und überlegte Art einiger Spezialsoldaten erinnerte mich an meine Freunde vom niederländischen KCT.

Irgendwie übertrugen sich meine Euphorie und Begeisterung auf fast alle Kameraden des Zuges, und wir spornten uns dadurch noch mehr an. Am Ende des Tages waren wir meist müde und zerschlagen, aber glücklich. Dann kamen wir zusammen, um unser Fazit zu ziehen, und besprachen, in welchen Bereichen noch Nachholbedarf herrschte und was wir am nächsten Tag in den Plan aufnehmen wollten.

Das Kontingent nahm auch schon konkretere Formen an. In der ersten Planung sollte die Operation Schneller Gepard aus Teilen zweier Kampfkompanien der Fallschirmjäger bestehen, insgesamt circa 130 Soldaten, plus dem kompletten Spezialzug. Das wären insgesamt 160 Mann. Doch wir hörten niemals einen genauen Termin, auch die Kopfzahlen veränderten sich immer wieder nach oben und unten. Das lag daran, dass natürlich jeder, der Personalverantwortung hatte, irgendwie versuchte, seinen eigenen Leuten einen Platz im ersten Kontingent zu sichern. Davon abgesehen war selbst diese Planung mit 160 Soldaten zu eng bemessen. Meines Erachtens müssten wesentlich mehr Leute geschickt werden, schließlich lagen die Rahmenbedingungen vor Ort völlig im Dunkeln. Aber das war politisch nicht zu verkaufen.

Aus Erfahrung wusste ich, dass am Anfang immer weniger Soldaten als nötig geschickt werden, um keine Fragen in der Öffentlichkeit aufkommen zu lassen. Auch war bereits jetzt klar, dass von den derzeit 160 geplanten Mann nur ein gewisser Teil wirklich nach Afghanistan geschickt würde. In dieser Planung waren schon Reserven mit enthalten, so dass sehr flexibel und schnell auf die Umstände reagiert werden konnte. Wie die Politik diese Mannstärken beurteilte und welche Obergrenzen sie festlegen würde, war noch lange nicht ausgemacht.

Dass und wie in der politischen Praxis Kontingent-Obergrenzen festgelegt werden, muss ich an dieser Stelle scharf kritisieren. Den militärischen Führern vor Ort werden dadurch jeglicher Spielraum und die nötige Flexibilität genommen. Oft ist vor einem solchen Einsatz nicht geklärt, ob ich mit der politisch festgeschriebenen Zahl an Soldaten den Auftrag überhaupt durchführen kann. Das Flickwerk der eingesetzten Truppen von vielen verschiedenen Standorten aus ganz Deutschland kann seine Aufträge meist nur eingeschränkt oder lediglich unter Aufbietung aller Kräfte erfüllen. Dies geht aber meist nur eine kurze Zeit gut. Bei einer Einsatzdauer von früher sechs, heute vier Monaten, sind chronische Erschöpfung und gesundheitliche Ausfälle vorprogrammiert. All das sorgt natürlich für Frust durch alle Dienstgradgruppen hindurch.

Bis auf ganz wenige Schlüsselpositionen standen noch keine Namen für den Einsatz fest. Dieser Umstand sorgte natürlich immer wieder für die wildesten Spekulationen, Befürchtungen und Gerüchte. Aufgrund unseres guten und intensiven Trainings war ich mir allerdings sehr sicher, dass der Kommandeur auf die Komponente Spezialzug nicht verzichten würde, ja dass er es gar nicht konnte. So blieb ich in dem ganzen Trubel im Bataillon ziemlich gelassen und wartete auf das, was da kommen sollte.

Ein negativer, ja erschreckender Effekt kam durch die Unsicherheit zum Tragen: interne Konkurrenzkämpfe um die vorhandenen Plätze. Das ging sogar so weit, dass einige Profilierungssüchtige andere Kameraden schlechtmachten, um ihre Chancen zu erhöhen – das grenzte fast an Mobbing. Mir war schleierhaft, wie diese Soldaten ihren Kameraden je wieder in die Augen sehen wollten. Was dort in einigen Fällen an Vertrauen zerstört wurde, lässt sich nie und nimmer reparieren. Und dabei ist gerade Vertrauen in so einem gefährlichen Job wie unserem das A und O. Ich muss mich ohne Wenn und Aber auf meine Kameraden verlassen können, sonst bin ich geliefert.

Mir waren diese menschlichen Abgründe fremd, und ich hielt mich in diesem Kesseltreiben noch mehr zurück, als es eh schon meine Art ist. Außerdem war ich guter Dinge, dass mein Team es ins Einsatzland schaffen würde. Schließlich gab es nicht allzu viele Teams, in denen Soldaten mit Afghanistan-Erfahrung waren. In Kabul war ich auch als Personenschützer von ranghohen Offizieren eingeteilt gewesen. Deshalb bekam ich den Auftrag, einen Kurs zu genau diesem Thema zu geben. Nun war es so, dass zu solchen Kursen normalerseise die Führer der verschiedenen Einheiten geschickt werden, die dann ihrerseits ihre Untergebenen schulen. Das Problem war nur: Meine »Schüler« hatten in den allermeisten Fällen einen höheren Rang als ich und taten sich teilweise schwer, sich von mir etwas sagen zu lassen. Entsprechend zweifelten mich einige von ihnen an, nach dem Motto: »Das kann doch gar nicht sein, was der da vorne erzählt. Woher soll ein kleiner Stuffz das überhaupt wissen?«

Doch es gelang mir, die fachlichen Zweifel zu entkräften – was teilweise ganz schön anstrengend war. Ich durfte mir nicht den allerkleinsten Fehler erlauben, um den Zweiflern keine Angriffsfläche zu bieten. Die Aussicht, wieder nach Afghanistan zu kommen, ließ mich aber all die kleinen, manchmal auch offenen Sticheleien relativ gelassen wegstecken. Ich hatte mein Ziel vor Augen, und davon konnte mich keiner mehr abbringen.

Neben Anja bot mir mein Trupp einen emotionalen Rückzugsraum. Dort konnte ich entspannen und nach getaner Arbeit auch mal meine Beine hochlegen. Unsere Zusammenarbeit war wirklich sehr harmonisch und von gegenseitigem Respekt getragen – fast genauso wie bei den Niederländern damals. Ich hatte eine neue Familie gefunden, diesmal sogar Deutsche! Jeder unseres Trupps hatte fast zehn Jahre Dienstzeit auf dem Buckel. André hatte schon zwei Einsätze auf dem Balkan und in Dschibuti hinter sich gebracht. Gerko und Nils löcherten André und mich immer wieder zu unseren Erfahrungen im Ausland. Sie waren extrem neugierig und lernfreudig, saugten alle Erzählungen und Fakten begierig in sich auf. Sie wollten sich so gut wie möglich auf alles vorbereiten, um keine bösen Überraschungen zu erleben. André und ich standen da gerne zur Verfügung.

In Gedanken malte ich mir schon aus, wie sich unsere Arbeit vor Ort gestalten würde. Gerko, unser Teamführer, war für die taktischen Planungen zuständig und das Verbindungsglied zwischen dem Team und der nächsthöheren Führungsebene. Er bekam die Aufträge mündlich oder schriftlich und musste diese aus militärisch-taktischen Gesichtspunkten, bezogen auf die allgemeine Lage vor Ort, umsetzen und sein Team für diesen Auftrag entsprechend einplanen. Nils war der Spezialist für Funkgeräte und schwere Waffen. Schwere Waffen sind für so ein kleines Team beispielsweise Panzerfaust, Maschinengewehr oder auch Granatpistole. Sie kommen jedoch erst dann zum Einsatz, wenn die Gefährdungslage diesen Einsatz rechtfertigt. André war für die verschiedensten Verbringungen zu Lande, zu Wasser und in der Luft zuständig, in der Praxis also hauptsächlich unser Fahrer.

Ich war der sogenannte Medic im Team. Der Medic oder auch Combat Medic ist derjenige im Team, der bei diversen Speziallehrgängen an internationalen Schulen lernt, einen Soldaten auch unter Feindbeschuss am Leben zu erhalten. Dort lernte ich, Infusionen zu legen, einen Luftröhrenschnitt durchzuführen oder schwere Verletzungen zumindest vorübergehend zu behandeln, bis der Arzt übernimmt oder die Verwundeten durch Rettungskräfte ausgeflogen werden. Im Zivilen könnte man die Fähigkeiten irgendwo zwischen Rettungssanitäter und Rettungsassistent ansiedeln. Außerdem gehörten Waffen zu meinem Aufgabengebiet. Durch »Waffentuning«, also das Anbauen von teilweise selbstgekauften Teilen, habe ich versucht, die Wirkung zu verbessern. Das Kompetenzgerangel um uns herum interessierte unser Team nicht, und wir beteiligten uns auch nicht daran. Meine kleine Heimat funktionierte und war intakt.

Langsam, aber sicher kristallisierte sich heraus, dass das erste Kontingent eine Maximalstärke von fünfzig Soldatinnen und Soldaten nicht überschreiten sollte. Puh, das waren gerade mal dreißig Prozent der vorherigen Planung. Wenn das mal gutging! Mit dieser Nachricht nahm das Hauen und Stechen untereinander beträchtlich zu. Auch der Termin wurde immer konkreter. Es hieß nun, wir würden im Oktober/November nach Afghanistan verlegen. Der Alltag in der Kompanie wurde immer hektischer, worunter mein Privatleben litt. Trotzdem versuchte ich, so viel Freizeit wie möglich bei Anja in Bremen zu verbringen, was mir aber nicht immer gelang.

Der Führer des Spezialzugs, Hauptmann Rumpf, zögerte lange, die Zusammensetzung der Trupps festzulegen. Um die verschiedenen Konstellationen zu sondieren, zog er seine Hauptfeldwebel zusammen und besprach sich mit ihnen. Es stand ja fest, dass nicht alle mitkommen konnten. Heulen und Zähneklappern waren dadurch garantiert. Ich hatte das Gefühl, dass der Zugführer sich diesen Schwierigkeiten nicht stellte, zumindest nicht sofort. Also wurde eine zu diesem Zeitpunkt dringend nötige Entscheidung – es war mittlerweile Ende August – weiter aufgeschoben. Nach den ganzen Vorbereitungen und speziellen Ausbildungen kochte der Zug fast über, jeder der dreißig Soldaten wollte mit, und zwar so schnell wie möglich.

Etwa Anfang September wurde die Einsatzdauer verstärkt diskutiert. Es geisterten Zahlen von drei bis sieben Monaten durch das Bataillon und die Kompanien. Sieben Monate, das war ein Horrorszenario für einsatzerfahrene Soldaten. Ich schüttelte mich bei der Vorstellung, konnte ich mich doch gut daran erinnern, wie leer und ausgebrannt ich mich nach meinem ersten Einsatz in Afghanistan gefühlt hatte. Sechs Monate hatte ich in Kabul Dienst geleistet, ohne einen einzigen Tagen Urlaub. Viele Operationen gingen tagelang, Nächte inklusive. Oft mussten wir nach drei, vier Stunden Schlaf schon wieder dienstbereit sein. Der Einsatz hatte so an mir gezehrt, dass ich mit zwanzig Kilo weniger aus Afghanistan zurückgekommen war und mich meine Mutter kaum wiedererkannt hatte. Einige der Kameraden fanden die Aussicht auf sieben Monate dagegen super. Sie waren scharf auf das Geld. Die Gefahrenzulage von 93 Euro täglich läpperte sich mit jedem Tag mehr zu einem ordentlichen Sümmchen zusammen. Und was noch wichtiger war: Ab sechs Monaten Auslandseinsatz landete das Geld auch noch steuerfrei auf dem heimischen Konto.

Gerko, André, Nils und ich kamen uns langsam vor wie in einem Dampfkessel. Sollte nicht schnellstmöglich Klarheit über die Zusammensetzung des Kontingents herrschen, würde er überkochen und explodieren. Nun wurde auch ich nervös und überlegte, wie es weiterging. Konnte es passieren, dass unser Trupp doch nicht mitgenommen wird? War die »Lobbyarbeit« einiger Soldaten beim Zugführer oder bei höheren Stellen so gut, dass sie einen Platz sicher und unser Team möglicherweise verdrängt hatten? Ich Blödmann ließ mich anstecken von dem ganzen Trubel und der Anspannung und verlor meine Gelassenheit.

Eine weitere aufregende Neuigkeit machte die Runde: Der damalige afghanische Verteidigungsminister Fahim Khan würde demnächst nach Deutschland kommen. Bei diesem Anlass wollte er auch unser Fallschirmjägerbataillon in Varel besuchen. Im Rahmen einer eintägigen Truppenvorführung sollten wir ihm unsere Mittel und Fähigkeiten vorführen. Hätten wir das lieber nicht mit so viel Schwung und Elan getan, es hätte eine Menge politischer Komplikationen verhindert.

Am Tag des Besuchs standen wir in voller Montur auf dem Übungsplatz hinter der Kaserne bereit und warteten, bis Fahim Khan eintraf. Von dem offiziellen Teil bekamen wir nicht viel mit, das Startkommando kam über Funk. Für die Vorführung wurde auf einer Wiese hinter der Kaserne eine kleine Tribüne aufgebaut. Dort stand Fahim Khan in dunklem Anzug und einem Tross von deutschen Begleitern aus Politik und Militär. Es waren keine hochrangigen Politiker unter ihnen, nur einige Staatssekretäre und natürlich ein paar Afghanen, die bei so einer Delegation immer mit dabei sind.

In der ersten Phase zeigten wir das sogenannte schnelle Anlanden mit dem Hubschrauber. Bei dieser Landetechnik kommt der Hubschrauber recht schnell auf die vorgesehene Landezone zu. Wenn der Heli ein paar Meter über dem Boden angekommen ist, werden rechts und links die Türen geöffnet und die Soldaten bringen sich in Stellung, indem sie einen Fuß auf die Kufe des Hubschraubers setzen. Sobald der Hubschrauber Bodenkontakt hat, springt der Trupp nach draußen. Durch seine hohe Geschwindigkeit gleitet der Helikopter ein paar Meter weiter und nutzt diesen Umstand, um sofort wieder durchzustarten und schnell aus der Gefahrensituation zu kommen.

Danach sollte unser Trupp von Feindteilen angeschossen werden, die von anderen Kameraden simuliert wurden. Dafür hatten sich die Jungs irgendwelche fremden Uniformen angezogen und Turbane um den Kopf gewickelt. Natürlich musste aber darauf geachtet werden, dass sie nicht zu afghanisch aussahen. Wie hätte das wohl Fahim Khan gefunden, wenn wir vor seinen Augen seine »Landsleute« beschossen hätten? Wir wichen unter dem alten Infanteriegrundsatz »Feuer und Bewegung« in die nächste Deckung aus – in diesem Fall war es ein kleines Waldstück. Der gesamte Vorgang dauert nur wenige Sekunden.

Gleich danach sollte sich ein Trupp aus dem Hubschrauber abseilen, der etwa zwanzig Meter über dem Boden schwebte. Diese Technik wird genutzt, wenn der Hubschrauber wegen Bäumen oder Häusern nicht landen kann. Zu guter Letzt war ein Freifallsprung aus einem Transporthubschrauber vorgesehen. Diese ganzen Aktionen wurden wie ein Feuerwerk hintereinander gezündet, um ein »Aha-Erlebnis« zu schaffen. Es ging eben darum, in möglichst kurzer Zeit möglichst viel Eindruck zu machen.

Bei manchen Kameraden bemerkte ich bereits im Vorfeld große Ressentiments gegenüber der Person Fahim Khans – besonders bei denen, die bereits in Afghanistan gewesen waren und so manche unschöne Geschichte über diesen Mann gehört hatten. »Na toll, jetzt müssen wir vor diesem Verbrecher auch noch eine Vorführung machen. In Afghanistan tritt er das Gesetz mit Füßen, aber hier wird er behandelt wie ein toller Staatsgast!«, entrüstete sich einer meiner gut informierten Kameraden. Deshalb wurden wir vor der Vorführung auch kontrolliert, ob wir scharfe Munition dabeihatten. Fahim Khan hatte sich durch sein Verhalten im Krieg gegen die Russen und nicht zuletzt gegen die Taliban genug Feinde verschafft, um sich noch nicht einmal in Deutschland richtig sicher zu fühlen.

Fahim Khan zeigte sich sehr beeindruckt von unseren Fähigkeiten und unserer Ausstattung. Später allerdings wurde uns erzählt, Khan habe gesagt: »Diese Soldaten will ich nicht in meinem Land haben.« Mich wunderte das nicht. Es war ja zu erkennen, dass diese Soldaten nicht lange fackeln, um gegen radikale Kräfte vorzugehen, was sich im Zweifelsfall auch gegen ihn selbst richten konnte. Während der Loja Dschirga 2002, der großen Ratsversammlung der Stammesfürsten, hatte er öffentlich gedroht, seine Privatarmee einzusetzen, wenn er kein Regierungsamt bekommt – er bekam das Amt. Ich konnte mir vorstellen, dass ihm nicht wohl in seiner Haut war. Fremde Soldaten mit einem so hohen Ausbildungsstand stellten ein Risiko für denjenigen dar, der militärischer Herr im Land bleiben wollte. Plötzlich schien mein Ziel, wieder nach Afghanistan zu kommen, in unerreichbare Ferne gerückt.

Nach dieser Vorführung hieß es auf einmal: Es werden bloß Teile des Spezialzugs nach Afghanistan verlegt. Lediglich etwa fünfzehn Soldaten von insgesamt dreißig sollten mitkommen. Die Masse der infanteristischen Kräfte sollte nun von den Fallschirmjägerkompanien gestellt werden. Ganz auf die Fähigkeiten des Spezialzugs zu verzichten lag aber nicht in der Absicht des Kommandeurs. Er wollte Teile des Zuges »umetikettieren« und diese dann als »normalen« Infanteriezug verkaufen.

Plötzlich das nächste Problem: Innerhalb des KSK gab es Widerstände dagegen, durch Teile des Spezialzugs und der Fallschirmjägerkompanien herausgelöst zu werden. Tatsächlich berührte diese Entscheidung ja geradezu die Existenzberechtigung der Elitetruppe aus Calw. Falls wir Soldaten vom Spezialzug diesen Aufträgen gewachsen wären, warum sollte man sich dann noch eine teure Kommandoeinheit leisten? Diese und wohl auch noch andere politische Erwägungen standen im Raum. In dieser Situation wurden dann plötzlich Zweifel daran laut, dass wir den nötigen Ausbildungsstand erreicht hätten und einsatzfähig wären. Interne Querelen einer anderen Einheit standen nun im Vordergrund und drohten die ganze Planung und Vorfreude zunichtezumachen. Meine Enttäuschung war riesengroß. Doch das Training mit den Ausbildern vom KSK in Calw ging weiter. Auch wenn wir das Gelernte wohl nicht in Bagram umsetzen konnten, war es für uns alle doch eine Bereicherung unserer Fähigkeiten.

Wenig später, es war mittlerweile Mitte September, schwirrte schon wieder eine neue Nachricht durchs Bataillon. Die Amerikaner hätten um Unterstützung und Übernahme eines sogenannten Provincial Reconstruction Teams (PRT) im Norden des Landes gebeten. Die Amerikaner sendeten seit Beginn ihrer Mission kleinere Einheiten in die Provinzen, also in die Fläche des Landes, um auch entlegenere Gebiete besser kontrollieren zu können. Der Einfluss und die Durchsetzungskraft des afghanischen Präsidenten Hamid Karsai endete quasi hinter den Grenzen der Hauptstadt. Die Provinzfürsten und Clanchefs kochten ihr eigenes Süppchen, von Kabul aus waren sie nicht zu kontrollieren. Deshalb baten Amerikaner ihre ISAF-Partner darum, sie in den regionalen PRTs zu unterstützen. Um welches PRT in welcher Stadt es ging, wurde uns nicht mitgeteilt. Allerdings wusste unser Kommandeur bereits, dass die deutsche Regierung diesem Vorschlag wohl zustimmen würde.

Da wir voll im Saft standen, sollte das Fallschirmjägerbataillon 313 inklusive Spezialzug die infanteristische Komponente stellen. Unser Auftrag lautete: Betreiben und Sichern eines Flugplatzes sowie eines Camps und Tiefenaufklärung um unser PRT. Tiefenaufklärung bedeutet, sich sehr großflächig um einen Standort herum genaue Einblicke über die Situation zu verschaffen. Dazu mussten wir weit ins Land fahren, um die Sicherheitslage und die Infrastruktur einzuschätzen, außerdem gehörte die Erstellung topographischer Karten zu unseren Aufgaben. Einsatzbereitschaft sollte bereits bis spätestens Oktober 2003 erreicht und gemeldet werden – also sehr fix.

Im Gegensatz zum »Schnellen Gepard« wurde diese Option von Tag zu Tag konkreter. Auch in den Medien konnten wir die Diskussion um eine Erweiterung des Einsatzgebiets der ISAF verfolgen. Regelmäßig hingen Gerko, André, Nils und ich vor dem Fernseher und zappten uns durch alle Nachrichtensendungen, um ja nichts zu verpassen. Die ersten Soldaten sollten bereits Ende Oktober 2003 verlegen, um vor Ort von amerikanischen Kräften eingewiesen zu werden. Plötzlich war erstmals der Name der nordafghanischen Stadt zu hören: KUNDUS.

Ich hatte den Namen dieser Stadt schon gehört, aber das war es auch schon. Fieberhaft versuchten wir, mehr über sie herauszubekommen. Die einzige Möglichkeit, die wir hatten, war das Internet, aber auch dort war wenig zu finden. Wir bekamen lediglich heraus, dass es sich um die Provinzhauptstadt des gleichnamigen Distrikts handelte. An die hunderttausend Menschen lebten wohl dort an den Ausläufern des Kundus River, weshalb die Gegend recht fruchtbar und geeignet für Landwirtschaft sein musste. Zur militärischen Lage drangen über die vor Ort stationierten Amerikaner ein paar Informationen zu uns. Aber wie die Stadt aussah, wie die Infrastruktur für die Bevölkerung und in unserem Camp war, blieb im Dunkeln. Unser Bataillonskommandeur sollte der erste Führer dieses deutschen PRT im Norden werden. Wieder hoffen wir, dass der Kommandeur den gesamten Spezialzug mitnehmen würde und wir unsere im Training erworbenen Fähigkeiten im realen Leben unter Beweis stellen konnten. Und das Personalkarussell begann sich wieder zu drehen ...

Da der Verlegungstermin nun einigermaßen sicher war und

zudem immer näher rückte, konnte und wollte ich Anja nun reinen Wein einschenken. Auch wurden wir nicht zu strengster Geheimhaltung verdonnert wie beim »Schnellen Gepard«. Die Medien hatten ja bereits darüber berichtet, dass das Zuständigkeitsgebiet der Bundeswehr in Afghanistan erweitert werden sollte. Der Zeitpunkt für ein Gespräch mit Anja war gekommen, und ich fuhr freitags mit schweißnassen Händen Richtung Bremen. Während der Autofahrt ging ich immer wieder in Gedanken das bevorstehende Gespräch durch. Wie fange ich an und sage es ihr am besten? Tausende Ideen spulten sich vor meinem geistigen Auge ab. Ich bekam sogar Kopfschmerzen vom vielen Nachdenken und Abwägen. Verflixt noch mal, diese Aufgabe war schwerer als Touren in den afghanischen Bergen mit dreißig Kilo Gepäck auf den Schultern!, dachte ich verzweifelt.

Als ich so fuhr und grübelte, hatte ich plötzlich einen Gedankenblitz, wie ich das Problem einfach lösen kann: Schlussmachen! Achim, mach doch einfach Schluss, sagte ich mir. So verletzt du Anja nicht, falls etwas passiert, und sie sitzt nicht ein paar Monate alleine herum und macht sich Sorgen. Rückblickend war das wohl die dümmste Idee, die ich je hatte. Und sie war nicht nur dumm, sondern auch feige.

Das Wochenende begann, und ... ich hielt meine Klappe. Nichts von dem, was ich mir zurechtgelegt hatte, kam über meine Lippen. Ich saß bei Anja auf dem Sofa und stierte die Wand an. Das ging so bis Samstagabend. Anja hatte Lena gerade ins Bett gebracht, und ich hockte immer noch stumpf herum. Als Anja sich zu mir setzte und irgendwann die Stille unerträglich wurde, rückte ich endlich heraus mit der Sprache: »Ich weiß nicht genau, was in nächster Zeit noch alles auf uns zukommt«, druckste ich herum. Sie ahnte wohl schon, was kommen würde, denn sie bekam einen gläsernen Blick und schaute mich fragend an. »Ich will nicht, dass du dich unnötig mit Dingen belastest und dir Gedanken über jemanden machst, den du erst so kurz kennst«, legte ich nach. Auf ihrem Gesicht standen immer mehr Fragezeichen, und ich kam ins Schwitzen.

Hilflos ließ ich mal wieder meinen Standardspruch ab: »Lieber ein kurzer heftiger als ein langanhaltender Schmerz.« Anja saß total entgeistert vor mir und war sprachlos, und langsam kamen ihr die Tränen. Nun stand ich mit dem Rücken zur Wand. Schon komisch, dachte ich. In Afghanistan und in der Kaserne reagierst du recht souverän, und hier bekommst du deine große Klappe nicht auf. Ich begann fadenscheinige Argumente vorzubringen, von wegen: Ich sei für Beziehungen nicht geeignet und sie hätte etwas Besseres verdient. Die dümmste Aussage von allen, die ich hatte vorbringen können. Während wir da so saßen und ich versuchte, meinen Kopf aus der Schlinge zu ziehen, hatte ich die ganze Zeit meine Mutter vor Augen, wie sich mich nach meiner Rückkehr aus Kabul am Bahnhof abgeholt und nur noch Rotz und Wasser geheult hatte. So eine Situation wollte ich auf gar keinen Fall noch einmal erleben, und so erschien mir mein fadenscheiniges Gestammel logisch und richtig. Das Wochenende war wohl das schlechteste in meinem ganzen Leben.

Nachdem ich mich um Kopf und Kragen geredet hatte und Anja mittlerweile in Tränen aufgelöst war, ergriff ich die Flucht. Ich setzte ich mich in mein Auto und fuhr Richtung Oldenburg. Vor der Fähre über die Weser klingelte mein Handy. Ich ging ran, und Anja fragte mit tränenerstickter Stimme: »Achim, bitte, sag mir den wahren Grund. Es kann doch nicht sein, dass du einfach so Schluss machst!« Nach mehrmaligen Schlucken meinerseits beschloss ich, ihr endlich die Wahrheit zu sagen. »Warte, ich komme zurück.« Ich kehrte also um und fuhr erleichtert zurück nach Bremen. »Verdammter Feigling« war noch eines der netteren Schimpfwörter, mit denen ich mich selbst bedachte.

In Bremen angekommen, fühlte ich mich elend. Doch es gab keinen Weg zurück, Anja erwartete mich schon. Wir setzten uns in Ruhe hin, und ich versuchte, ihr meine chaotische Gefühlslage zu erklären. »Anja, es hat überhaupt nichts mit dir zu tun«, fing ich an. Sie schluckte. »Womit denn?« »Es liegt allein an mir«, presste ich hervor. »Diese Kurzschlusshandlung vorhin hat mit meiner Angst zu tun.« Ich machte eine Pause und fuhr dann fort:»Die Angst, was nach dem Einsatz passiert und was das mit dir macht.« Anja guckte mich verständnislos an. Ich erklärte ihr, wie sehr ich mich nach dem ersten Einsatz verändert hatte:»Ich habe damals nur noch gesoffen, war sehr aggressiv und habe mich total von der Außenwelt abgeschottet.« Davon hatte ich ihr bis jetzt nichts erzählt, es war ja ausgestanden. Außerdem, so machte ich ihr klar, wollte ich sie nicht monatelang in Sorge mit ihrer kleinen Tochter alleine hier herumsitzen lassen.

Als ich mit meinen ganzen Erklärungsversuchen fertig war, sahen mich zwei große Augen an.»Das war das Dümmste, was ich jemals gehört habe«, sagte Anja.»Willst du nicht auch meine Entscheidung berücksichtigen?«, war das Nächste, was sie mir an meine blöde Birne warf. Ich konnte nur schlucken und nicken. Natürlich hatte sie absolut recht. Also beschlossen wir, es zu versuchen und zusammenzubleiben. Am nächsten Tag fuhr ich sehr erleichtert nach Varel zurück. Trotzdem fragte ich mich in schwachen Momenten immer wieder, ob ich mich richtig entschieden hatte. Das Bild meiner verzweifelten Mutter hatte sich zu tief in mir eingebrannt.

Ende September wurde es im Bataillon spannend, das Personal wurde zusammengestellt. Circa 150 Soldatinnen und Soldaten waren für die erste Phase in Kundus vorgesehen. In der Praxis bedeutete das maximal ein Drittel Infanteriekräfte. Der große Rest wird für die Führung und Logistik veranschlagt, um alles zum Laufen zu bekommen.

Bei den Spezialzügen lief die Entscheidung auf zwei Spezialtrupps à vier Mann hinaus, die in erster Linie für Sicherung und Tiefenaufklärung in der Umgebung zuständig sein sollten. Das war der Bereich, für den unser Team sowie drei weitere in Frage kamen. Außerdem musste es natürlich den sogenannten Zug-Trupp geben, also den Führungstrupp des Zuges. Er bestand aus dem Zugführer, der den Einsatz koordinierte, seinem Stellvertreter und einem Fahrer. Da wir zusätzlich noch den örtlichen Flugplatz betreiben sollten, musste zwingend ein vierköpfiger

ELG-Trupp mit, die sogenannte Einsatz-Leitgruppe. Das sind speziell ausgebildete Soldaten, die mit anfliegenden Luftfahrzeugen kommunizieren und diese auch einweisen, eine Art militärischer Lotse. Außerdem sind sie die »Wetterfrösche« der Bundeswehr. Sie verfügen über Messinstrumente, um die Daten vor Ort auszuwerten. Denn wenn das Wetter vor Ort schlecht ist oder schlecht aussieht, können keine Maschinen landen und starten.

Es bewahrheitete sich also, dass die Hälfte unseres Spezialzugs mitfuhr: zwei Spezialtrupps à vier Mann, die ELG mit vier Soldaten sowie der Zugtrupp mit drei Soldaten. Das waren summa summarum fünfzehn Soldaten. Wir erfuhren ziemlich schnell, dass der Spezialtrupp 1 das Team Gerko sein sollte. Jippie, wir waren also dabei. Jubel, Freude, give me five – unsere Anstrengungen hatten sich gelohnt! Wir begossen die guten Neuigkeiten mit einer Flasche Wein pro Nase.

Natürlich war es für den Erfolg des Einsatzes ganz entscheidend, wer vom Spezialzug uns noch begleiten würde: Der Zug-Trupp wurde geleitet vom Führer des Spezialzugs, Hauptmann Rumpf. Mit seinem Stellvertreter Oberfeldwebel Tetzlaff, genannt »Tatze«, war ich auch privat befreundet, er war ein sehr fähiger Mann. Der Hauptgefreite Hinze war der Fahrer des Zug-Trupps und so was wie ein Mädchen für alles. Eine echt treue Seele.

Der Spezialtrupp 2 wurde von Hauptfeldwebel Gebauer geleitet, der diesen auch zusammenstellte. Er war wohl einer der besten Freifallspringer Deutschlands, aber aufgrund der gemeinsamen Vorausbildung hatten wir einen anderen Wunschkandidaten als Führer des Partner-Teams gehabt. Wir würden sehen, wie er sich schlagen würde. Sein Stellvertreter, ein Oberfeldwebel namens Kimi, war ein echt cooler Hund und hatte bereits einen Afghanistan-Einsatz hinter sich. Nicht nur deshalb verstand ich mich gut mit ihm. Er war der Typ Mensch, der nur mit dem Taschenmesser und seinen Klamotten auf dem Leib mal eben sechs Wochen durch Island tourte. Dann gab es noch zwei Stabsunteroffiziere in Team 2, Basti und Jeff, ein gebürtiger

Amerikaner. Sie alle waren hochmotiviert, was eine gute Zusammenarbeit versprach.

Der ELG-Trupp bestand aus den beiden Hauptfeldwebeln Zorn und Hoppke sowie dem Unteroffizier Gerd und dem Hauptgefreiten Anatoli, einem gebürtigen Russen. Wenn mir vorher jemand erzählt hätte, dass wir genau mit diesem Team oder besser gesagt Teilen davon massive Probleme bekommen würden, hätte ich ihm den Vogel gezeigt.

Der Rest des Spezialzugs war natürlich nicht begeistert, den Kürzeren gezogen zu haben und in Deutschland bleiben zu müssen. Aus diesen Teilen wurden jedoch Reserve-Trupps zusammengestellt, die in der Kaserne im Stand-by-Modus warteten. Sollte einer der vorgesehenen Soldaten kurzfristig oder aufgrund von Krankheit oder Verletzung im Einsatz ausfallen, konnten aus dieser Reserve jederzeit einsatzbereite und fähige Soldaten nachrücken. Die etwa drei Wochen nach uns kommenden Infanteriekräfte wurden aus einer Fallschirmjäger-Kompanie zusammengestellt.

Unsere Personalplanung war nun abgeschlossen. Soldaten aus dem Hundezug oder Teile aus der schweren Kompanie, also mit leicht gepanzerten Fahrzeugen (Wiesel) ausgestattete Kräfte, waren nicht vorgesehen. Diese kleinen gepanzerten Kettenfahrzeuge waren mit einer 20-mm-Maschinenkanone ausgestattet oder mit einer drahtgelenkten Panzerabwehrrakete. Schwere Waffen also, die auch aus wesentlich größerer Distanz den Feuerkampf führen und die einzig etwas gegen einen gepanzerten Feind hätten ausrichten können. Ich persönlich hätte mich sehr viel sicherer gefühlt, wenn zumindest zwei oder drei Waffenträger mitgekommen wären. Wir mit unseren Sturmgewehren, Maschinengewehren und Panzerfäusten mussten schon sehr nah an einen möglichen Feind, um Wirkung zu erzielen. Aber das kannte ich ja schon aus Kabul. Endlich bekamen wir auch unseren Termin genannt. Am 5. November 2003 sollte die Reise losgehen. Kundus, ich komme!

Am 24. Oktober 2003 beschloss der Deutsche Bundestag, das Mandat für den Bundeswehreinsatz in Afghanistan auszuweiten. Damit wurden die politischen Voraussetzungen für das PRT-Projekt »ISAF-Insel Kundus« geschaffen. Praktisch während der Abstimmung im Reichstag saßen bereits die ersten 27 Soldaten in einem Bundeswehr-Airbus und warteten nur noch auf die Startfreigabe. Das Vorauskommando, bestehend aus dem Kommandeur, Feldjägern, Sanitätern und Logistikern, sollte vor Ort die Infrastruktur prüfen und sich von den Amerikanern in die Lage einweisen lassen. Diese Kräfte trafen einen Tag später, am 25. Oktober 2003, in Kundus ein und begannen mit ihrer Arbeit.

Gespannt warteten wir auf die ersten Berichte aus unserem neuen Einsatzgebiet, die sehr spärlich per Telefon ankamen. Parallel dazu bekamen wir unsere fünfzehn Boxpaletten. Diese Metallcontainer auf Euro-Paletten sind abschließbar und für den Lufttransport geeignet. Endlich konnten wir beginnen, unser Material zusammenzustellen. In unseren Materialkellern lagerte das Gerät für die ELG zum Betrieb eines Not- bzw. Behelfsflugplatzes. Als ich die Instrumente sah, fühlte ich mich zurück in die achtziger Jahre versetzt. Alte und vor allem riesengroße, sperrige Instrumente lagerten dort: Geräte zum Messen der Windstärke oder für die Überprüfung der Bodenbeschaffenheit, außerdem zahlreiche Lampen zur Beleuchtung des Behelfslandeplatzes. Das alles war vollkommen veraltete Technik, so gut wie nie benutzt und unheimlich sperrig. Bei der Anschaffung war kein Mensch davon ausgegangen, dass diese klobigen Gerätschaften irgendwann einmal ans andere Ende der Welt geschafft werden müssten. Über die Hälfte unserer Boxpaletten benötigten wir, um diese vorsintflutlichen Apparate zu verpacken. Hätten wir neue, moderne Gerät gehabt – es hätte wahrscheinlich auf zwei, maximal drei Paletten gepasst.

Für uns fünfzehn Soldaten blieben nur noch sieben Paletten übrig. Somit war klar, dass wir sehr wenig Platz für unsere persönliche Ausrüstung zur Verfügung hatten. Da ich als Medic eingeteilt war, begann ich Verbandszeug, Salben, Medikamente zu sammeln. In meinem Medic-Rucksack war auch Material für chirurgische Eingriffe vorhanden, zum Beispiel viele Kochsalzlösungen oder Infusionsbestecke. Nahezu alles, was ein moderner Rettungswagen an Bord hat. In der ersten Zeit wären wir abgeschnitten von normaler medizinischer Versorgung, deshalb wollte ich mich auf alle Eventualitäten vorbereiten.

Über einen guten Bekannten im Sanitätsbereich des Bataillons konnte ich mir vieles mehr oder weniger »organisieren«. Normalerweise muss man für alles Anforderungsbelege ausfüllen, die wiederum ein Arzt überprüfen muss. Das war mir zu aufwendig. Außerdem brauchte ich für diesen gefährlichen Einsatz viele Stoffe, die nur ein Arzt verabreichen durfte, gerade diverse Schmerzmittel. Mein einsatzerfahrener Bekannter wusste, was in solchen Einsätzen alles passieren konnte, und half mir, unter Umgehung der Vorschriften wenigstens ein absolut notwendiges Minimum an Sanitätsmaterial zu beschaffen. Gott sei Dank kam niemand dahinter. Vermutlich wären wir beide in Teufels Küche geraten. Ich buchte das Ganze unter »persönliche Ausrüstung« und erreichte so, dass meine Vorräte problemlos durch die Kontrollen gingen.

Mein Teamführer ließ mir relativ freie Hand. Gerko sagte nur immer wieder: »Lass dich bloß nicht dabei erwischen!« Eine komplette Palette war zum Schluss mit Sanitätsmaterial vollgepackt. Wir waren jetzt so gut ausgerüstet, dass uns nichts mehr passieren konnte – allerdings um den Preis, uns bei den persönlichen Habseligkeiten aus Platzgründen einschränken zu müssen. Wohl oder übel packte ich mein sperrigstes Teil wieder aus – meine Nähmaschine. In Kabul hatte ich meine Nähmaschine schmerzlich vermisst. Nicht nur, dass Nähen eines meiner liebsten Hobbys ist. Es ist auch aus dienstlichen Gründen praktisch. Denn die gestellte Ausrüstung, also Hosen, Hemden, Kampfmittelweste, Holster für die Waffen sowie Rucksäcke, passen eigentlich nie. Dann ist es super, wenn man sich die Klamotten auf seine Erfordernisse hin auf den Leib schneidern kann.

Da die Nähmaschine also in Varel bleiben musste, hatte ich nun alle Hände voll zu tun, um meine Ausrüstung umzunähen. Aber nicht nur meine Sachen änderte ich ab, sondern auch die meiner Kameraden. Am wichtigsten war es, unsere Kampfmittelwesten anzupassen. Darin wird das Material verstaut, das beim Einsatz während der nächsten 24 Stunden oder mehr benötigt wird. Vor allem waren das Munition und Kampfmittel wie Handgranaten, das Funkgerät inklusive einer Menge Ersatzbatterien sowie natürlich Wasser und Verpflegung. Je nach Spezialisierung wie Medic, Funk oder schwere Waffe benötigte man verschieden große Taschen an den unterschiedlichsten Positionen. So saß ich abends viele Stunden in der Kaserne mit meiner Nähmaschine und modifizierte die Ausrüstung aller fünfzehn Soldaten des Spezialzugs.

Das lief wie folgt ab: Ich hatte so etwas wie Sprechzeiten in unserem Partyraum eingerichtet. Dort saß ich hinter meiner Nähmaschine und ließ meine Kameraden in voller Montur antreten. Dann probierte jeder Soldat alle möglichen Positionen und Haltungen aus: hinsetzen, hinlegen, Waffe in Anschlag nehmen, Waffe hängen lassen – das Ganze mit und ohne Rucksack, mit dicken und dünnen Klamotten. Nachdem jeder unter meinen kritischen Blicken seine Leibesübungen durchgeführt hatte, konnte ich recht schnell erkennen, wo es jeweils zwickte oder wo zu viel Luft war. Das häufigste Problem war, dass die Kampfmittelweste nicht über die vierzehn Kilo schwere schusssichere Weste passte, also musste fast alles komplett erweitert werden. Das Ganze mal fünfzehn und in meiner Freizeit.

Mit unseren Waffen hatten wir mehr Glück. Jeder Soldat bekam ein Sturmgewehr G36K (das »K« steht für Kurzversion) und eine Pistole P8 als sogenannte Backup-Waffe. Das ist eine Ersatzwaffe für den Fall, dass das Sturmgewehr aus irgendwelchen Gründen nicht funktioniert. Allerdings hatte die Sache mit der P8 einen Haken: Die Ausbildung an dieser Waffe war mangelhaft. Viele trainierten hauptsächlich nur mit ihrem Sturmgewehr, denn es war unsere offizielle Hauptwaffe. Die Pistole war zu Kasernenzeiten nur für wenige ausgewählte Personen vorgesehen, weshalb unsere Erfahrung mit der P8 unter ferner liefen war. Wir mussten dringend noch ein paar Schießtage zusätzlich mit dieser Waffe einplanen, um mit gutem Gewissen sagen zu können: Wir haben alles Menschenmögliche getan, um gut vorbereitet in den Einsatz zu gehen.

Gerade bei einer Einheit wie dem Spezialzug müsste es meiner Meinung zum Standard gehören, regelmäßig auch mit der Pistole zu trainieren. Zum einen ist es eine ganz andere Technik als beim G36K. Zum anderen wird die Pistole normalerweise sehr wenig genutzt, da sie ja eine Ersatzwaffe ist, wenn die Primärwaffe versagt. Aber in Afghanistan ist sie die Waffe, mit der du arbeitest, wenn du im Fahrzeug beschossen wirst. Mit dem sperrigen Gewehr kannst du nämlich nicht wirklich viel machen, da ja im Auto wenig Platz ist. Die wesentliche Voraussetzung, um ein guter Schütze zu werden, ist nun aber Training, Training und nochmals Training. Das konnten wir so kurz vor m Abflug unmöglich alles nachholen. Die Zeit, die wir in der Anfangsphase verplempert hatten, fehlte uns für gutes und nützliches Training mit der Kurzwaffe.

Ein ähnliches Problem hatte auch die deutsche »Schnelle Eingreiftruppe«, die »Quick Reaction Force« (QRF). Sie wurde im Juni 2008 für schnelle und brisante Einsätze bei Übergriffen nach Afghanistan geflogen und bekam zwar gutes neues Material geliefert, aber viel zu kurzfristig. So fehlte die nötige Zeit zum Trainieren und Üben, wie ich aus der Truppe erfahren habe.

Dabei ist gerade bei dieser Einheit der Umgang mit den Waffen lebenswichtig, schließlich rückt die QRF nicht bei Verkehrsunfällen aus, sondern bei handfesten Gefechten oder anderen gefährlichen Situationen. Leider hat sich in dieser Hinsicht auch bis heute nicht viel verändert, obwohl sich die Sicherheitslage in Afghanistan von Jahr zu Jahr, ja von Monat zu Monat immer weiter verschlechtert. Manchmal frage ich mich, warum immer noch solche Anfängerfehler gemacht werden. Vielleicht liegt es daran, dass die »Entscheider« einfach zu wenig Einsatzerfahrung haben und dass sie nicht die Konsequenzen vor Ort tragen müssen.

Auch mit unseren Uniformen war es wieder ein Drama. Wir sollten im November einfliegen, also bei Kälte und Schnee, und bekamen die leichte Wüstentarnuniform, die eigentlich für sehr hohe Temperaturen vorgesehen ist, da sie dünn und atmungsaktiv ist. Im Einsatz sahen einige von uns aus wie Michelinmännchen – wegen der unter der Uniform getragenen wärmeren Zusatzpullover und langen Unterhosen. Die mussten natürlich privat beschafft und finanziert werden, da die dienstlich gelieferte Zusatzausrüstung unbrauchbar war: Die Sachen waren einfach zu dick, so dass man sich fast gar nicht mehr bewegen konnte, was bei den mitunter nötigen schnellen Reaktionszeiten natürlich der absolute Horror war. Auch in den Anfangszeiten in Kabul hatte es immer wieder Probleme mit nicht vorhandener Ausrüstung gegeben. Ein Zugführer fackelte nicht lange und bestellte privat dreißig Ferngläser bei Tchibo, damit seine Leute gescheit arbeiten konnten.

Ebenso ließ der Informationsfluss von oben sehr zu wünschen übrig. Wir erfuhren praktisch nichts über die Lage vor Ort. Monkey Show war das Stichwort, das mir bereits zu Kabul-Zeiten zu diesem inszenierten Affenzirkus eingefallen war. Nur dass dieses Mal nicht die ahnungslose Öffentlichkeit, sondern die eigenen Leute an der Nase herumgeführt wurden, indem man uns einredete, wie schick, gut und perfekt wir alles in Kundus vorfinden würden. Ich konnte nur mit dem Kopf schütteln, und auch Kimi und Hauptmann Rumpf – außer mir die Einzigen mit Afghanistan-Erfahrung – guckten mehr als skeptisch.

Ganz absurd wurde es, als die tollen Leistungen der Bundeswehr in Afghanistan beschrieben wurden – und zwar anhand eines Beispiels, das ich ganz anders erlebt hatte. Bei einem Informationsabend zum Thema Kundus bekamen wir Infos von einem Major der Presseabteilung. Er erzählte von einem Fall aus meiner Kabulzeit knapp ein Jahr zuvor. Der vortragende Major gab dort zum Besten, wie deutsche Soldaten bei einem Zugriff auf ein Wohnhaus ein Lager mit zwölf Stinger-Raketen ausgehoben hätten. »Ist ja interessant«, kommentierte ich. »Meines Wissens war das ein bisschen anders.« Der Major guckte mich etwas irritiert an: »Woher wollen Sie das denn wissen?« »Ganz einfach«, meinte ich. »Ich war dabei. Aber nicht mit anderen

Soldaten der Bundeswehr, sondern mit den Niederländern, dem KCT. Ich war damals Angehöriger der KCT.« Mein Team konnte das Grinsen kaum unterdrücken. Ich dachte nur, wenn man schon versucht, uns mit Unwahrheiten zu motivieren, wie sollte es dann wohl diesmal mit der Darstellung gegenüber der Öffentlichkeit sein?

Als wir fast verlegebereit und unsere Paletten fertig gepackt waren, sorgte Gerko dafür, dass meine Nähmaschine doch noch einen Platz in den Boxpaletten bekam, damit wir vor Ort unsere Ausrüstung an die jeweilige Lage anpassen konnten. Es stand auch immer noch nicht fest, was für Fahrzeuge wir bekommen sollten, um unseren Auftrag der Tiefenaufklärung durchzuführen. Wenn du mehrere Tage unterwegs bist, abgeschnitten von jeglicher Versorgung, und zwar medizinisch wie nachschubmäßig, musst du zwingend sehr viel mehr Material mitnehmen, um für alles gewappnet zu sein. Das stellte natürlich gewisse Anforderungen an das Fahrzeug. Wir waren gespannt, wie die Sache noch so schnell zu unserem Besten geklärt werden sollte.

Besonders viel Training oder Übungen waren mit dem Restmaterial in der Kaserne kaum mehr zu bewerkstelligen. Die kurze Ruhe vor dem Sturm trat ein, also das Warten auf den Verlegungsbefehl beziehungsweise nähere Informationen aus dem Einsatzland. Diese kamen dann auch bald bei uns in Deutschland an: Die Fahrzeuglage ist eine Katastrophe!, bekamen wir zu hören. Es standen momentan keine Bundeswehr-Jeeps vom Typ Wolf zur Verfügung. Das lag daran, dass in Kundus lediglich die Transportmaschine Transall C-160 landen konnte, und die hatte nur sehr eingeschränkte Transportkapazitäten. Wir bekamen mit, dass das Vorauskommando vor Ort versuchte, zivile Jeeps zu mieten oder zu kaufen. Abgesehen davon, dass es in den Sternen stand, ob solche Wagen in der Provinz aufzutreiben waren, war ich alles andere als erfreut, das zu hören. Zivilfahrzeuge sind für militärische Operationen nur bedingt geeignet.

Für militärische Einsätze wird einfach viel Stauraum gebraucht, ein Mindestmaß an Panzerung und vor allem Vorrichtungen, an denen ich Waffen befestigen kann. Mit einem Golf GTI kann ich ja auch nicht unbedingt einen kaputten Waldweg langfahren. Auch hatten wir keine Ahnung, mit was für Fahrzeugen wir später täglich unterwegs sein würden. Das war deshalb problematisch, weil wir uns in Deutschland nicht vorbereiten konnten. Das Einzige, was wir tun konnten, war, uns Händlerinformationen über alle gängigen Geländewagen zu besorgen.

Wir guckten uns im Internet schwerpunktmäßig die verschiedenen Typen von Land Rover und Toyota an und druckten schon einmal einige Bilder aus; das war hauptsächlich der Job von André, unserem Fahrer. Unsere Anregung, zumindest für die Anfangszeit militärische Fahrzeuge von den Amerikanern zu besorgen, wurde komplett verworfen. Das Argument war: »Sonst werden wir ja mit den Amerikaner verwechselt – ihr wisst doch, dass die nicht gerade beliebt sind im Land.« Da mochte etwas dran sein, aber ganz schlüssig fand ich die Begründung nicht. Schließlich sollten wir zusammen mit den Amis in ein Camp ziehen, da konnten wir uns sowieso schlecht abgrenzen.

Der nächste Schock: Wir sollten ohne Waffen anlanden, obwohl die Sicherheitslage vor Ort völlig unklar war. Begründet wurde das mit dem Luftverkehrsgesetz. Solange nicht offiziell Krieg ist, fliegt die Bundeswehr ja nach wie vor nach zivilen Flugvorschriften. Waffen und Munition werden also getrennt voneinander transportiert. Selbst das kleine Taschenmesser musste abgegeben werden, obwohl das Essbesteck im Flugzeug aus Metall bestand – ein kleiner Widerspruch. Mir ging das alles gegen den Strich. Wir saßen in einem militärischen Flieger der Bundeswehr, durften aber keine Waffen dabeihaben? Hoffentlich konnten wir daran noch etwas ändern, widersprach dieses Vorgehen doch jeglichen militärischen Grundsätzen. Wir flogen ja nicht in irgendeinen Urlaub, sondern in offizieller Mission in einen vom Deutschen Bundestag mandatierten Einsatz. Die Bürokratie hatte uns also schon in Deutschland wieder eingeholt, es war zum Mäusemelken.

Der Abschied von den Familien stand nun bevor. Alle versuchten, so viel Zeit wie möglich mit ihren Lieben zu verbringen. Schließlich hatten wir noch immer keine Information darüber, für wie lange der Einsatz geplant war. Alle gingen in ein letztes, verlängertes Wochenende. Ich fuhr nach Bremen, um mich von Anja und ihrer Tochter, die mir zwischenzeitlich ans Herz gewachsen war, zu verabschieden. Die Stimmung war eher gedrückt, es wollten einfach keine Unbeschwertheit oder ein paar letzte freudige Momente aufkommen. Dabei versuchte Anja alles, um Normalität zu erzeugen oder mich zu Unternehmungen zu überreden. Ich schweifte gedanklich schon immer wieder nach Afghanistan, malte mir bestimmte Szenarien aus und freute mich auf das Land am Hindukusch. Allerdings hatte ich dadurch auch ein schlechtes Gewissen meiner Freundin gegenüber. Ich fühlte mich wie in einer Zwickmühle, was Anja auch merkte. Auch die eine oder andere Träne floss, und ich stand ziemlich hilflos daneben.

An diesem Wochenende saß ich wie auf glühenden Kohlen und hatte mich eigentlich schon verabschiedet, zumindest innerlich. Ich sehnte mich wieder »nach Hause«, nach Afghanistan. Ich wollte wieder das machen, was ich am besten konnte, wofür ich intensiv und lange trainiert hatte. Wie ein nervöses Rennpferd vor dem Start kam ich mir vor. Als letzte Pflichtübung stand noch ein Kaffeetrinken bei Anjas Eltern bevor, mit denen ich mich gut verstand. Die Verabschiedung bei den Eltern von Anja war für mich wichtig, weil ich sie dadurch gefühlsmäßig in deren Hände übergab. Ich wusste, wenn ich weg bin, hat sie sofort enge Ansprechpartner, und das war auch nötig. Wir saßen bei ihren Eltern an der gedeckten Kaffeetafel, als Anja plötzlich anfing zu weinen und sich an mich klammerte. Auch Lena war verunsichert und fragte: »Mama, warum weinst du?« Anjas Mutter flossen ebenfalls Tränen hinunter, und sogar der Vater hatte einen feuchten Blick. Ich konnte diesen geballten Kummer nicht mit ansehen, nahm Anja, Lena und meine »Schwiegereltern« noch einmal in den Arm und verdrückte mich dann schnell durch die Terrassentür.

In Oldenburg angekommen, rief ich noch meine Mutter in Wolfsburg an und verabschiedete mich ebenfalls von ihr. Am Abend vor dem Abflug packte ich meine letzten Sachen zusammen, und irgendwie gelang es mir, den Schalter im Kopf umzulegen. Ich konzentrierte mich nur noch auf die vor uns liegende Aufgabe und ließ mein Zivilleben hinter mir. Für mich persönlich ist dieser Perspektivwechsel ein absolut wichtiger Vorgang. In Kabul hatte ich bereits einige Soldatinnen und Soldaten mehr oder weniger zusammenbrechen sehen, weil sie ihre Familien vermissten. Das sollte mir auf keinen Fall passieren. Ich wollte mich von nichts anderem ablenken lassen. Ab jetzt zählten nur noch der Einsatz und der zu erfüllende Auftrag.

Am 4. November holte ich Gerko und Gebauer, den Truppführer des zweiten Teams, ab, da beide auch in Oldenburg wohnten. Gerko ließ seine Frau und einen Sohn zurück, Gebauer eine Freundin, die er nach dem Einsatz heiraten wollte. Still fuhren wir auf der Autobahn Richtung Varel, jeder seinen eigenen Gedanken nachhängend.

In der Kaserne herrschte bereits hektische Betriebsamkeit. Einige verpackten noch persönliche Dinge, die sie sich noch auf die Schnelle besorgt hatten, speziell Zeitschriften, Süßigkeiten, Erinnerungsstücke an die Familie. Somit war recht viel Betrieb auf den Fluren vor unseren Unterkünften, was uns alle zumindest etwas von unseren trüben Gedanken ablenkte. Der letzte Abend war eher ruhig, keine Sauftour wie beim letzten Mal. Eher gemütlich und fast schon schweigend saßen wir zusammen, mit einem gewissen Grad an Neugierde, allgemeiner Erwartung, Euphorie und trotzdem sehr gedämpfter Stimmung. Alle waren gespannt, was uns erwarten würde.

Reise ins Ungewisse –
Als Vorauskräfte nach Kundus

Am Morgen des 5. November war es dann endlich so weit. Der Bus stand vor der Kaserne bereit, und alle fünfzehn Soldaten des Spezialzugs traten uniformiert in Reih und Glied vor dem Stellvertretenden Bataillonskommandeur und dem Kompaniechef an, um uns zu verabschieden. Der Kommandeur wünschte uns viel Glück und dass wir alle gesund und munter zurückkämen. »Und machen Sie sich keine Sorgen wegen Ihrer Angehörigen«, meinte er. »Falls irgendwelche Probleme auftauchen, haben die Angehörigen jederzeit einen Ansprechpartner im Bataillon.« Ich freute mich, dass außer meinen Zug-Kameraden ein weiteres vertrautes Gesicht zu sehen war: der Kompaniefeldwebel, der im Camp Warehouse in Kabul die Betreuungseinrichtung »Drop Zone« aufgebaut und geleitet hatte. Ich war sehr froh, dass er mit uns flog. Als sogenannter Spieß war er eine Art »Mutter der Kompanie«. Er behielt auch im größten Chaos die Ruhe und war das absolute Organisationstalent. Wo dieser Mann war, musste man sich um Feldpost, Soldatenkiosk oder Betreuungseinrichtung keine Sorgen machen.

Schnell erreichten wir den militärischen Teil des Flughafens in Köln. Dort stand die »Einschleusung« an, es wurden also Reisepass, NATO-Marschbefehl sowie Impfausweis und -status überprüft. Wir hatten uns alle gegen Gelbfieber, Tollwut, FMSE (Zeckenschutz), Hepatitis A und B sowie japanische Enzephalitis impfen lassen müssen. Zumindest bei diesen Infektionen waren wir also auf der sicheren Seite. Da wir nur ein kleines Kontingent waren, lief diese gesamte Prozedur sehr schnell ab, so dass wir bald damit beginnen konnten, unsere Waffen in Container zu verpacken und uns zum Rollfeld zu bewegen. Dort stand ein mausgrauer Airbus der Luftwaffe bereit, der uns nach Termez in Usbekistan bringen sollte, wo der deutsche Luftumschlagpunkt ist. Am nächsten Morgen würde es dann weiter nach Kundus gehen.

Zwischen uns saßen auch Kameraden, die zu ihrem ersten Einsatz unterwegs nach Kabul waren, sowie Soldaten, die nach einem Heimaturlaub dorthin zurückflogen. So erfuhr ich den neuesten Klatsch und Tratsch aus der afghanischen Hauptstadt und tauschte mit dem einen oder anderen ein paar Erfahrungen aus. Mich interessierte sehr, wie sich das Camp Warehouse verändert hatte, und auch, wie die Stadt nun aussah und sich entwickelt hatte. Und ich fragte mich, ob wir die Chance bekämen, von Kundus aus nach Kabul zu fahren. Ich hoffte es sehr.

Der sechsstündige Flug ging schnell vorüber. Nach der Ankunft in Termez ließen wir das nächste Aufnahmeritual über uns ergehen: Wo sind unsere Zelte zum Schlafen, wo gibt es Futter, wo gibt es Trinken, wo geht's zum Klo? Ich erkannte Termez nicht wieder. Es hatte sich eine Menge getan innerhalb eines Jahres, ein großes Durchgangslager war entstanden. Es standen wesentlich mehr Zelte, und für das Stammpersonal gab es nun richtige Wohncontainer. Die Betreuungseinrichtung ähnelte sogar einer sehr gut laufenden Kneipe. Die Betriebsamkeit hatte auch den allgemeinen Flugplatzbetrieb erfasst, der wesentlich besser koordiniert und organisiert war.

Einen ersten Eindruck vom Wetter in der Region bekamen wir auch schon; es war sehr, sehr kalt. Einige der Zelte hatten keinen Boden und standen auf dem nackten Beton, so dass wir uns auf eine ungemütliche Nacht einrichteten. Zum Glück war es in der Betreuungseinrichtung schön warm. Nur ein paar Stunden vor unserem Weiterflug nach Kundus fielen wir wie die toten Fliegen in unsere Feldbetten.

Am nächsten Tag sollten wir gleich morgens unsere Waffen und Munition ausgehändigt bekommen, erfuhren wir von unserem Zugführer, Hauptmann Rumpf. Gott sei Dank, dachte ich, wir haben unsere Waffen am Mann. Als es in Deutschland hieß, wir sollten unsere Waffen verpacken und die Munition nicht bei uns tragen, hatte ich mir nicht vorstellen können, dass das ernst gemeint war. Die Sicherheitslage in Afghanistan war schließlich angespannt und die Lage in Kundus noch sehr unklar. Nach unserem Morgenkaffee gingen wir alle fünfzehn zum Materiallager, wo unsere Ausrüstung lagerte, und begannen, den Waffencontainer zu entpacken.

Plötzlich erschien der Lademeister der Maschine. »Was macht ihr denn hier für einen Blödsinn?« »Unsere Munition holen«, klärte ihn einer auf. »Und wo wollt ihr mit den Waffen hin?«, wollte er verdutzt wissen. »Wir sind doch das erste Kontingent Kundus«, meinte Rumpf. »Wir wollten uns fertigmachen für den Einsatz.« Der Lademeister guckte etwas schräg und polterte dann los: »Moment mal! Die Crew hat eine ganz klare Anweisung, nach den internationalen Regeln des zivilen Flugverkehrs zu handeln.« Ich wusste schon, was als Nächstes kommt: »Also keine Waffen am Mann – und schon gar keine Munition an Bord einer Maschine, die Personal transportiert!« Wir standen da wie die Idioten und wussten erst mal nicht weiter. Ich war ganz schön wütend, und auch meine Kameraden guckten zornig aus der Wäsche.

Zugführer Rumpf ergriff das Wort: »Gestern hieß es noch, wir dürfen die Waffen am Mann tragen!« Der Lademeister schüttelte den Kopf. »Ich bestehe aber darauf, dass die Aussage von gestern eingehalten wird!«, ließ Rumpf nicht locker. Doch alles Diskutieren brachte uns nicht voran, der Lademeister blieb stur. Also machten wir uns murrend und fluchend daran, die Waffen wieder zu verpacken. Immerhin konnte er uns nicht verbieten, sie kurz vor der Landung wieder auszupacken und am Mann zu tragen – wenn auch ohne Munition.

Irgendjemand brachte dann in den allgemeinen Gesprächs- und Empörungswirrwar ein verdammt ernstes Problem auf den Punkt: »Und was machen wir am Boden? Das sieht doch ein Blinder mit Krückstock, dass wir keine Munition in der Waffe haben.« Stimmt, die Magazine waren durchsichtig, also zweifelsfrei als leer zu erkennen. Betretenes Schweigen. Jeder malte sich sein eigenes Horrorszenario aus, was passiert, wenn wir direkt nach der Landung in Kundus unter Beschuss geraten würden.

Der Lademeister stand die ganze Zeit dabei und passte auf wie ein Schießhund, dass auch ja alle Waffen wieder zurück in den Container gelangten. Aber die Krönung war, als er lapidar meinte: »In diesem Land passiert eh nichts!« Am liebsten hätte ich ihm eine reingehauen. Er hatte gut reden! Sobald seine Maschine ausgeladen war, machte er sich schnellstmöglich zurück auf den Weg ins sichere Termez. Und wir standen da ohne Munition, ohne richtige Sanitätsversorgung oder eine nennenswerte Reserve, die uns zur Hilfe eilen könnte. Die paar Leute vom Vorauskommando, die uns erwarten und absichern würden, waren auch nicht gut ausgerüstet. Würde die Situation innerhalb von Sekunden kippen, was in diesem Land durchaus möglich ist, wären wir aufgeschmissen.

Innerlich brodelte es in mir. Als ich damals nach Kabul geflogen war, stand im Camp Warehouse ein Lazarett zur Verfügung, und es befanden sich bereits über tausend Bundeswehrsoldaten vor Ort. In Kundus, mitten in der Provinz, war die Lage aber völlig anders. Dort waren gerade mal fünfzehn amerikanische Soldaten der Special Forces, wobei die Bezeichnung nicht allzu wörtlich zu nehmen war. Die Leute waren von der Nationalgarde, denn alle gut ausgebildeten Spezialkräfte wurden für die »Operation Enduring Freedom« eingesetzt. Despektierlich wurden die Soldaten der Nationalgarde auch »Wochenendsoldaten« genannt. Sie verfügten über ein normales Grundtraining und wurden meist am Wochenende zu speziellerem Training und Übungen zusammengezogen. Und dann waren da noch die 27 deutschen Soldaten des Vorauskommandos – allesamt keine Infanteristen. Das war alles, was dort an militärischer Manpower zur Verfügung stand. Unmut und Resignation machten sich bei uns breit, und so schlichen wir Richtung Transall und begannen unsere Container zu verladen. Ich betete, dass die zweite Maschine mit unserer Munition sehr schnell nach uns landen würde. Bis dahin hieß es böse und grimmig gucken und hoffen, dass nichts passiert.

Unser Zugführer nahm das ganze Heckmeck relativ gelassen, worüber ich mich wunderte. Vor lauter zivilen Regeln kam ich mir vor wie ein Tourist kurz vor dem Abflug zu seinem Urlaubsziel, nur hieß das Ziel in unserem Fall Afghanistan, und wir waren Soldaten auf einer gefährlichen Mission. In diesem Land waren Anschläge auf die alliierten Truppen an der Tagesordnung. Auch die Bundeswehr war bereits zum Angriffsziel geworden und hatte tote Soldaten zu beklagen. »Scheiß Bürokratie«, mein Mantra aus meinem ersten Einsatz, kehrte bei meinem zweiten schneller zurück, als ich erwartet, ja erhofft hatte.

Die Flugzeit nach Kundus war kurz. Wenn alles gutging, konnten wir nach vierzig Minuten auf dem kleinen Flugfeld vor der Stadt landen. Doch genau das stand in den Sternen. Die Crew benötigte Sichtflugbedingungen, da die Ausstattung des Towers vor Ort technisch so schlecht war. Ich saß in der Transall und ärgerte mich. Meine Befürchtungen wurden immer schlimmer, und meine frühere Begeisterung, zurück nach Afghanistan zu kommen, ging in Richtung null.

Als wir noch etwa fünfzehn Minuten bis zur Landung hatten, gingen wir nach hinten zur Laderampe und begannen eigenmächtig, den Waffencontainer zu öffnen. Auf gar keinen Fall wollte irgendjemand von uns völlig unbewaffnet aus dem Flieger steigen. Auch wenn wir ohne Munition nichts ausrichten konnten, fühlten wir uns mit Waffe in der Hand einfach sicherer und hofften, dass die Afghanen am Boden nicht so genau hinschauen und vor allem auf den ersten Eindruck achten würden. Ein Soldat ohne Waffe macht nun mal einen jämmerlichen Eindruck – vor allem in einem Land, wo fast jeder männliche Zivilist bewaffnet ist.

Der Lademeister warf uns grimmige Blicke zu, hielt aber seinen Mund. Mit den Waffen am Mann fühlten wir uns ein bisschen wohler, sahen wir doch nun zumindest aus wie richtige Soldaten. Kaum hatten wir uns hingesetzt, spürten wir, wie sich die Maschine senkte. Wir besprachen noch einmal kurz unsere Sicherungsbereiche nach der Landung und sparten nicht mit Galgenhumor, »… und immer schön böse dabei gucken!«.

Als wir auf dem Taxiway ausrollten und sich das Ladetor zu senken begann, atmete ich noch einmal tief ein. Ich hatte zwar keine Munition, aber innerlich jubelte ich, gleich meinen Fuß wieder auf afghanischen Boden zu setzen. Ich war völlig aufgekratzt. Nach der Freigabe durch den Lademeister sprangen wir aus der Maschine und nahmen unsere Sicherungspositionen ein.

Ich stellte mich etwa zwanzig Meter links hinter die Maschine und registrierte sofort: Hier in Kundus sah es noch schlimmer aus als in der Anfangsphase von Kabul. Um mich herum konnte ich die ersten zerschossenen Panzer und Flugzeuge erkennen, und es liefen wahllos bewaffnete Afghanen umher. Trotz der neuen Eindrücke versuchte ich, mich schnell auf die Situation einzustellen: Wenn jetzt etwas passiert, schreien wir alle »peng, peng!«, dachte ich und musste fast lachen dabei. Eine absurde und dumme Situation war das.

Hinter uns begannen einige Soldaten des Vorauskommandos zusammen mit afghanischen Hilfskräften, die Maschine zu entladen. Ich wurde entspannter und hatte endlich die Ruhe, mich ein wenig umzusehen. Rechts hinter mir konnte ich den Tower erkennen, auf dem ein paar amerikanische Soldaten standen. Links von mir befanden sich zwei amerikanische Jeeps mit einem schweren Maschinengewehr bestückt zur Sicherung. Wenn es zu einem Vorfall kommt, so dachte ich mir, muss ich nur unfallfrei irgendwie zum Tower gelangen, um mir dort Munition von den Amerikanern zu »schnorren«. Fast begann ich wieder zu lachen, sah ich mich schon im Zickzack auf den Tower zurennen und nach Munition schreien.

Ein kleines deutsches Empfangskomitee des Vorauskommandos stand bereit und begrüßte unseren Zugführer. Unter den Männern war ein bekanntes Gesicht aus Varel. Ohne lange zu überlegen, ging ich hin und fragte: »Kannst du mir ein Magazin geben?« Er guckte mir erst verdutzt ins Gesicht und dann auf mein abgeklebtes Magazin, lächelte dann und überreichte mir eines seiner Magazine. »Danke, Kumpel«, raunte ich ihm zu und begab mich zurück in meine Pseudo-Sicherungsposition. Dort tauschte ich sofort mein leeres gegen das volle Magazin und lud meine Pistole fertig. Schlagartig fühlte ich mich wohler.

Im ganzen Umfeld des Flugplatzes, der seinen Namen nicht wirklich verdiente, hielten sich afghanische zivile Wachen, Miliz oder sogar reguläres Militär auf. Allerdings war das mit dem »regulären Militär« in Afghanistan so eine Sache. Es war uns schon in Kabul schwergefallen, die verschiedenen bewaffneten Kräfte eindeutig zuzuordnen, und hier würde es garantiert nicht leichter werden. Einige meiner Kameraden beäugten diese wild aussehenden, meist bärtigen und allesamt bewaffneten Männer argwöhnisch. Das Entladen zog sich hin, da kein Gabelstapler vor Ort war. Ich ließ meinen Blick in die Ferne schweifen und sog so meine ersten Eindrücke von der neuen Umgebung in mich auf. Obwohl Winter war, war bereits zu erkennen, dass die Gegend hier doch deutlich grüner und fruchtbarer war als die Region um Kabul.

Was fehlte, war das Pulsierende der Großstadt. Alles wirkte viel kleiner im Vergleich zu Kabul. Ich kam mir vor wie in einem Dorf. Um das gesamte Flugfeld waren, soweit ich es überblicken konnte, rote Markierungen angebracht, das unverkennbare Warnzeichen für Minen! Flugplätze waren rar in diesem Land und somit sehr begehrt. Um dieses kleine öde Fleckchen Erde mit dieser Buckelpiste mussten einst heftige Kämpfe stattgefunden haben. Im Hintergrund war die Silhouette der Stadt zu erkennen: Kundus lag in einem kleinen Tal und war auf drei Seiten von höheren, eng an die Stadt gerückten Berghängen umgeben. Eine Mausefalle, fiel mir sofort dazu ein. Sollte es je zu Angriffen kommen, hätten wir keine Chance, dort herauszukommen.

Mittlerweile hatte ich auch von einem der Soldaten, die uns am Flugzeug in Empfang nahmen, aufgeschnappt, dass das Camp im Stadtzentrum lag. Irritiert blickte ich Richtung Stadt. Mittendrin? Wir alle hatten gehofft, etwas außerhalb oder zumindest am Stadtrand untergebracht zu werden. Das ist wesentlich sicherer, da etwaige Angriffe früher erkannt werden und es weniger wahrscheinlich ist, dass irgendetwas Explosives über die Mauer geworfen wird. Meine Neugier wuchs, ich wollte endlich los Richtung Camp.

Als die Maschine ausgeladen war, sammelten wir uns vor dem Tower und warteten, wie es nun weiterginge. Nach ein paar Minuten fuhr ein alter, bunter und mit Glöckchen behängter alter Reisebus vor. Ich kannte diese »Jingle Trucks« schon aus Kabul und hatte ein Déjà-vu. Auch bei meinem ersten Einsatz waren wir in diesen ungeschützten zivilen Fahrzeugen ins Camp gebracht worden. Mit dem Unterschied, dass inzwischen ein schlimmer Anschlag mit vier Toten und 29 teilweise schwer Verletzten auf einen ungepanzerten Bundeswehrbus erfolgt war. Hatte die Führung denn nichts begriffen?

Jemand brüllte: »Aufsitzen!« Willkommen zu Hause, dachte ich mir, packte meinen Rucksack und ging zu dem mit unzähligen Klingeln verzierten Fahrzeug. In dem allgemeinen Gewusel stellte sich schnell heraus, dass der Laster nicht groß genug für uns fünfzehn Leute war. Entnervt packte ich meinen Rucksack in den Mittelgang auf den Boden und setzte mich drauf. Fassungslos schüttelte ich meinen Kopf. Hatte nicht die Bundeswehrführung und auch die Politik – sogar öffentlich im Fernsehen! – zugesichert, dass im viel sichereren Kabul nur noch gepanzerte Fahrzeuge zum Transport von Soldatinnen und Soldaten eingesetzt würden? Alles nur hohle Phrasen, um die Menschen zu beruhigen, die fernab in Deutschland ohnehin nicht mitbekamen, was wirklich Sache war. Solange hier in Kundus nichts passierte, wurde auf unsere Kosten an der Sicherheit gespart. Sollte es hier einen schweren Anschlag mit Verletzten oder gar Toten geben, wären sofort gepanzerte Fahrzeuge hierher unterwegs, medienwirksam natürlich.

Dreizehn Monate nach meinem ersten Einsatz voller Widersprüche begann nun mein zweiter genauso schlecht wie der erste. Ich war gespannt, wie sich das Ganze noch weiterentwickeln würde, und schaute aus dem Fenster. Vor uns fuhr ein amerikanischer Jeep, hinter uns das Materialfahrzeug und dahinter ein zweiter amerikanischer Jeep zur Sicherung. Wenn wir gut durchkämen, würden wir für die acht Kilometer bis zum

Camp ungefähr zwanzig Minuten brauchen, war uns gesagt worden. Während wir so fuhren, wünschte ich mir, die Professionalität und Erfahrung der niederländischen Kommandos würden endlich auf die Bundeswehr abfärben. Nach nun fast fünfzehn Jahren Auslandserfahrung der deutschen Armee – beginnend 1989 mit Somalia – kannst du doch erwarten, dass mittlerweile eine gewisse Routine herrscht. Dies war allerdings nicht der Fall. Noch immer wurden die gleichen Fehler gemacht: Es wurden immer weniger »Kämpfer« eingesetzt, dafür wurde die Führungsebene immer mehr aufgebläht. Auch wurden Vorschriften, die im Friedensdienst sinnvoll sein mochten, die aber im Ausland hinderlich waren oder absurde Lagen schafften, nicht modifiziert oder außer Kraft gesetzt. Materialanforderung oder gute Nachschubwege sollten im Einsatz eigentlich reibungslos und sehr schnell funktionieren. Aber auch hier war wieder alles in dreifacher Ausfertigung und mit unheimlich vielen Unterschriften zu versehen, bevor etwas passierte.

So kam es, dass die Bundeswehr sich mit ihrem großen Beamtenapparat und einer überbordenden Bürokratie mehr schlecht als recht durch die Auslandseinsätze lavierte und immer wieder ihre Fähigkeiten grob überschätzte. Der ganze Apparat war einfach zu langsam und zu schwerfällig und konnte nicht zügig auf kurzfristig auftretende Situationen reagieren. Doch trotz der offensichtlichen Mängel musste irgendwer die Parole ausgegeben haben: »Lasst uns im Konzert der Großen mitspielen.« Allerdings fehlen bis heute die nötigen Fähigkeiten und finanziellen Mittel. Die Zeche zahlen die eingesetzten Soldatinnen und Soldaten vor Ort, die nicht optimal ausgerüstet oder schlecht befehligt werden.

Am Fenster des Busses zogen zerstörte Hallen vorbei, von denen lediglich die Grundpfeiler aus Metall übriggeblieben waren. Außerdem sah ich einige gemauerte kleine Gebäude, vermutlich ehemalige Unterkünfte für Arbeiter. So ärmlich und einfach das alles aussah, so gut war der bauliche Zustand der Gebäude im Vergleich zu denen in Kabul. Diese gehörten noch zum Flugplatz, zu dem wir uns nun parallel in nordwestlicher Richtung bewegten. Die Straße zur Stadt war eine bessere Piste, dazu war sie vereist und voller Schlaglöcher. Glücklicherweise hielt sich wenigstens der Verkehr in Grenzen. Es gab mehr Eselskarren als Autos, aber zu viele Fuhrwerke würden uns natürlich auch aufhalten. Denn die Straßen waren schmal und boten wenig Platz zum Ausweichen.

Zu sehen waren vor allem Männer, die in Zivil gekleidet, aber bewaffnet waren, und zwar zu einem viel größeren Teil als in Kabul. Bestimmt siebzig Prozent der Männer liefen mit einem Kalaschnikow-Gewehr herum. Sie hatten sonnengegerbte Haut und lange Bärte, sahen aber relativ gepflegt aus. Mir war, als wäre ich nie weg gewesen. Ich spürte, dass ich wieder »funktionierte«: Ich konnte mich auf Abruf in diese neue-alte Situation versenken. Wer guckt wie wohin? Wer hat wie seine Waffe in der Hand? Wer verhält sich verdächtig? All das spielte nun wieder eine Rolle. Ich hatte alles im Blick, wovon eine Gefahr ausgehen könnte.

Rechterhand war nun ein altes Militärcamp zu sehen, auf dem schweres Gerät herumstand: alte russische Panzer und Artillerie-Geschütze, die alle noch sehr gut in Schuss zu sein schienen. Das Areal gehörte dem afghanischen General Daud, was wir zu diesem Zeitpunkt allerdings noch nicht wussten. General Daud war damals der starke Mann in und um die Provinzhauptstadt Kundus und hatte eine eigene Privatarmee. Ich begann mir den Weg genau einzuprägen, eine alte Angewohnheit. Der Grund ist ganz einfach: Du musst bei Tag und Nacht auch unter schlechten Bedingungen immer sehr genau wissen, wo du bist, damit du im Notfall immer einen Ausweg findest.

In der Ferne zeichneten sich die ersten Ausläufer von Kundus ab. Eine Menge Felder waren zu erkennen. Im Frühling und Sommer musste diese Region sehr grün sein. Aber nun war Winter. Ein leichter Nebel lag über den Feldern und Berghängen, und es war bitterkalt. Die beigefarbenen Lehmhütten, meist Flachbauten, rückten immer enger zusammen. Aber je näher wir der Stadt kamen, desto größer wurden die Hütten. Kurz vor Kundus erkannte ich ein Tor. Ein solches Gate kannte ich noch aus der Region Paghman im Nordwesten Kabuls, wo ich mit den Niederländern einige Operationen durchgeführt hatte. Das Stadttor von Kundus war allerdings nicht so groß und prächtig. Alle Wege und Straßen, die wir bisher benutzt hatten, waren weder geteert noch sonst wie befestigt. Wenn es zu tauen beginnt, dachte ich, werden wir noch viel Spaß bekommen. Dann würden sich diese Wege und Straßen in Rutschbahnen verwandeln. Auch in der Stadt wurde es nicht besser, keine einzige Straße war befestigt. Wie in Kabul waren viele Menschen unterwegs und gingen ihren täglichen Geschäften nach. Aber alles in allem war Kundus nicht so hektisch und quirlig wie die Hauptstadt, was uns natürlich die Übersicht erleichterte. Ein weiterer Pluspunkt gegenüber Kabul stach mir ins Auge: Es war hier wesentlich sauberer. Es lag kaum Unrat auf den Straßen oder stapelte sich auf wilden Müllkippen. Außerdem gab es fast gar keine offene Kanalisation – im Gegensatz zu Kabul, wo diese Gräben fast im ganzen Stadtgebiet zu sehen und vor allem zu riechen waren. Auch die Häuser sahen adretter aus, und es waren weniger Kriegsschäden zu sehen.

Insgesamt machte Kundus einen eher dörflicheren Eindruck, trotz der knapp 100 000 Einwohner. Mich beeindruckten die wild und verschlossen wirkenden Männer, hinter denen sich bewegte und traurige Geschichten verbargen. Sofort war ich wieder gefangen von diesem Land und seinen Menschen. Wenn es hier in der Provinzhauptstadt schon eher dörflich und ruhig zuging, wie mochten dann die Menschen außerhalb in den kleinen Bergdörfern leben? Ich freute mich, das bei unseren Erkundungstouren ins Umland bald in Erfahrung zu bringen. Wirklich jeder klebte an der Scheibe und sog die Eindrücke in sich auf. Alle waren fasziniert von dem Treiben jenseits der Fensterscheibe.

Der Bus bekam fast Schlagseite, als wir an den ersten Marktbuden vorbeifuhren, da sich alle wie auf Kommando herüberbeugten, um ein paar Blicke zu erhaschen. Schlachter, Bäcker und Handwerker stellten ihre Waren aus und trieben regen Handel. Ich konnte förmlich sehen, wie einige meiner Kameraden sich bereits überlegten, was sie ihren Lieben zu Hause als Andenken mitbringen könnten. Keine einzige Frau war unverschleiert. Alle trugen den Ganzkörperschleier, die Burka. In meinen letzten Wochen und Tagen in Kabul hatte ich jedoch vereinzelt mutige Frauen ohne diese Verhüllung herumlaufen sehen. Allerdings tickten hier in der Provinz die Uhren ganz anders, wie unschwer zu erkennen war.

Die Fahrzeugdichte nahm immer weiter zu. Und dann – ich konnte es kaum glauben – kam uns auf einmal ein funkelnagelneuer BMW X5 entgegen. Überall auf der Welt, selbst in den ärmsten und zerstörtesten Gebieten, gibt es Reiche, dachte ich. Mit dem Moloch Kabul, wo es ja westliche Werbung, Fitnesscenter mit einer gelben Corvette davor und sogar Discotheken gab, war diese Stadt wirklich nicht annähernd zu vergleichen. Die Straßen verengten sich zu Gassen. So langsam bekam ich Platzangst. Mein militärischer Sachverstand meldete: ideale Bedingungen für einen Hinterhalt. Sollte uns hier jemand auflauern, hätten wir keinerlei Ausweichmöglichkeiten, zumal eine Menge Leute auf der Straße waren, die sich im Schneckentempo voranschoben. Ich hoffte, dass dies nicht der einzig mögliche Weg in unser Camp war. Ich versuchte, meine Beklemmung herunterzuschlucken, und beobachtete das Treiben auf der Straße ganz besonders aufmerksam.

Als kurz darauf der Checkpoint zum Lager zu erkennen war, atmete ich auf. Hier also war unser Zuhause für die nächsten Monate. Für wie lange, war noch immer völlig unklar – wir gingen von bis zu sieben Monaten aus. Afghanische Wachen mit Kalaschnikows bewachten die Toreinfahrt. Sie waren zivil gekleidet und trugen alle eine Armbinde, auf der »PRT« stand. Auch nach der offiziellen Übernahme des PRT durch die Deutschen blieben die zivilen Wachen. Outsourcing machte auch vor der Bundeswehr nicht halt. Selbst vor so wichtigen und sensiblen Tätigkeiten wie der Lagersicherung nicht.

Meiner Meinung und Erfahrung nach war das ein Fehler. Ich

kann in einem Land, in dem nahezu jeder korrupt ist, nicht einfach einheimische Sicherheitskräfte in meinem Lager rumlaufen lassen. Die Afghanen sind nämlich bekannt dafür, dass sie nicht viel auf Loyalität geben, sondern einfach die Seite wechseln, wenn ihnen jemand einen besseren Vertrag anbietet. Die Paschtunen – mit vierzig Prozent die größte Volksgruppe in Afghanistan – sagen selbst über sich, man könne sie zwar mieten, aber niemals wirklich kaufen. Gerade das macht es so schwierig, dauerhafte Koalitionen für einen Frieden zu schließen. Ich fühlte mich sehr unbehaglich dabei, dass diese Männer nachts vollbewaffnet, möglicherweise noch bekifft oder mit Opium zugedröhnt, in unseren Bereichen herumliefen. Bei den Amerikanern war es bereits gang und gäbe, westliche zivile Sicherheitsfirmen zu verpflichten. Teilweise führten diese Firmen sogar den Krieg mit beziehungsweise nahmen an Kampfhandlungen teil, wie etwa im Irak, wo auf jeden regulären Soldaten inzwischen ein privat angeheuerter kommt.

Die Lage des Camps versetzte mir dann aber doch einen Schock. Das Anwesen befand sich wirklich fast im Zentrum der Stadt, mitten in einem Wohngebiet. Umgeben von einer knapp drei Meter hohen Lehmmauer, über die man von den benachbarten Häusern nicht nur sehen, sondern auch ohne Probleme hereinspringen oder etwas werfen konnte – Bomben zum Beispiel. Mir war schleierhaft, unter welchen taktischen Gesichtspunkten die Amerikaner das Lager ausgerechnet dort errichtet hatten. Die Gebäude, die in dem Lager standen, waren teilweise zweistöckig, was natürlich den Beschuss von außerhalb in das obere Stockwerk kinderleicht machte. Somit war es von den Örtlichkeiten wohl eines der schlechtesten Lager, die ich je gesehen habe. Diese Position mitten auf dem Präsentierteller und die zivilen afghanischen Wachen sorgten dafür, dass ich in der Anfangsphase nachts nicht wirklich Schlaf finden konnte. Oft wachte ich morgens viel zu früh und gerädert auf und verfluchte die Amerikaner, die sich dieses Camp ausgesucht hatten und es nun an uns weiterreichten.

Nachdem der Konvoi das Tor passiert hatte, sahen wir zu unserer Linken einen etwas höheren Turm mit einer Wache. Von diesem Punkt aus war das ganze Lager zu überblicken. Ansonsten waren noch ein paar Steinhäuser zwischen Obstbäumen zu sehen, dazwischen standen Mannschaftszelte und größere Container, vermutlich die Küche und der Sanitätsbereich. Nach circa fünfzig Metern hielten die Fahrzeuge an und wir stiegen aus. Nun sitzen wir in der Falle, war mein erster Gedanke, als ich mich umblickte. Sollte hier ein Angriff auf uns erfolgen, kostete uns das eine Menge Soldaten.

Die Zelte standen zum Teil sehr dicht an der Mauer. Ein über die Mauer geworfenes Bombenpaket konnte hier wirklich maximalen Schaden anrichten. Ein kleiner Antretplatz lag vor einem zweistöckigen Gebäude mit einem blauen Dach und einer Terrasse. Im unteren Stock waren alle Fenster mit größeren Metallplatten abgehängt. Ich dachte mir gleich, dass dies die Operationszentrale war, die sogenannte OPZ. Sie ist das Herz und Hirn eines jeden Einsatzes. In der OPZ laufen alle Informationen zusammen, und die Aufträge und Bewegungen des gesamten Kontingents werden von dort erteilt und koordiniert. Die Metallplatten wünschte ich mir auch für meine Unterkunft, boten sie doch einen kleinen Schutz, zumindest gegen Geschosse.

Genau neben der OPZ stand eine kleine Holzhütte mit einem leichten Spitzdach. Das waren unsere Toiletten, drei an der Zahl. In einem zweiten Raum befanden sich vier Duschen. Diese Einrichtungen waren von den Amerikanern mit vor Ort verfügbarem Material gebaut und bereits von ihnen genutzt worden. Nach der Besichtigung sehnte ich mich sofort nach den Dusch- und Toilettencontainern der Bundeswehr. Hoffentlich kamen diese schnell nach Kundus, bedeuteten sie doch einen richtigen Luxus im Einsatzland.

Neugierig schaute ich mich weiter um. Im Hintergrund waren einige wenige Bundeswehrjeeps geparkt, und hinter der OPZ stand noch ein etwas größeres Holzhaus. In diesem Gebäude befand sich der Verpflegungsraum, auch betrieben durch die Amerikaner. Wir hatten einen langen Weg und ein hartes Stück Arbeit vor uns, um das alles in absehbarer Zeit von den

US-Streitkräften zu übernehmen und unseren Bedürfnissen anzupassen. Aufgrund der deutschen Bürokratie gab es ja ganz andere Normen, speziell bezüglich der Hygiene im Küchenbereich. Vor allem mussten wir wesentlich mehr Platz haben, da das Kontingent ja täglich anwachsen würde.

Nachdem die kurze Einweisung beendet war, wurden wir zu unserer Unterkunft geführt. In der Anfangsphase waren alle fünfzehn Mann in einem einzigen Zelt untergebracht, ziemlich eng! Aber wir begannen trotzdem, uns so gut wie möglich einzurichten. Zum Glück hatte das Zelt einen Boden, so dass die Kälte ganz gut abgehalten wurde. Als ich mir meine Ecke neben meinem Team reserviert und das Nötigste ausgepackt hatte, brach ich so schnell wie möglich zu einem kurzen Rundgang durch das Camp auf, um mir einen Überblick zu verschaffen.

Es fing schon mal ungewöhnlich an: Direkt neben unserem Bereich lagen Pferdeställe. Die Amerikaner nutzten die Tiere zur Aufklärung im unwegsamen Bergland. Ich stellte mir unseren Trupp bei einer dieser Touren vor und malte mir die komischen Szenen aus, die sich wohl dabei abspielen würden. Wir würden alles andere als eine gute Figur abgeben. Gott sei Dank hatten wir Autos und mussten nicht reiten! Zumindest bis zu unseren ersten Touren in und um Kundus wähnten wir uns dadurch im Vorteil. Dann begannen wir, die Amerikaner zu verstehen und zu beneiden ... Hinter den Ställen war ein größerer Kfz-Abstellplatz, wo etliche zivile Geländewagen standen, viele Toyota Landcruiser und auch einige Modelle von Nissan. Die Fahrzeuge waren schlimmer, als wir es uns im Entferntesten vorgestellt hatten. Mit bloßem Auge war zu erkennen, dass an einigen Fahrzeugen noch nicht mal Bremsbacken vorhanden waren. Ich trat spaßeshalber gegen eine Stoßstange, um sie einem kleinen Belastungstest zu unterziehen – wumms, lag sie am Boden. Das gleiche Spiel beim Auspuff. Das Ding war so marode, dass es beim kleinsten Kontakt mit meinem Fuß runterkrachte. Das konnte ja heiter werden!

Ich strich weiter durchs Camp und bemerkte, dass an den Ecken des Camps kleine Holztürme standen, auf denen afghanische Sicherheitskräfte Wache schoben. Dabei machten sie das, was sie am besten konnten: in der Sonne vor sich hin dösen. Außerdem schienen sie mehr darum besorgt, was innerhalb des Lagers los ist, als was von außen auf uns zukommen könnte. Verteilt auf dem ganzen Gelände standen maximal zweigeschossige Lehmhütten, auf denen wir später unsere Alarmstellungen installieren und noch unser blaues Wunder erleben sollten. Mir war schleierhaft, wie das funktionieren sollte, kannte ich doch die Leichtbauweise dieser Lehmhütten und bezweifelte, dass sie eine Menge Sandsäcke und Soldaten mit kompletter Ausrüstung tragen konnten. Was als Sicherung vorgesehen war, konnte sich so leicht als zusätzliche, unnötige Gefährdung herausstellen.

Ungefähr sechs bis acht Dixi-Klos und ein paar Zinkwannen unter freiem Himmel bildeten unseren »Waschplatz«. An dem Wasserrohr waren im Abstand von circa fünfzig Zentimetern Wasserhähne angebracht, aus denen Kaltwasser kam. Ein paar kleine Spiegel zum Rasieren hatte auch schon jemand aufgehängt. Damit nicht die gesamte Wasserversorgung des Camps zusammenbrach, wenn sich morgens oder abends alle gleichzeitig frisch machen wollten, wurden uns Waschzeiten zugeteilt. Der Spezialzug hatte am Anfang entweder zwischen sechs und sieben Uhr seine Waschzeiten oder sehr spät abends, so ab 23 Uhr.

Zum Abschluss besuchte ich die Feldjäger, die bereits als Teile des 27 Mann starken Vorauskommandos vor Ort waren. Sie hatten die Aufgabe, den Kommandeur zu schützen, aber auch polizeiliche Aufgaben wahrzunehmen, falls ein deutscher Soldat disziplinarische Probleme bekäme. Mit einigen hatte ich in Kabul ein, zwei Bierchen gezischt, da das Zelt der Feldjäger auch in Kabul genau neben meinem Zelt gewesen war.

Auf dem Rückweg zum Zelt registrierte ich im hinteren Bereich des Lagers ein etwas größeres, bestens abgesichertes Gebäude. Das war die OPZ der amerikanischen Nationalgarde und unterlag strengster Zugangsbeschränkung. Einige von uns murrten darüber und hielten die Amerikaner für arrogant und geheimniskrämerisch. Für mich war das nichts Neues, da mir diese Praxis bereits von den Niederländern bestens bekannt war. Man will damit verhindern, dass alle Welt einen Blick auf die große Lagekarte werfen kann. Auf der waren alle Beobachtungsposten und Bewegungen des Kommandos im Raum Kabul verzeichnet gewesen und natürlich die Aufklärungsergebnisse. Sehr schützenswerte Daten also.

Am Anfang gaben die Amerikaner kaum etwas von ihren Ergebnissen preis. Erst nach einigen Tagen und diverse abendliche Getränke später wurden sie zugänglicher, und dann gab es auch kleinere Informationen. Ich versuchte meinen Kameraden die strengen Sicherheitsvorkehrungen der Amerikaner zu erklären, aber ich drang nicht zu ihnen durch. Da ich selber die Sicherheitsvorkehrungen bei Spezialeinheiten sehr, sehr gut kannte und wusste, dass Spezialeinheiten oftmals Operationen durchführten, die unter strenger Geheimhaltung standen, war es für mich normal, dass man diese Dinge absolut niemandem, außer seinen eigenen Leuten, verriet.

Mein Fazit nach der ersten Lagerbegehung lautete: Wir waren hier sehr, sehr angreif- und verwundbar. Es gab keine Absicherung durch Stacheldraht auf der Lehmmauer, zudem war das Camp direkt von allen Seiten einsehbar. Und den afghanischen Wachleuten konnte man nach meinem Gefühl nicht unbedingt vertrauen, ganz abgesehen davon, dass es viel zu wenige waren, um uns im Ernstfall zu verteidigen. Alles in allem kein allzu schöner und beruhigender Ausblick für die nächsten Monate!

Umso wichtiger war es nun, so schnell wie möglich an unsere persönliche Ausrüstung zu kommen und, ganz entscheidend, Munition! Unsere Boxpaletten befanden sich noch auf dem Flugplatz. Mittlerweile war ein Gabelstapler aufgetrieben worden, und der pendelte nun zwischen Flugplatz und Camp hin und her. Bei zwölf Paletten und über einer Stunde Fahrtzeit hin und zurück würde es bis in die Nacht dauern, bis Palette für Palette und schließlich unsere komplette Habe eingetroffen wären. Nach längerem Drängen bekamen wir wenigstens endlich unsere Munition. Es dämmerte schon, und wir alle wollten die Nacht nicht ohne funktionsfähige Waffen verbringen. Schon jetzt war klar, dass es mit der Lagerung schwierig werden würde. Da uns kein Materialcontainer oder Ähnliches zur Verfügung stand, mussten wir den ganzen Kram inklusive Munition in unserem eh schon viel zu engen Zelt verstauen.

Einen letzten offiziellen Punkt hatten wir dann noch zu absolvieren, die Vorstellung des Kommandeurs. Auf dem kleinen Platz vor der OPZ traten wir Neuankömmlinge an und wurden durch Oberst Weigand begrüßt. Er war kurzfristig für den vor Ort schwer erkrankten Bataillonskommandeur eingesprungen. Weigand erklärte uns, welche Aufträge wir in den nächsten Tagen vorrangig durchführen sollten, und gab uns eine kurze Übersicht über die neuesten Aufklärungsergebnisse und Erkenntnisse, die zum Großteil jedoch von den Amerikanern stammten. Vieles war noch sehr vage und ungesichert. Die weißen Flecken auf der Landkarte sollten wir in der nächsten Zeit inspizieren und idealerweise füllen. Der Oberst machte einen ruhigen und kompetenten Eindruck auf mich. Er sprach sachlich und nüchtern, ohne große Gesten und traf immer den richtigen Ton. Das war ein Mann, vor dem ich Respekt hatte. Sein Auftritt hinterließ einen guten ersten Eindruck.

Als Nächstes stand das erste Abendessen im Lager an. Auch hier wurden afghanische Küchenkräfte durch die Amerikaner eingesetzt. Die Privatisierung machte vor gar nichts halt. Anfangs sah ich das Ganze noch mit einer gehörigen Portion Skepsis, kannte ich doch den Umgang der Afghanen mit Hygiene bei der Essenszubereitung noch aus Kabul. Ich hatte oft mitbekommen, dass die Afghanen nicht die bereitgestellten Toiletten benutzten, sondern in irgendwelchen Nischen ihre Notdurft verrichteten. Da sie ihren Hintern meist nur mit der Hand abwischten und sie danach entweder an ihrer Kleidung abrieben oder einfach mit ein wenig Wasser oder Sand reinigten und anschließend ihren Dienst im Küchencontainer versahen, war das nicht unbedingt vertrauenswürdig.

Nach dem Abendessen verteilte unser Zugführer die Aufträge. Der wichtigste und vorrangigste war, dass die ELG von den Amerikanern in die Abläufe am Flugplatz eingewiesen werden sollte, um diesen so schnell wie möglich zu übernehmen.

Die beiden Trupps des Spezialzugs sollten bis zum Eintreffen der ersten Teile der Fallschirmjäger in circa drei Wochen die Sicherung des Flughafens übernehmen. Problematisch war, dass wir den großflächigen Bereich mit so wenigen Leuten nicht absichern konnten. Gerade beim An- und Abflug der Luftfahrzeuge bestand immer wieder die Gefahr, dass sich Heckenschützen in den Ruinen um den Flugplatz versteckten. Deshalb überlegten wir, die zwei Vier-Mann-Teams aufzuteilen und während der An- und Abflugphase Patrouillen und Kontrollen um den Flugplatz durchzuführen. Müde und abgeschlagen unterhielten wir uns noch ein wenig über die Eindrücke unseres ersten Tages und bemerkten schnell, dass noch eine Menge Fragen offen waren.

Als es Schlafenszeit war, tappten wir uns im Zelt unter einer Menge von Flüchen gegenseitig auf die Füße. Doch wir versuchten, in der Enge so gut es ging klarzukommen. Nachdem das Licht gelöscht worden war, hing ich noch eine ganze Zeitlang meinen Gedanken nach. Ich war noch viel zu aufgewühlt, um ein Auge zumachen zu können. Der Kommandeur machte einen sehr patenten und flexiblen Eindruck auf mich, was mich beruhigte. Besonders in der Anfangsphase einer solchen Operation ist ein Grundvertrauen in das Führungspersonal viel wert. Das Camp und die Lage machten mir jedoch große Sorgen, aber das ließ sich halt nicht ändern. Ich hoffte nun, dass so schnell wie möglich genug Material ins Land käme, damit wir zumindest die Mauer verstärken konnten. Mein letzter Gedanke galt meiner Freundin und ihrer Tochter, und so schlief ich mit einem Lächeln auf den Lippen ein.

Verschlossene Container und schlafende Wachen – Die Zustände im Lager und erste Aufträge

Am nächsten Tag wachte ich gerädert und müde auf. Ich hatte schlecht und wenig geschlafen, war immer wieder wach geworden und hatte mich herumgewälzt, wie fast jeder von uns. Murrend und frierend gingen wir zum Frühstück. Nach dem ersten Kaffee waren alle etwas besser drauf. Bei der Dienstbesprechung ging es um die Fahrzeuglage. Wir erfuhren, dass der Spezialzug Toyota Landcruiser bekommen sollte, diese Fahrzeuge hatten wir bereits gestern auf dem Abstellplatz gesehen. Da die Bundeswehr bisher nur wenige militärische Fahrzeuge ins Land gebracht hatte, waren von einem örtlichen Autohändler diese zivilen Jeeps angemietet worden.

Als wir den Leasingpreis pro Monat hörten, kippten wir fast aus den Latschen. Sage und schreibe 1500 Dollar wurden pro Monat und Fahrzeug gezahlt. Wahnsinn! Es wäre auf jeden Fall günstiger gekommen, einige Fahrzeuge einzufliegen, zumal dann wesentlich weniger Geld in die Reparaturen hätte investiert werden müssen. Da die geleasten Fahrzeuge zu achtzig Prozent fahruntüchtig waren, aber aufgrund der Auftragslage trotzdem genutzt werden mussten, wurde also eine Gefährdung der Soldaten wissentlich in Kauf genommen.

Nachdem uns Fahrzeuge zugewiesen wurden, stellten wir zu allem Überfluss auch noch fest, dass die Jeeps alles andere als optimal ausgerüstet waren. Sie waren Rechtslenker und hatten Schaltgetriebe, was für den Einsatz schlecht ist, da beim Fahrer immer beide Hände gebunden sind. Bei Automatikgetrieben hast du immer eine Hand frei, um im Notfall auch mit der Pistole schießen zu können. Außerdem ist es nicht leicht, sich umzugewöhnen, wenn man jahrelang sämtliche Ausbildungen mit einem Fahrzeug gemacht hat, bei dem das Lenkrad wie in Europa üblich auf der linken Seite ist. Was bei einem Urlaub in Australien ziemlich unkritisch war, konnte in Afghanistan im Ernstfall zu Komplikationen führen. Schließlich reagiert in solchen Situationen in erster Linie der Instinkt, und der lässt sich nicht so schnell umtrainieren.

Bei der Inspektion der Wagen fiel uns gleich ein weiteres Manko auf: Die Fahrzeuge hatten keine Kennung; weder das ISAF-Emblem noch die Bundesflagge waren an den Fahrzeugen angebracht. »Das gefällt mir nicht«, meinte ich zu Gerko. »Vielleicht fühlt sich so mancher Kriminelle dadurch eingeladen, uns einfach mal so zu überfallen. Er kann ja nicht damit rechnen, dass bis an die Zähne bewaffnete Soldaten im Wagen sitzen.« Außerdem ist ganz klar gesetzlich vorgeschrieben, dass man sich als Soldat zu erkennen geben muss. Und zwar in militärischen Fahrzeugen, die auch entsprechend gekennzeichnet sind. Wir mussten uns also in absolut untauglichen, dazu noch nicht legitimen Fahrzeugen fortbewegen.

Der nächste Punkt auf der Mängelliste war die katastrophale Bereifung. Das Reifenprofil war zu achtzig Prozent abgefahren, was bei Schlamm, Eis und sehr unwegsamem Gelände böse Folgen haben konnte, wie wir bald erleben sollten. Uns war schon jetzt klar, dass die Reifen uns bald im Stich lassen würden. Also besorgten wir uns erst mal ein paar Ersatzreifen, indem wir sie von nicht genutzten Fahrzeugen abmontierten und auf dem Dach unseres Wagens befestigten. Nach einer Probefahrt, die fast in der Mauer des Camps endete, stand zudem fest, dass die Bremsen nicht die besten waren. Trotzdem begannen wir die Fahrzeuge vorzubereiten und statteten sie mit extra Benzinkanistern, Wasser, Verpflegung, Batterien und Munition aus. Auch unsere Rucksäcke mussten zu guter Letzt noch hinein.

Als wir die Fahrzeuge so weit präpariert hatten, probierten wir vom Team 1 aus, wie schnell wir aus und in das Fahrzeug kamen. Sekunden konnten hier über Leben und Tod entscheiden, deshalb nahmen wir dieses Trockentraining sehr ernst. Da wir mit unserer persönlichen Ausrüstung und der schusssicheren Weste eine ganze Menge am Mann trugen, war das Aus- und Einsteigen nicht gerade leicht und wurde von vielem Fluchen begleitet.

Die Beweglichkeit bei voller Ausrüstung ist zwar ein grundsätzliches Problem, hatte hier aber eine besondere Dimension: Der Innenraum des Toyotas war durch die vielen Einbauten enger als bei Militärfahrzeugen, die für solche Einsätze optimiert sind. Außerdem sind die Türen oder auch Einstiege bei Militärjeeps so ausgelegt, dass man mit voller Ausrüstung einigermaßen vernünftig ein- und aussteigen kann. Da wir ein festes Dach über dem Kopf hatten, war ein fluchtartiges Verlassen des Fahrzeuges unmöglich. Bei einem abgeplanten Jeep oder Jeep mit Plane kannst du entweder einfach rausspringen oder dich durch die Plane rausschneiden. Besonders unbequem war es für Gerko und mich, da wir beide um die 1,90 Meter groß sind. Die blauen Flecken, die wir uns an diesem ersten Tag holten, sollten bei weitem nicht die letzten bleiben. Mit Grausen dachten wir an unseren Auftrag in naher Zukunft, die Tiefenaufklärung. Dann müssten wir zusammengekrümmt und gequetscht mehrere Tage in diesen Jeeps unterwegs sein. Gerko und ich waren schon jetzt ziemlich bedient.

Weil wir für alles gewappnet sein wollten, mussten wir nun noch den Innenraum des Fahrzeugs umrüsten. Es ging darum, möglichst schnell und unkompliziert an unsere Kampfmittel, zum Beispiel Rauchkörper oder Handgranaten, heranzukommen. Dazu befestigten wir aufgeschnittene Cola-Dosen mit Klebeband an den Kopfstützen. Das war eine improvisierte Halterung, in der wir die Granaten und Rauchkörper auf Augenhöhe verstauen konnten. Das ganze sah schon ziemlich abenteuerlich aus, aber was sollten wir sonst tun? Die Granaten in den Fußbereich legen? Bei den vielen Schlaglöchern wären wir keinen Kilometer weit gekommen, ohne dass wir alle einen Kopf kürzer gewesen wären.

Aber auch die Aufbewahrung in den Cola-Dosen war heikel. »Wenn wir einen Unfall haben und umkippen, kommt richtig Freude auf«, meinte André. »Mal sehen, ob dann eine Granate, die durch den Innenraum fliegt, nicht doch zündet.« An diese Möglichkeit hatte ich offen gestanden gar nicht gedacht – und meine Laune wurde nicht besser davon.

Auch das zehn Kilo schwere Funkgerät würde im Falle einer Kollision zu einem gefährlichen Geschoss mutieren, wurde mir klar, nachdem André seine Witzchen gerissen hatte. Also machte ich mich daran, es extra durch einen Gummiexpander zu sichern. Als wir so weit fertig waren, besahen wir uns das Ganze von außen. Meine Güte, das sah nicht gut aus! Das Fahrzeug war gnadenlos überladen, obwohl wir ja noch nicht mal drinnensaßen! Etwas ratlos sahen wir uns gegenseitig an und mussten grinsen. Die Karre sah auch wirklich lächerlich aus mit den Ersatzreifen auf dem Dach, vollgepacktem Kofferraum und dem Klebeband und den Cola-Dosen im Innenraum.

Ich erinnerte mich an Kabul und unsere frisierten militärischen Fahrzeuge. Auch dort hatten wir allerhand Umbauten vorgenommen, um die Jeeps für unsere mehrtägigen Einsätze entsprechend auszurüsten, beispielsweise Halterungen und Körbe für Waffen und Vorräte anmontiert. Entsetzt hatte der Technische Offizier den Wagen aus dem Verkehr gezogen und uns mit Hinweis auf die Sicherheitsbestimmungen gezwungen, alles bis ins Detail wieder rückgängig zu machen. Dabei hatten wir die Umbauten gerade wegen unserer Sicherheit vorgenommen! Aber es half alles nichts, das Fahrzeug blieb damals gesperrt. Nur gut, dass wir hier keinen Technischen Offizier vor Ort hatten. Wenn der diese Autos sehen würde, bekäme er wahrscheinlich einen Herzinfarkt, dachte ich mir.

Um wirklich startklar zu sein, benötigten wir nur noch einen vollen Tank. Auf dem Gelände hatten wir noch keinen Zapfhahn gesehen, was völlig untypisch war. Als einer von den Amis vorbeikam, ergriff ich die Gelegenheit: »Kannst du uns sagen, wo wir Sprit herbekommen?« »Klar. Hier sieht es schlecht aus, ihr müsst dafür an die ganz normale Tankstelle in der Innenstadt fahren.«

Ungläubig schaute ich ihn an. »Aber ich kann euch erklären, wie ihr am besten hinkommt. Gib mal die Karte her.« Etwas betreten machten wir uns mit dem Gedanken vertraut, an einer zivilen, ungesicherten Tankstelle ein gutes Ziel abzugeben. Nicht nur, dass man beim Tanken nicht so schnell reagieren konnte. Gerade das schnell entzündbare Benzin machte die Sache extrem gefährlich. Wir alle hofften, dass für heute Schluss war mit unangenehmen Nachrichten und machten uns auf, um die Tankstelle zu suchen. Mit allen vier Trupps des Spezialzugs und vier Fahrzeugen brachen wir auf, es war unsere erste selbständige Fahrt aus dem Camp heraus.

Langsam fuhren wir durch die Wohnviertel und engen Gassen und kassierten jede Menge neugierige Blicke. Auf der Hauptstraße, an der auch die Tankstelle liegen sollte, konnten wir wenigstens etwas schneller fahren. Wieder fiel mir der große Gegensatz zu Kabul auf. Der Hauptverkehr bestand aus Eselskarren, Handkarren und Fahrrädern, und es waren deutlich weniger motorisierte Fahrzeuge als in Kabul unterwegs. Die Gebäude wirkten alle sauber, aber sehr viel einfacher und ärmlicher als in der Hauptstadt.

Als wir eine Weile gefahren waren, sahen wir am rechten Straßenrand zwei Zapfsäulen, über die eine Art Plane gespannt war. Das musste wohl die »Tankstelle« sein. Links und rechts davon befanden sich ein Holzhandel und andere kleinere Geschäfte. Überall waren Passanten, und nachdem unser kleiner Konvoi entdeckt worden war, bildete sich sofort eine Menschentraube um die kleine Tankstelle. Neugierig und abwartend standen die Menschen da und guckten, was als Nächstes passiert. Wir versuchten, uns nicht aus der Ruhe bringen zu lassen, und koordinierten den Ablauf so, dass immer nur ein Fahrzeug an der Zapfsäule stand. Die anderen drei verteilten sich in einiger Entfernung und sicherten den Bereich. Das Gefühl beim Tanken war beklemmend, und ich sah es auch meinen Teamkameraden an, dass sie sich nicht wohl fühlten. Wir kamen uns vor wie auf dem Präsentierteller, ein tödlicher Anschlag wäre in dieser Situation ein Leichtes gewesen. Aber das Tanken an sich ließ sich schlecht beschleunigen und musste sein. Trotzdem schauten wir, zügig wieder wegzukommen.

Als wir die Tankstelle hinter uns ließen, atmeten alle durch und entspannten sich wieder. Puh, die erste Übung hatten wir erfolgreich hinter uns gebracht. Wir hatten nun keine weiteren Pflichten mehr. Trotzdem nahmen wir nicht den direkten Weg zurück zum Camp, sondern nutzten die Zeit, um ein wenig die Stadt zu erkunden und vor allem die angrenzenden Bereiche des Camps unter die Lupe zu nehmen. Dabei geht es auch immer darum, sich die Örtlichkeiten einzuprägen und auf Skizzen zu dokumentieren.

Wir fuhren zunächst in den Stadtkern, um herauszufinden, wie die Bevölkerung auf uns reagierte. Eines wurde uns dabei sehr schnell klar: Die Leute waren sehr distanziert und verunsichert, nur wenige winkten uns zu. Vermutlich, weil wir ja anhand unserer Fahrzeuge nicht als Soldaten zu erkennen waren. Wir hielten immer wieder an, kurbelten die Scheiben runter und ließen unsere Arme raushängen, so dass die Uniform und das deutsche Hoheitsabzeichen zu sehen waren. Auch wer die schwarz-rot-goldene Flagge nicht zuordnen konnte, verstand so immerhin, dass wir Soldaten waren.

Im Zentrum gelangten wir an einen großen runden Platz. Wie in einem Kreisel ging in jeder Himmelsrichtung eine Straße ab, und im Kern befand sich eine Art Marktplatz, auf dem sehr viele Menschen unterwegs waren. Ganz in der Mitte stand erhöht auf einer runden Plattform ein Polizist. Mit Händen und Füßen versuchten wir, ein Gespräch mit ihm zu führen, was uns nicht wirklich gelang. Trotzdem war diese erste Kontaktaufnahme enorm wichtig. Denn durch diesen Polizisten wurde hoffentlich per Mundpropaganda an die Bevölkerung weitergetragen, dass sich jetzt Soldaten in Kundus noch mehr engagierten.

Diese kurze Begegnung ließ mich schon mit freudiger Erwartung in die Zukunft sehen, wenn wir unsere Aufklärungstouren beginnen sollten. Ich war heiß darauf, nach draußen zu kommen, das Land zu erkunden. Allerdings stand ich mit dieser Haltung so ziemlich alleine da. Der Rest des Zuges war deutlich zurückhaltender. Ich hatte das Gefühl, dass einige nicht mehr machen wollten, als unbedingt nötig war. Auch wenn mein Eifer sicher meiner Wiedersehensfreude und Euphorie geschuldet war – mit meinem Gefühl, dass nicht alle an einem Strang zogen, sollte ich leider recht behalten.

Schon bei dieser kleinen Erkundungstour durch die Stadt hatten wir ein technisches Problem: die Funkverbindung. Wir hatten zwar digitale Motorola-Funkgeräte, die ich bereits aus Kabul kannte und die gut funktionierten. Jedoch verfügten wir nicht über die nötige Anzahl, so dass pro Fahrzeug nur ein Gerät vorhanden war. Das reichte, um per Gruppenfunk zumindest die Verbindung untereinander zu halten. In geschlossenen Fahrzeugen mit fünfzig bis hundert Metern Abstand war dies aber nicht immer zu gewährleisten. Auch hatte der Zugführer stellenweise keine Verbindung zum Camp.

Eine schwierige, unangenehme Situation. Falls etwas passierte, konnten wir keinen Notruf absetzen, um nach Verstärkung zu rufen. Aber noch schlimmer ist es, nicht einmal Funkverbindung im Konvoi untereinander zu haben. Stell dir vor, du fährst im Nebel und das Fahrzeug hinter dir wird beschossen und bleibt liegen – und du bekommst es nicht mit und fährst einfach weiter.

Unser Team beschloss, mindestens ein Satellitentelefon in der OPZ zu beantragen, damit wir wenigstens eine sichere Verbindung zum Camp halten konnten. Gerade wenn wir länger im Umland unterwegs sein würden, wäre das lebenswichtig. Nicht auszumalen, wenn wir ohne Kontakt zur OPZ in einen Hinterhalt gerieten oder einen Unfall hätten.

Als wir uns wieder dem Camp näherten, ging schon bei Sichtweite automatisch der Schlagbaum hoch, und wir fuhren ohne Kontrolle in das Lager. Als das passierte, wurde uns allen im Fahrzeug klar, dass die Sicherung des Camps durch die afghanischen Kräfte reines Wunschdenken war. Jeder x-beliebige Afghane hätte uns außerhalb des Camps überfallen und unser Fahrzeug stehlen, unsere Uniformen anziehen, den Wagen mit Sprengstoff vollpacken und einfach ins Camp fahren können. Bei dem Gedanken lief mir ein eiskalter Schauer über den Rücken. Wenn die Sicherheitsvorkehrungen so lasch waren, konnte so etwas auch nachts passieren, wenn alle schliefen. Das wäre ein echter Volltreffer.

Bei einem Kaffee besprachen wir uns und schrieben uns ein paar dringliche Punkte auf, die schnellstens geklärt werden mussten. Funk und die Ausstattung mit Sanitätsmaterial standen dabei ganz oben auf der Liste, bevor wir auf uns alleine gestellt operieren sollten. Jeder der beiden Spezialtrupps hatte zwar einen Medic dabei, aber es fehlte uns noch dringend weiteres Material. Der in Varel mit Sanitätsbedarf vollgepackte Container war noch nicht im Camp angekommen, somit hatten wir eigentlich nur die Sanitätsausrüstung dabei, die wir für den Hausgebrauch benötigten, zum Beispiel einfache Pflaster und Salben, Tabletten, für jeden einen halben Liter Infusion – was im Notfall absolut nichts war. Falls was passierte, bei nur einer Person und hohem Blutverlust, wäre die Überlebenschance gleich null. Auch unser Stabsarzt Tim konnte uns nicht weiterhelfen, da er ebenfalls nicht genügend Material zur Verfügung hatte. Und er hatte noch nicht einmal ein eigenes Fahrzeug! Trotzdem versprach er uns, sich zu melden, sobald neues Material eintraf. Aber es stand in den Sternen, wann es so weit wäre. Äußerst unbefriedigend, das Ganze.

Was mich noch viel mehr auf die Palme brachte, war die absolute Ignoranz der Führung in Sachen Evakuierung. Weder gestern noch heute in der Besprechung wurde ein Sterbenswörtchen darüber verloren, wie wir im Notfall aus Kundus evakuiert würden. Wirklich täglich habe ich das bei jedem Höhergestellten, der mir über den Weg lief, angemahnt. Aber es interessierte keinen, weil jeder die Antwort sowieso kannte: Eine Evakuierung ist unmöglich.

In Kabul war ich ja selbst mit einem Trupp unterwegs gewesen, um die verschiedenen Routen zu erkunden – wenn auch mit dem Ergebnis, dass es keine sichere Strecke zu einem der Flughäfen gab. Hier war der Weg zum Flughafen das geringere Problem. Viel schlimmer war, dass die Bundeswehr dort kein einziges einsatzbereites Luftfahrzeug stehen hatte. Offensichtlich hatte man den gleichen Grundsatz wie in Kabul: Solange die Amerikaner noch hier sind, ist auch schnelle Hilfe aus der Luft verfügbar. Nicht nur, dass ich das blauäugig fand. Was passierte, wenn die Amerikaner bald das PRT aufgaben, wurde nicht weiter angesprochen oder thematisiert, nach dem Motto: Bloß keine schlafenden Hunde wecken!

Wir waren gerade mal einen Tag im Land, und schon zeigten sich die Mängel in voller Pracht: Jeder von uns hatte Munition für den hohlen Zahn: magere dreihundert Schuss fürs Gewehr und hundert Schuss für die Pistole. Das reichte im Ernstfall gerade mal ein paar Minuten. Ansonsten hatten wir keine Munition für schwere Waffen und unsere Granatpistolen, für die wir uns Munition von den Amerikanern liehen. Allerdings rückten sie nur Markierungsmunition heraus, ein Pulver, mit dem ein Ziel vor Beschuss markiert wird. Damit konnte man beim Angreifer bestenfalls blaue Flecken verursachen oder ein bisschen Rauch produzieren.

Ich war fassungslos, warum all die Waffen oder Waffenanlagen ins Land gebracht wurden, ohne die dafür nötige Munition mitzuliefern. Außerdem hatten wir keine verlässliche Funkverbindung zur OPZ im Lager und wurden im Unklaren gelassen, wie wir im schlimmsten Fall schnell aus Kundus verschwinden konnten. Dabei gehört genau das zu den militärischen Grundsätzen Nummer eins: Wie komme ich im Ernstfall gesund wieder heraus? Sehr ähnliche Fragen hatten wir uns schon in Kabul gestellt. Naiverweise hatte ich gehofft, es hätte sich damals um Anfangsfehler gehandelt, die mittlerweile längst behoben waren. Aber leider weit gefehlt.

André erzählte mir über die Zeit auf dem Balkan, seinen ersten Einsatz, und die dortigen Probleme. Parallelen zu unseren jetzigen Situation waren sehr deutlich zu erkennen. Ich verstand das einfach nicht: Wurden gewisse Probleme oder Fragen von den Verantwortlichen einfach ausgeblendet, weil es zu teuer war, sie zu beheben? Oder waren keine Lehren aus den bisherigen Einsätzen gezogen worden?

Dass bei so einem Einsatz immer wieder das eine oder andere Problem auftauchte, war normal. An wirklich alle Eventualitäten zu denken und diese im Vorfeld auszuräumen, war bei so komplexen Einsätzen schlicht unmöglich. Aber immer wieder die gleichen Fehler zu begehen, war in meinen Augen grob fahrlässig. Das haben die eingesetzten Soldatinnen und Soldaten nicht verdient, die ihren Kopf hinhalten! Nach zwei Tagen im Einsatz fühlte ich mich durch die Politik und die militärische Führung im Stich gelassen, und ich war nicht der Einzige, der so dachte. André und ich beschlossen, uns nicht noch weiter herunterziehen zu lassen und das Beste aus der Situation zu machen. Was blieb uns auch anderes übrig?

In diese trüben Gedanken hinein erreichte uns die Information, dass wir am nächsten Tag mit den Amerikanern zum Flugplatz fahren sollten, um dort mit der Übergabe zu beginnen. Das ging ja wirklich fix. Wenn das so weiterginge, wären die amerikanischen Special Forces tatsächlich sehr bald weg – und damit auch unsere »Lebensversicherung« in Sachen Evakuierung aus der Luft. Abgesehen davon profitierten wir natürlich von der Erfahrung der Amis am Standort. Sie wiesen uns etwa darauf hin, dass wir morgen am Flugplatz auf gar keinen Fall die Wege oder den betonierten Bereich vor dem Tower verlassen sollten, da der gesamte Platz um das Flugfeld minenverseucht war. Nach unserer Landung hatten wir bereits die roten Markierungen gesehen und wussten schon, was los war, dennoch war dieser Punkt unseren US-Kameraden sehr wichtig.

Den Rest des Tages versuchten wir noch das benötigte Material, vor allem die Satelliten-Funkgeräte, zu bekommen und bereiteten alles für den kommenden Auftrag vor. Auch Landkarten bekamen wir noch ein paar, allerdings waren es nicht die besten und aktuellsten, wie auch an der kyrillischen Beschriftung zu sehen war. Neuere waren aber nicht zu bekommen. Gedankenversunken gingen wir zum Abendessen und sahen danach noch etwas amerikanische Nachrichtensendungen. Allzu spät wurde es jedoch nicht. Da wir nicht wussten, wie lange der morgige Tag werden sollte, verschwanden wir bald im Zelt.

Am nächsten Morgen brachen alle fünfzehn Mann unseres Zuges früh zum Flughafen auf. Es war eine Transportmaschine angekündigt, und die Amerikaner wollten den Umstand gleich nutzen, unsere ELG einzuweisen. Die ersten müden afghanischen Gesichter beäugten unseren vorbeifahrenden Konvoi skeptisch, aber es war noch nicht allzu viel los auf der Straße, so dass wir gut durchkamen. Vor dem Tower stellten wir unsere Fahrzeuge ab und gingen in das Gebäude – die Einweisung konnte beginnen.

Im Erdgeschoss waren sehr viele Räume, die vollkommen zerstört und verwüstet waren. Dasselbe Bild im ersten Stock. Die Amerikaner waren nur mit fünfzehn Mann vor Ort und hatten bei der Vielzahl ihrer Aufträge bisher keine Zeit gehabt, dieses Chaos zu beseitigen. Vom ersten Stock aus führte ein kleiner Gang in den gläsernen Tower. Um diese Kuppel war ein breiter Außengang, so dass das komplette Areal sehr gut zu überblicken war. Die einzige kurze Landebahn lag auf der West-Ost-Achse, und im Norden hatte man gute Sicht auf das Militärcamp von General Daud, das uns schon am Ankunftstag aufgefallen war. Von hier oben waren schweres Gerät, Panzer und Artillerie auszumachen. Doch auch im Süden war ein altes Kasernengelände zu erkennen. Das war uns vorher nicht aufgefallen, und wir konnten auch dort Bewegungen erkennen.

Genauso neugierig wie wir spähten die Männer von dort auf uns, wie wir durch unsere Ferngläser sehen konnten. Vermutlich waren sie bereits durch unsere Fahrzeugkolonne in Alarmbereitschaft versetzt worden. Als mir klar wurde, was für ein gutes Ziel der Tower abgab und dass er quasi aus allen Richtungen von leichten und schweren Waffen umzingelt war, war ich sehr geschockt. Eine Sicherung des Towers von oben war absolut unmöglich. Selbst einfachste Sandsackstellungen zum Verschanzen fehlten, und somit war nahezu jeder Soldat auf dem Tower ein hervorragendes Ziel.

Die ELG begann mit ihrer Arbeit auf dem Flugfeld. Sie untersuchte die Landebahn auf Beschädigungen und andere mögliche Gefahrenpunkte für landende oder startende Flugzeuge. Jeweils am Ende der Landebahn waren etwas größere Freiflächen, damit die Flugzeuge wenden konnten. Auch diese beiden

Areale wurden ausgiebig begangen und begutachtet. Wir entschieden uns, beim Start und der Landung von Flugzeugen jeweils einen Trupp auf diesen Wendeplatten zu postieren. Ein Amerikaner fuhr mit uns dann noch alle möglichen befahrbaren Wege rund um das Rollfeld und den Flugplatz ab. Der Umstand, dass keiner dieser Wege asphaltiert war, war nicht gerade angenehm. Bei Nacht, wenn niemand von uns vor Ort war, konnten theoretisch massenweise Minen auf diesen Pfaden vergraben werden, von wem auch immer.

Als die Einweisung abgeschlossen war, wollten wir und Team 2 das weitere Umfeld erkunden. Wir teilten uns auf, wer welches Gebiet übernimmt. Gerko, Nils, André und ich wollten Kontakt mit den Menschen in der nördlich gelegenen Militäranlage aufnehmen. Als wir uns dem Kasernentor auf etwa hundert Meter genähert hatten, kam eine bewaffnete Person auf uns zu und gestikulierte wild. Die Botschaft war eindeutig: Kommt keinen Meter näher und schaut, dass ihr Land gewinnt. Uns blieb nichts anderes übrig, als wieder umzudrehen, wollten wir nicht schon am ersten Tag irgendjemanden provozieren. Deshalb signalisierten wir ihm per hochgestrecktem Daumen »okay« und wendeten.

Doch wir wollten uns nicht ins Bockshorn jagen lassen und wollten es bei dem Militärcamp, das südlich des Flughafens lag, probieren. Dort hatten wir mehr Glück. Ohne Probleme fuhren wir bis an ein kleines Wachgebäude heran. Prompt kamen ein paar Afghanen heraus und begannen, recht freundlich auf uns einzureden. Leider hatten wir keinen Sprachmittler, also Dolmetscher, dabei und konnten uns nicht verständigen. Also schüttelten wir eine Menge Hände und fuhren immerhin etwas entspannter zurück zum Tower.

Es dauerte nicht lange, da kam die Meldung, dass sich die deutsche Transportmaschine im Anflug befände, und so nahmen wir unsere Positionen ein. Vor dem Tower stand bereits ein Bundeswehr-Lkw aus unserem Camp, der die Ladung aufnehmen sollte. Bald darauf sahen wir die Maschine im Anflug auf den Flugplatz. Nach der Landung wurde sie von dem Einweiser in Empfang genommen, und kurz darauf stellte der Pilot die Motoren aus. In diesem Augenblick machten sich unsere beiden Trupps auf den Weg, um das Flugzeug im Nahbereich zu sichern. Die Entladung begann. Wieder fehlte ein Gabelstapler, so dass die Maschine per Hand von afghanischen Kräften entladen wurde. Es waren auch Bauteile unserer zukünftigen Wohncontainer darunter. Ich war froh, dass wir in der Sicherung standen, sahen einige Teile doch recht schwer aus und waren es wohl auch, wie das Keuchen und Ächzen der Männer bewies.

Die Entladung per Hand zog sich über mehrere Stunden hin, bis plötzlich ein Riesengeschrei erfolgte: Einem Afghanen war eine schwere Bodenplatte eines Wohncontainers auf den Fuß gefallen. Da kein Arzt vor Ort war, bin ich zu dem Mann gegangen und habe mir seinen Fuß angesehen. Der Fuß war stark angeschwollen, aber ich konnte nicht mehr tun, als etwas Salbe aufzutragen. Wir hatten so wenig Sanitätsmaterial zur Verfügung, dass mehr einfach nicht drin war.

Ein deutscher Offizier beobachtete die Sache und runzelte die Stirn. »Ist das alles, was Sie für den Mann tun können?«, fragte er. Mein »Ja« kam schnell und unmissverständlich. Doch der Offizier regte sich auf: »Das kann doch nicht sein! Sehen Sie nicht, welche Schmerzen der Mann hat? Da muss man doch was tun!«

Ich packte meine Sachen wieder zusammen und sagte: »Geht aber nicht. Ich habe nicht mal genügend Material, um meinen eigenen Trupp ausreichend zu versorgen. Meinen Sie, ich kann hier am dritten Tag das wenige, was ich habe, großzügig verteilen?« Ich machte eine Pause und versuchte an seinem Gesichtsausdruck abzulesen, ob er mich verstand. Ich war mir da nicht so sicher, also legte ich nach: »Wenn irgendetwas auf dem Rückweg ins Camp passiert, und ich habe nicht mehr genug Material für unsere Soldaten, dann möchte ich diese Verantwortung nicht tragen.« Diese Erklärung akzeptierte er wohl, denn er ließ mich in Ruhe. Mir machte dieser kleine Zwischenfall klar, wie abhängig wir von unseren zwei mickrigen Medic-

Packs waren und dass wir beten sollten, dass es niemals zu ernsthaften Verletzungen kommen würde.

Am Nachmittag war die Maschine endlich ausgeräumt und der verletzte Afghane ins Krankenhaus nach Kundus abtransportiert. Ich sah auf meine Uhr und schüttelte den Kopf. In Bagram hatte ich gesehen, wie eine riesige Transportmaschine der Amerikaner, eine C5 Galaxy, innerhalb von 25 bis 30 Minuten entladen wurde. Und wir verbrachten mehrere Stunden damit, eine kleine Transall per Hand zu entladen. Diese Szene machte mir wieder klar, mit was für eingeschränkten Mitteln die Bundeswehr in die Einsätze geschickt wird.

»Was machen wir eigentlich, wenn das Wetter umschlägt und keine Maschine mehr landen kann?«, fragte Gerko in die Runde. »Dann sind wir komplett vom Nachschub abgehängt und kommen nicht mal mehr an das Notwendigste heran.« Betreten sahen wir alle zu den Berghängen um uns herum. Sollte Nebel aufkommen, wären wir ganz schön gekniffen. Damit die Transportmaschinen landen können, mussten Sichtflugbedingungen herrschen, was nicht immer gegeben war. Wie schnell das Wetter in diesem Land umschlagen kann, hatte ich vor nicht ganz einem Jahr bereits am eigenen Leib erfahren.

Auf dem Rückweg zum Camp waren wir sehr still. Gerko hatte uns mit seiner Frage sehr zu denken gegeben. Das Sprichwort »Routine tötet!« missachtend, fuhren wir auf der gleichen Strecke wie immer Richtung Kundus. Ich wusste, wie sehr diese Unflexibilität ins Auge gehen konnte. Damals in Kabul sollten die niederländischen KCT einen Beobachtungsposten errichten. Zu diesem Punkt auf einer Anhöhe führte nur eine Straße. Nach ein paar Tagen lag eine Panzerabwehrmine in ihrer Fahrspur. Ein Jeep der KCT fuhr darauf und flog in die Luft. Drei meiner niederländischen Kameraden starben bei diesem Anschlag. Ich hoffte, dass uns so ein Schicksal erspart bliebe.

Obwohl ich mehrmals anregte, die Routen zu variieren, und auch das drastische Beispiel von den getöteten Niederländern aus meiner Einheit brachte, drang ich mit meiner naheliegenden Bitte nicht durch. Dabei lernt ein Soldat schon in der Grundausbildung, dass immer gleiche Routen gefährlich sind. Doch wir fuhren immer die gleichen Wege und boten möglichen Angreifern ein gutes Ziel. Mit unseren zivilen, nicht durch Flaggen oder Hoheitszeichen gekennzeichneten Autos lösten wir ohnehin sehr viel Skepsis und Unsicherheit bei den Menschen aus, die uns argwöhnisch beobachteten. Bei Militärfahrzeugen war dies nicht der Fall, wie wir selber am Beispiel der Feldjäger sehen konnten. Es war höchste Zeit, dass wir als Angehörige des deutschen ISAF-Kontingents erkennbar wurden – zu unserer eigenen Sicherheit.

Im Camp erlebten wir eine positive Überraschung. Die Boxpaletten mit unserem ersehnten Material waren schon angekommen und standen neben dem Zelt. Wir wollten uns gerade ans Auspacken machen, da kam der TVB, der »Truppenversorgungsbearbeiter«, der für die Materialbuchung und Verwaltung zuständig war, und stoppte uns: »Moment. Die Freigabe gilt nur für das Gerät der ELG, das für den Betrieb des Flugplatzes benötigt wird. Der Rest bleibt erst mal zu.« Mir war schleierhaft, warum das ganze ELG-Material vom Flugplatz ins Camp kutschiert worden war, wenn es doch am Flugplatz gebraucht wurde. Dachte ich zumindest. Die Kameraden vom ELG-Trupp sahen das anders und schnaubten verächtlich: »Den alten Schrott können wir gerade so unausgepackt stehenlassen, den brauchen wir eh nicht.«

Ganz anders war es natürlich mit der Palette voller Sanitätsmaterial, auf das ich schon gewartet hatte. Doch auch hier pfiff mich der TVB zurück. »Auch das San-Material bleibt zu, Achim.« Ich guckte ihn fragend an. Er meinte: »Wir wissen doch noch gar nicht, ob wir das ganze Zeug überhaupt brauchen. Dann können wir es auch als Ganzes stehenlassen und sparen uns vielleicht eine umständliche Inventur.« Ich dachte, ich höre nicht richtig. Mir stand sowieso nur ein mickriges Medic-Pack mit dem Allernötigsten zur Verfügung, und da sollte ich hier den ganzen medizinischen Bestand unangetastet stehenlassen? »Das ist keine gute Idee«, wandte ich ein. »Die Medikamente sind empfindlich. Wenn die Palette bei den Temperaturen länger hier draußen herumsteht, können wir die Sachen auch gleich auf den Müll schmeißen. Das Zeug vergammelt dann nämlich.«»Du hast ja recht«, meinte der TVB, der uns wirklich half, wo er konnte.»Aber ich habe Weisung von oben bekommen, dass die Dinger zubleiben. Tut mir leid. Vorschrift ist Vorschrift.« Mann, war ich frustriert! In solchen Fällen war es immer gut, sich ein wenig zurückzuziehen. Also drehte ich eine Runde an der Mauer des Camps entlang, um mich abzureagieren, das war zumindest der Plan. Doch dann entdeckte ich, dass einige der ohnehin nicht vielen zivilen Wachen auf den Wachtürmen ein Mittagsschläfchen hielten. Das hatte gerade noch gefehlt. Alarmiert ging ich in die OPZ, um den Missstand zu melden.»Gibt es eigentlich einen Verantwortlichen für die zivilen Wachen?«, fragte ich den Schichtführer.»Wieso?«, guckte der mich fragend an.»Na ja, wir können die doch nicht einfach machen lassen und darauf vertrauen, dass die uns schon gut bewachen werden«, brachte ich meine Zweifel zum Ausdruck.»Eben zum Beispiel habe ich mindestens fünf dabei erwischt, dass sie keinen Dienst geschoben, sondern auf dem Wachturm gepennt haben.« Das kam an.

»Also, bis jetzt hat es niemanden gegeben, der die Wachen kontrolliert«, gab der Schichtführer zu.»Aber das müssen wir dann wohl ändern.« Daraufhin wurde die Order ausgegeben, dass diese Wachen, zumindest nachts, zu kontrollieren waren. Es wurde aber kein Verantwortlicher bestimmt, sondern es wurden alle Soldaten reihum für diesen Dienst eingeteilt. Das brachte mir nicht nur Pluspunkte ein, auch nicht im eigenen Zug. Die Blauäugigkeit oder Faulheit von einigen war mir ein Rätsel. Ich konnte noch verstehen, dass alle auf ihren Schlaf erpicht waren. Aber war es die eigene Sicherheit nicht wert, dass man ungefähr alle drei Wochen einmal einen Nachtdienst einlegte? Ich jedenfalls konnte dadurch in zwanzig Nächten besser und beruhigter schlafen und war gerne bereit, dafür jede 21. Nacht einmal zurückzustecken.

Am Abend spielten Gerko, Nils, André und ich Aggro-Rommé, eine selbstausgedachte Hardcore-Variante des Kartenspiels, bei der der Verlierer für irgendwelchen Blödsinn herhalten musste. Nach ein paar Runden unterhielten wir uns über unsere Familien. Wir alle hofften, bald mit unseren Lieben zu Hause sprechen zu können – und sei es nur kurz, um wenigstens mitzuteilen, dass wir gut angekommen waren. Gerko beschloss, das Thema am nächsten Tag anzusprechen. Es war ein schönes Gefühl zu wissen, dass zu Hause jemand auf einen wartet. Ich beschloss, morgen zumindest einen Brief an Anja zu schreiben. Mit diesem Gedanken schlief ich ein.

Mit den Amerikanern hatten wir abgesprochen, dass wir deren feste Toiletten nutzen durften, wenn nicht so viel los war. Das Gleiche galt für die Duschen, und so nutzte ich diesen Umstand am nächsten Morgen weidlich. Ein herrliches Gefühl, auch wenn es nur lauwarmes Wasser war. Erfrischt und wach ging ich zum Frühstück. Nach dem Essen rückte unser Trupp in der OPZ an, um herauszubekommen, wie es mit dem Telefonieren aussah. »Gibt es eine Möglichkeit, dass wir kurz zu Hause anrufen können?«, fragte Gerko den diensthabenden Offizier. »Ja, das sollte kein Problem sein«, erwiderte der. »Wir haben für unser Kontingent ein eigenes Satellitentelefon.« Das klang gut. »Allerdings ist die Verbindung unheimlich teuer. Deshalb müssen wir die Gesprächsdauer einschränken.« Gespannt wartete ich auf die Ansage. »Zwei Minuten die Woche pro Nase, mehr ist nicht drin.« Das war zwar nicht die Welt, aber alles in allem doch eine gute Nachricht. Alle freuten sich auf die Möglichkeit, im Laufe des Tages zu Hause anzurufen, und fieberten dem Termin am Abend entgegen.

In der Zwischenzeit machten wir uns daran, unsere Fahrzeuge zu verbessern oder auszutauschen. Nach unserer gestrigen ersten Fahrt hatten wir festgestellt, dass es um die Bremsen einiger Fahrzeuge noch schlimmer bestellt war, als unser Test im Camp hatte befürchten lassen. Aber leider gab es keine Chance, daran etwas zu ändern. Bei einem anderen Jeep war die Allrad-Funktion nicht zuschaltbar. Was in der Stadt relativ unkritisch war, konnte uns im Gelände das Genick brechen. Wenigstens eines dieser Autos wollten wir austauschen – was bedeutete: jede Menge Arbeit. Was wir gerade erst um- und eingebaut hatten, mussten wir schon wieder ausbauen und stattdessen in dem neuen Jeep anbringen. Damit waren wir eine ganze Weile beschäftigt.

Als wir unsere Fahrzeugflotte auf Vordermann gebracht hatten, fragten wir erneut nach unseren Boxpaletten, die immer noch unangetastet neben dem Zelt standen. Neben den ganzen Medikamenten waren auch noch einige persönliche Dinge darin verstaut, zum Beispiel meine Nähmaschine. Ich habe nur darauf gewartet, dass irgendeinem Vorgesetzen irgendwann einmal irgendein Kleidungs- oder Ausrüstungsstück kaputtging. Spätestens dann hätte man sich bestimmt daran erinnert, dass da noch jemand ist, der eine Nähmaschine dabeihat.

Ich ging in die OPZ, um Klarheit zu schaffen. »Wie sieht es mit den Boxpaletten aus? Dürfen wir jetzt auspacken?« Der Schichtführer schüttelte den Kopf. »Nein, das geht nicht. Es steht noch nicht fest, auf wen dieses Material gebucht werden soll.« Ich wollte wissen, was das bedeutet. »Das Material braucht einen Materialverantwortlichen, der alles verwaltet und eine Liste über alles führt, was ausgegeben wird.« Diese zuständige Person, der Materialverantwortliche, war noch nicht im Land und sollte erst später mit den Fallschirmjägern einfliegen. Ein rein bürokratischer Akt hinderte uns also daran, an unser dringend benötigtes Material zu kommen.

Als ich zurückkam und den Kameraden berichtete, war die Ungläubigkeit groß. »Wir könnten doch die ganzen Sachen auf einer Liste erfassen und alles, was wir entnehmen, dort aufschreiben. Und dann können wir dem Materialverantwortlichen eine ordentlich geführte Aufstellung übergeben«, schlug Nils vor. Aber irgendwie traute man uns das wohl nicht zu oder hatte andere Gründe, weshalb wir mit dieser Idee abblitzten. Zu meinem Ärger wurden selbst die Medikamente nicht freigegeben. So standen die Boxpaletten also weiter unangetastet im Freien vor unseren Zelten herum. Den Kummer durch Bürokratie kannte ich bereits aus meinem ersten Einsatz, aber das hier war noch eine Nummer heftiger. Ich wusste, dass weiteres

Bohren zwecklos war. Also beendete ich meine Bitten auf Freigabe, es hatte ja doch keinen Zweck.

Für die nächsten Tage waren keine weiteren Flieger zu erwarten. Die ELG konnte sich über Freizeit freuen, der Rest des Spezialzugs sollte beginnen, zumindest im Nahbereich von Kundus aufzuklären. Da wir von dem gesamten Gebiet nur alte und ungenaue russische Karten besaßen, wollten wir mit Hilfe des GPS unsere eigenen Karten erstellen. Die Geräte der Bundeswehr waren dazu allerdings nur bedingt brauchbar. Es war superschwierig, mit diesen veralteten Dingern eine Verbindung zum Satelliten herzustellen, außerdem war die Software nicht unbedingt für Afghanistan ausgelegt. Deshalb hatte sich Gerko noch in Deutschland privat für mehrere hundert Euro ein GPS extra für diesen Einsatz gekauft. Dazu war dann allerdings noch spezielle Software für Afghanistan und die Nachbarländer nötig, was ihn noch mal so viel gekostet hatte. Sollte er Pech haben und das GPS ginge im Einsatz kaputt, hätte er 600 bis 700 Euro privat in den Sand gesetzt – denn privat beschaffte Teile waren natürlich weder versichert noch konnten sie ersetzt werden.

Besonders interessant waren die Standorte der verschiedensten Hilfsorganisationen in unserem Bereich. Wir wollten sie besuchen, um ihnen – falls gewünscht – Hilfe von unserer Seite anzubieten. Ich freute mich besonders auf die Aufklärung, sie ist meine absolute Lieblingsaufgabe. Ich wollte wieder raus, in die kleinen Dörfer und mit den Menschen Kontakt aufnehmen. Informationen sammeln konnte ich schon immer ganz gut. Mit Feuereifer machten wir uns an die Vorbereitung.

Am Abend war endlich der Zeitpunkt gekommen, an dem wir nach Hause telefonieren durften. Wir gingen zur OPZ und stellten uns an der Schlange an, die noch überschaubar war. Bei den Gesprächen im Zwei-Minuten-Takt würden wir ja schnell aufrücken und selbst an die Reihe kommen. Ich freute mich schon riesig, gleich Anjas Stimme zu hören, und hoffte, dass sie zu Hause war. Ein Offizier telefonierte bereits. Die Minuten vergingen und vergingen, doch er machte keine Anstalten aufzuhören.

Nach zehn Minuten fasste ich mir ein Herz und fragte den für das Telefon zuständigen Soldaten, was Sache war.» Wann geht es denn weiter?« Der Mann zuckte mit den Schultern.»Langsam begannen die Ersten zu murren, standen wir doch schon eine geschlagene Viertelstunde hier, ohne dass der Offizier Anstalten machte, sich von seiner Frau zu verabschieden. Ich verstand ihn ja. Natürlich war es wichtig und schön, mit der Frau oder Freundin zu telefonieren. Allerdings fragte ich mich, ob der Mann ein Recht hatte, so eklatant gegen die Zwei-Minuten-Regel zu verstoßen. Außerdem wurde die Schlange länger und länger, und in meiner Umgebung begannen immer mehr, unruhig zu werden.

Nach etwa dreißig Minuten begannen die Ersten, die Nerven zu verlieren, und pöbelten lautstark herum, und zwar so, dass der telefonierende Offizier das auch mitbekam. Aber das schien ihn nicht zu stören. Einige fingen auch wieder mit den obligatorischen Stänkereien gegen Offiziere an: »Wird hier die Telefonzeit nach Dienstgrad berechnet?« André machte den Soldaten, der auf die Einhaltung der Telefonzeiten achten sollte, darauf aufmerksam. »Kannst du den Mann nicht dazu bringen, das Telefonieren einzustellen?«

Nicht gerade glücklich dreinblickend ging der Kamerad zu dem Offizier und klopfte ihm auf die Schulter. Unwirsch drehte der sich um und guckte fragend. »Entschuldigung, könnten Sie bitte zum Ende kommen?«, bat er ihn und deutete auf die lange Schlange hinter ihm. Der Offizier blickte den armen Kerl an und hielt ihm den Hörer hin mit den Worten: »Wollen Sie meiner Frau erzählen, dass ich jetzt aufhören soll zu telefonieren?« Der Soldat guckte noch unglücklicher und schlich zu seinem Platz zurück.

Nach sage und schreibe 45 Minuten, bei einem Preis von 8,50 Euro die Minute, geruhte der hohe Herr sein Gespräch zu beenden. Ungläubig guckte ich dem Offizier hinterher, der zufrieden seines Weges ging. Es war unfassbar, wie unsensibel und ignorant manche Leute waren. Er sah die Schlange hinter ihm, stand vor einem Pappschild mit der Aufschrift »Zwei Minuten« und es kratzte ihn nicht die Bohne!

Leider hatte ich in meiner bisherigen Dienstzeit eine Menge solcher Kameraden kennengelernt, Unteroffiziere wie Offiziere, die sich aufgrund ihres Dienstgrads Sonderrechte herausnahmen. Ich konnte das nicht verstehen, hatte ich doch in meiner Ausbildung zum Unteroffizier einen Satz verinnerlicht: »Die Härten und Entbehrungen mit seinen untergebenen Soldaten teilen.« Vor nicht ganz einem Jahr hätte ich wohl aufbrausender reagiert, aber ich war inzwischen abgestumpft. Außerdem hatte ich keine Lust, mit die Vorfreude auf das Telefonat mit Anja verderben zu lassen. Wäre ja gelacht, wenn ich mir das erste Gespräch mit ihr von so einem blöden, unkameradschaftlichen Typen vermiesen lassen würde.

In einer ruhigen Minute hatte ich bereits einen Brief an Anja verfasst, in dem ich natürlich viel freier meine Gefühle ausdrücken konnte als in zwei Minuten am Telefon und noch dazu mit bis zu zwanzig Mann im Rücken. Mir ging es nur darum, ihre Stimme zu hören und ihr zu sagen, dass sie sich nicht sorgen muss. Als das Freizeichen ertönte, wurde mir warm, und als ich ihre Stimme hörte, musste ich lächeln. »Achim hier«, sagte ich. Dann war erst mal Stille in der Leitung, das schließlich von einem freudigen Lachen beendet wurde. Hätte ich keine Ohren gehabt, mir wäre das Grinsen einmal rund um den Kopf gelaufen. Da die Worte über das Satellitentelefon ein paar Sekunden verzögert beim Gegenüber ankamen, entspann sich kein richtiges Gespräch. Ein paar hastig hin- und hergeworfene Sätze, ein kurzer Abschied – und das war's auch schon. Trotzdem sah man jeden Soldaten mit einem seligen Grinsen vom Telefon in seinen Bereich zurückgehen. Das war ein guter Tag!

Den restlichen Tag bereiteten wir unsere Ausrüstung vor: Wir prüften und erneuerten die Batterien von unseren Nachtsicht- und Funkgeräten, checkten Waffen, Munition, Fahrzeug und persönliche Ausrüstung, dann holten wir uns die letzte aktuelle Lageinfo aus der OPZ. Gerko schlug für unseren Trupp vor, am nächsten Tag eine Fußpatrouille durch die Stadt zu machen. Es war sinnvoll, mit der Aufklärung im Nahbereich zu beginnen und die Stimmung der Menschen einzufangen, vor allem uns gegenüber. So besprachen wir unsere Vorgehensweise, die Route und Erkennungszeichen, falls etwas passierte. Damit man sich auch in Stresssituationen erkennt, zum Beispiel bei Menschenansammlungen oder Schießereien, müssen vorher Zeichen ausgemacht werden, beispielsweise Codeworte über Funk oder bestimmte Handzeichen. Vor allem in der Nacht waren diese Erkennungsmerkmale immens wichtig, dann markierten wir uns mit Infrarot-Tapes. Auch mit den Amerikanern nahmen wir Verbindung auf, um Erkennungszeichen abzusprechen, waren sie doch auch in und um Kundus aktiv und hatten dazu noch die Hoheit im Gebiet. Ganz wichtig war deshalb, die Absprachen der amerikanischen Kräfte am Boden mit ihren Luftfahrzeugen zu erfahren. Es war zwar nicht damit zu rechnen, dass es morgen in der Stadt zu einem Beschuss aus der Luft kommt, aber so etwas konnte man nie ausschließen. Deshalb war es wichtig, dass wir im Falle eines Falles auch aus der Luft als befreundete Teile erkannt werden. Wir sahen immer wieder die amerikanische Luftstreitkräfte kreisen, und auch nachts hörten wir das Geknatter der Apache-Hubschrauber. Die Amerikaner zeigten sich sehr erfreut über unseren Besuch. Als wir die Absprachen durchgingen, ließen sie durchblicken, dass die vorherige Zusammenarbeit mit dem Vorauskommando eher von einem Neben- statt einem Miteinander geprägt war.

In der wenigen freien Zeit bis zum Schlafengehen war nicht Müßiggang angesagt, sondern es wurde mitgeholfen, das Camp weiter auszubauen und auf die nun bald nachrückenden Truppen vorzubereiten. Die ersten Teile der Wohncontainer hatten wir ja bereits im Land, und so wurden wir vom TVB anhand eines Musters eingewiesen, wie diese aufzustellen waren. Zunächst mussten wir das Gerüst aus sehr stabilen Metallpfeilern plan auf der Erde verlegen, was nicht ganz einfach war.

Dazu mussten allerhand Steine oder Holz herangeschafft werden, um die ganzen Bodenunebenheiten auszugleichen. Dann wurden Bodenplatten befestigt und an diese per Steckbauweise wie beim Lego die Seitenwände. Das Ganze wurde abschließend mit Dachplatten versehen, und somit stand der Container. In den Seitenteilen waren bereits Fenster mit Rollläden sowie eine Tür eingelassen, innen waren mehrere Steckdosen vorinstalliert. Eine Heizung – sehr wichtig bei diesen Temperaturen! – komplettierte das System. Wir alle staunten nicht schlecht. Diese Behausungen waren der reinste Luxus gegenüber den Zelten. Alle freuten sich, bald in einen solchen Container ziehen zu dürfen.

Am nächsten Morgen bekamen wir die Information aus der OPZ, dass sich überraschend eine Transportmaschine aus Termez angekündigt hatte. Zwar gab es eine feste Flugplanung, diese war aber sehr abhängig vom Wetter. Sobald die Bedingungen für einen Sichtanflug gut waren, verließ die Maschine Termez, und unsere OPZ wurde informiert. Wir wurden dann alarmiert und fuhren sofort zum Flugplatz. Auch dieser Ablauf führte uns wieder vor Augen, wie wetterabhängig wir waren, was den gesamten Nachschub betraf.

Wir verschoben also unsere Fußpatrouille und fuhren mit dem Spezialzug zum Flugplatz. Da noch keine Fallschirmjägerkräfte zur Sicherung des Platzes im Land waren, hatte der Auftrag oberste Priorität für uns. Die normale Fahrzeit vom Camp zum Flugfeld betrug zwischen fünfzehn und zwanzig Minuten. Da der Flug von Termez etwa eine Stunde dauerte, hatten wir genug Vorlauf, um unsere Sicherungspositionen zu beziehen und die ELG den Tower. Bald darauf sahen wir auch die Maschine heranfliegen, und das normale Prozedere lief ab: Einweisen der Maschine, Nahsicherung und Entladen, Sicherung beim Start und wieder zurück ins Camp. Alles in allem dauerte so ein Vorgang circa zwei Stunden.

Sobald wir wieder im Camp waren, machten wir uns bereit für unsere Fußpatrouille. Zuerst wollten wir die Außenmauer des Camps umrunden, um mögliche Gefahrenpunkte zu erkennen. Von der Strecke her war das ein relativ kleiner Rundgang, weil die Außenmaße bloß geschätzte 200 mal 300 Meter betrugen. Damit hatte das gesamte Camp die Fläche von acht oder neun Fußballfeldern. Wir gingen also los, im Uhrzeigersinn um das Camp herum.

Was wir sahen, gefiel uns nicht: An drei Seiten des Außenbereichs standen Wohngebäude direkt an der Mauer, nur an einer Seite lag freies Gelände. Die Gebäude waren zum Teil mehrgeschossig, so dass man von fast allen Häusern aus gute Sicht in das Camp hatte und uns ohne weiteres von dort hätte unter Beschuss nehmen können. Kein ermutigender Auftakt zu Beginn – wir konnten ja schlecht die Gebäude räumen lassen, um diesen Gefährdungspunkt abzustellen. Schon bald waren wir von einer Traube schnatternder Kinder umringt, die uns begleiteten. Von Kabul kannte ich diese Szenen schon, aber ich war mir nicht sicher, ob ich das gut fand. Ich hatte mehr als einmal erlebt, dass Kinder als eine Art »Wachhund« benutzt wurden. Sobald eine Patrouille auftauchte, riefen sie laut »Hello!« und informierten damit ihre Leute.

In den kleinen Gassen waren auch eine Menge Händler, die ihre Waren feilboten. In erster Linie Tücher und Gewänder, aber auch Obst, Gemüse und Fleisch. Das Angebot war wesentlich größer als seinerzeit in Kabul. Daraus ließ sich schließen, dass es den Leuten hier eigentlich sehr gut ging. Wir wollten uns mit dieser ersten Patrouille den Menschen zeigen, auch um einen Gewöhnungseffekt zu erzielen. Leider hatten wir keinen Sprachmittler dabei, so dass wir keinen direkten Kontakt herstellen konnten.

Kundus war halt nicht Kabul. In der Hauptstadt gab es doch eine erstaunliche Anzahl von Afghanen, die Deutsch sprachen und für die Bundeswehr dolmetschten. Ein gutes Verhältnis zu den Deutschen hat vor allem in der Hauptstadt Tradition. Kaiser Wilhelm II. schickte nämlich 1915 eine Expedition an den Hindukusch. In der Folge lebten einige Deutsche dort, und der seit 1919 regierende reformorientierte König Amanullah holte deutsche Ingenieure und Ärzte ins Land. 1924 wurde in Kabul sogar eine Schule gegründet, auf der naturwissenschaftliche Fächer auf Deutsch unterrichtet wurden, die sogenannte Amani Oberrealschule. Außerdem waren zu Zeiten des Kalten Krieges viele afghanische Piloten von der »Nationalen Volksarmee«, dem Heer der DDR, ausgebildet worden. Hier in Kundus hatten jedoch erst wenige Sprachmittler verpflichtet werden können, und wenn, dann sprachen sie auch bloß Englisch.

Daraus ergab sich überraschenderweise das nächste Problem für uns. In den beiden Trupps des Spezialzugs konnte bis auf Jeff und mich kaum einer richtig Englisch, zumindest nicht gut genug. Da ich nach dem Abi eine Weile in den USA gelebt hatte und Englisch auch bei meiner zivilen Hubschrauberausbildung elementar gewesen war, hatte ich einen klaren Vorteil. Außerdem war ich durch meinen Kabul-Aufenthalt erfahrener als Jeff, weshalb ich für die Rolle des internen »Dolmetschers« wie geschaffen war. So wurde ich zum Sprachmittler zwischen dem Dolmetscher und meinen Kameraden.

Mir gefiel das, denn so hatte ich von vorneherein meine Position bei den anstehenden Patrouillen sicher, nämlich vorne bei Gerko. Allerdings kostete das ganze Hin- und Herübersetzen eine Menge Zeit und Nerven. Wenn Gerko seine Frage stellte, musste ich sie dem Sprachmittler auf Englisch weitergeben, der dann die Infos von den Einheimischen in der Landessprache einholte. Dann ging das Ganze von vorne los, nur in umgekehrter Richtung. Sehr, sehr zeitaufwendig das Ganze.

An der Stelle, wo die Außenmauer des Camps an freies Gelände angrenzte, unterzogen wir auch die Bauweise einem Check. Die Mauer machte alles andere als einen stabilen, vertrauenserweckenden Eindruck. Sie war aus Lehm gebaut, der an einigen Stellen schon sehr ausgetrocknet war, so dass sich schon dicke Brocken gelöst hatten. Es wäre überhaupt kein Problem gewesen, die Mauer mit einem Fahrzeug zu durchbrechen. Eine solche Wucht würde sie nie und nimmer aushalten. Außerdem fanden wir überraschenderweise noch ein paar Türen im Mauerwerk, die direkt in unser Camp führten. Keine davon war richtig gesichert oder abschließbar, und wenn man sich leicht dagegenlehnte, gab das gesamte Türblatt spürbar nach. Ein beherzter Tritt – und die Tür flöge aus den Angeln. Seufzend notierten wir uns diese Schwachstellen und setzten unsere Patrouille fort.

Manchmal wurde uns freundlich von den Händlern zugewunken, manchmal drückten sich die Passanten, besonders Frauen, scheu in die Eingänge, als wir ihren Weg kreuzten. Wir lächelten und winkten, um einen guten und freundlichen Eindruck zu hinterlassen und den Leuten die Angst zu nehmen. »Wave and smile«, Winken und Lächeln, war schon in Kabul die Devise gewesen.

Nachdem wir eine komplette Runde um unser Lager gemacht hatten, wollten wir noch die eine oder andere Schleife in der Nähe des Camps drehen. Es ging darum, präsent bei der Bevölkerung zu sein und sich langsam mit der Umgebung, also den Straßen und Wegen, um unser Lager vertraut zu machen. In den engen kleinen Gassen kam ein beklemmendes Gefühl in mir hoch. Wir hatten kaum Platz, nebeneinander zu gehen, und sahen zu, dass wir rasch eine größere Straße oder einen Platz erreichten. Als wir nach etwa zwei Stunden wieder im Camp ankamen, machten wir uns gleich daran, die Ergebnisse festzuhalten. Gerko schrieb seinen Bericht und fragte uns immer wieder, was uns darüber hinaus noch aufgefallen war. Der Report ging dann an Hauptmann Rumpf, den Führer des Spezialzugs, der ihn an die OPZ gab, wo er abgetippt wurde und zu den Akten kam.

Im Besonderen wiesen wir auf die schlechte Absicherung entlang der Mauer hin und machten Vorschläge, wie man die Lage wenigstens ein bisschen sicherer machen konnte, zum Beispiel durch Stacheldraht oder Glasscherben auf der Mauer. Außerdem könnte man im Innenbereich des Camps eine zweite Mauer oder einen Zaun errichten. Das wäre auch deshalb eine gute Idee, weil die Lehmmauer an einigen Stellen sehr brüchig war und man ohne weiteres durch sie hindurchschießen konnte. Dass die Mauer kein wirklicher Schutz war, sah man auch an den Plänen zur Evakuierung aus dem Lager. In diesem Falle sollten wir mit einem Lkw im hinteren Bereich einfach durch die Mauer fahren, um einen Fluchtweg zu schaffen. Eine ziemlich schwachsinnige Idee. Draußen wäre es im Falle eines Angriffes ja nicht weniger gefährlich als drinnen, und es waren immerhin acht Kilometer bis zum Flugplatz. Davon abgesehen war die

Minenlage auf der Freifläche direkt hinter dem Lager alles andere als geklärt. Um die Lage von außen unter Kontrolle zu haben, gab es nur eine Möglichkeit: Fußpatrouillen um das Camp, gerade auch nachts – was allerdings wegen der Gefährdungslage und geringer Mannstärke verworfen wurde. Außerdem sollten die afghanischen Sicherheitskräfte dringend mit Nachtsichtgeräten ausgestattet werden, was bis zu diesem Zeitpunkt noch nicht geschehen war. Doch letzten Endes war das alles bloß Kosmetik. Falls es zum Äußersten käme, wären das Lager und auch der Standort Kundus als solcher eine Falle, aus der wir nicht entkommen konnten. Insofern war auch unser Vorschlag, das Camp in Richtung des Flugplatzes zu verlegen, nur eine Notlösung. Zwar gab es dort viele Freiflächen, aber das grundsätzliche Problem der Luftevakuierung wurde damit nicht gelöst.

Als wir uns später mit anderen Kameraden des Zuges austauschten und ich meine Befürchtungen schilderte, machte ein alt bekannter Satz die Runde: »Keine Sorge, die Amerikaner sind ja da!« Ich fand das völlig daneben und schnaufte verächtlich. Erstens war es ein Armutszeugnis, dass die Bundeswehr auf die Hilfe des »großen Bruders« angewiesen war und wir offenbar nicht selbst für unsere Sicherheit und Evakuierung sorgen konnten. Und zweitens rückte der Termin, zu dem die Amerikaner das PRT komplett an uns übergeben und Kundus verlassen würden, immer näher. Und dann? Darauf hatten weder ich noch die blauäugigen Kameraden eine Antwort.

Beim Mittagessen besprachen wir unsere nächsten Schritte. Wir beschlossen, unsere Patrouille durch die Stadt fortzusetzen, allerdings mit den Fahrzeugen. Besonders interessierte uns ein Objekt, das drei bis vier Kilometer vom Camp entfernt war und wie ein großes Fabrikgelände aussah. Es war uns bereits bei der ersten Fahrt vom Flugplatz zum Camp aufgefallen und auch von unserem Wachturm im Camp gut zu sehen. Nach Aussagen unserer OPZ sollte es eine Mehlfabrik sein, und wir wollten das bald überprüfen.

Von den Amerikanern gab es dazu keine Einschätzung. Sie

stellten uns generell nur spärliche Informationen über die Gegend zur Verfügung. Das lag auch daran, dass ihr Schwerpunkt nicht in der Aufklärung lag. Die fünfzehn Nationalgardisten waren hauptsächlich damit beschäftigt, einheimische Milizen für den Kampf gegen die Taliban und Al-Qaida anzuwerben und auszubilden. Wenn sie mit den Pferden unterwegs waren, kam es manchmal vor, dass sie mit afghanischen Reitern zurück ins Camp kamen und dann gleich in ihrer OPZ verschwanden.

Dass sie Afghanen ausgebildet haben, wussten wir, da wir sie gelegentlich bei Schießtrainings mit Afghanen in Zivilkleidung in der Nähe des Flugplatzes in einer Senke beobachten konnten. Unkonventionelle Kriegsführung hieß das im Militärjargon. Der Gedanke dabei war, so wenig eigene Truppen wie möglich am Boden operieren zu lassen, sondern nur als Ausbilder und Einweiser zu fungieren. Was an Aufklärung erfolgte, wurde durch die amerikanische Luftwaffe geleistet. Sie stellte messerscharfe Satellitenbilder zur Verfügung. Wir tüftelten noch etwas an unseren abenteuerlichen fahrbaren Untersätzen herum, dann ging auch dieser Tag zu Ende.

Toyota, Snoopy und Co. – Die erste Schlammschlacht und Zuwachs im Camp

Am nächsten Morgen verließen wir mit den zwei Trupps zügig das Camp, um direkt in das Stadtzentrum von Kundus zu fahren. Den großen Platz mit dem Markt kannten wir schon – übrigens passierte 2007 genau dort der Anschlag, bei dem drei Bundeswehrsoldaten starben. Bevor wir anhielten, fuhren wir die vielen von diesem Platz abzweigenden Straßen entlang, um einen besseren Überblick zu bekommen. An einer Seite des Kreisels fuhren wir dicht auf und parkten unsere Fahrzeuge in der Nähe eines freundlich winkenden Polizisten – es war der gleiche wie einige Tage zuvor. Vier Mann blieben zur Sicherung bei den Fahrzeugen zurück, Gerko, Gebauer, Kimi und ich wollten uns etwas umsehen.

Vor den Läden stapelten sich die Waren für den alltäglichen Gebrauch. Es wurde lang, ausdauernd und laut gefeilscht, was das Zeug hielt. Überall gab es kleine Hinterhofläden, und die Auslagen in den Geschäften quollen über von frischem Obst und Gewürzen. Der Duft der exotischen Gewürze und das laute Schnattern um uns herum ließen mich an eine Szene aus Tausendundeiner Nacht denken. Schon bald rückten wir vier in den Fokus der Händler, witterten sie doch ein gutes Geschäft und begehrte Dollarscheine. So konnten wir kaum mehr als ein paar Meter am Stück gehen, bis uns ein geschäftstüchtiger Afghane am Arm packte und wild gestikulierend in sein Geschäft zog.

Mir war nicht ganz wohl bei der Sache. Da wir aber freundlich erscheinen wollten, warfen wir unter eigener Sicherung einen kurzen Blick in die Läden. Als wir uns einen Überblick verschafft hatten, wollten wir noch kurz Kontakt mit dem Polizisten am Kreisel aufnehmen, der uns schon lächelnd entgegenkam. Wir hatten zwar noch immer keinen Sprachmittler und der Uniformierte konnte auch kein Englisch, aber immerhin konnten wir durch unsere Kontaktaufnahme demonstrieren, dass wir mit den örtlichen Behörden zusammenarbeiteten.

Wir waren zufrieden mit unseren ersten größeren Bewegungen in Kundus. Die uns verbleibende Zeit nutzend, fuhren wir immer wieder alle möglichen Wege durch die Stadt: zur Tankstelle, zum Zentrum und auf die breite Straße, die zum Flugplatz führte. Sinn und Zweck der Übung war, uns markante Punkte einzuprägen, damit wir uns besser orientieren konnten. Die Niederländer hatten das damals auf die Spitze getrieben und ein lustiges Spiel daraus gemacht: Bis auf den Fahrer bekamen alle im Jeep die Augen verbunden. Die Aufgabe war, durch Geräusche, Gerüche und das Einschätzen der Straßenverhältnisse herauszufinden, wo man sich gerade befand. Auf den großen Routen klappte das sogar ganz gut – vermutlich auch, weil es so viele charakteristische Schlaglöcher gab. Nach fast sechs Stunden schlugen wir den Weg Richtung Camp ein, das wir bald darauf erreichten. Den Besuch der Mehlfabrik verschoben wir. Es war uns wichtiger, gewisse Wege einzufahren. So verbrachten wir die nächsten Tage.

Obwohl wir immer wieder nachhakten, bekamen wir für unsere Erkundungstouren immer noch keinen Sprachmittler. Die wenigen, die es gab, waren fast die ganze Zeit für den Führungsstab als Übersetzer tätig. Die Führung war damit beschäftigt, alle möglichen Händler aufzusuchen und Lieferverträge auszuhandeln. Wir brauchten ja täglich Brot, Obst und Gemüse, das Fleisch wurde noch eingeflogen, solange kein Veterinär im Land war, um die Qualität zu prüfen. Vor allem wurden Handwerker gebraucht, um Holz- und Mauerarbeiten im Camp durchzuführen. Das hatte teilweise auch symbolische Qualitäten, um die Bevölkerung einzubinden und freundlich zu stimmen. Da das Camp noch im Aufbau war und dort einige afghanische Hilfskräfte anheuerten, wurden die Sprachmittler auch hier benötigt.

Endlich wollten wir und Trupp 2 zu der Mehlfabrik fahren. Unser Plan war, überall einen Blick hineinzuwerfen. Besonders interessierte uns, ob wir von den hohen Gebäuden eine gute Sicht in unser Lager hatten. Als wir durch das Haupttor fuhren, gaben wir dem Pförtner zu verstehen, dass wir als Soldaten nebenan im Camp stationiert waren. Er war uns gegenüber sehr freundlich gesinnt. Da wir bislang überall ohne Probleme Einlass erhalten hatten, gingen wir davon aus, dass unsere oberste Führung mit der Provinzführung in Gestalt von General Daud übereingekommen war, dass uns bei unserer Arbeit nicht großartig Steine in den Weg gelegt werden sollten.

Wir parkten unsere Toyotas auf dem Hof und ließen erkennen, dass wir uns hier gerne einmal umsehen möchten. Der Pförtner wirkte nicht unbedingt begeistert davon, aber er leistete auch keinen Widerstand. Dann haben wir uns aufgeteilt, immer zwei Mann zusammen. Nils und André blieben bei den Fahrzeugen, der andere Trupp ging auch im Zweierteam los. Gerko und ich sind über das Gelände und durch die verschiedenen Hallen marschiert und auf nahezu jedes Dach geklettert, dabei wurden wir natürlich von den wenigen Arbeitern beobachtet.

Bei der Erkundung wurde uns schnell klar, dass auch hier aus sehr vielen Positionen ein direkter Einblick in das Camp möglich war. Und wenn man reingucken kann, kann man auch reinschießen. Das beunruhigte uns natürlich stark. In den Hallen selber fanden wir keine Hinweise auf Waffen oder uns feindlich gesinnte Kräfte. Trotzdem mussten wir diese Fabrik auf jeden Fall weiter im Auge behalten, da es wirklich eine hervorragende Position war, um das Lager anzugreifen. Plötzlich ertönte eine Sirene, und wir fuhren erschrocken zusammen. Was hatte das denn zu bedeuten? Ich schaute mich um und lief zu einem Fenster, das in Richtung Straße und Vorplatz ging. Von dort war zu sehen, dass die Arbeiter die Fabrik verließen und sich auf dem Vorplatz niederließen, um zu essen. Ach so, Mittagspause!

Das Problem war nur, dass vor kurzem im Camp eine Sirene

mit ganz ähnlichem Klang installiert worden war. Allerdings nicht zum Einläuten von Arbeitspausen, sondern zur Alarmierung. Da die Fabrik nicht allzu weit vom Camp entfernt war und dort auch nachts gearbeitet und natürlich Pause gemacht wurde, hofften wir, dass es nicht zu einer Verwechslung käme. Wir wollten die Sache auf alle Fälle in unserer OPZ ansprechen, um mögliche Verwirrungen zu vermeiden. Vielleicht hatte unsere Sirene im Camp variable Alarmsignale, wodurch das Problem der Verwechslung vermieden werden könnte.

Wir warfen noch einen neidischen Blick auf die picknickenden Arbeiter, dann setzten Gerko und ich unsere Erkundung fort. Die Pause hatte den Vorteil, dass wir uns noch ungestörter auf dem Gelände umsehen konnten. Bei der Erkundung sahen wir eine Menge verwahrloste Ruinen und total verrottete Maschinen, die aber wohl noch in Betrieb waren. Nur in wenigen Bereichen standen etwas neuere Gerätschaften. Wo produziert wurde, legte sich fast sofort eine weiße Staubschicht auf unsere Uniform. Etwas Verdächtiges konnten wir in dieser Fabrik nicht erkennen.

Unsere wichtigste Erkenntnis der Erkundung war, dass es von zwei Punkten auf dem Fabrikgelände eine hervorragende Sicht in unser Lager gab. So verdichteten sich von Tag zu Tag unsere Eintragungen auf der Karte zu einem fast kompletten Lagebild über Gefahrenpunkte, zumindest im Nahbereich des Camps. Ganz schön viele dieser Markierungen waren auf Ergebnisse unseres Teams zurückzuführen. Obwohl das zeigte, wie effektiv wir arbeiteten, waren wir nicht wirklich froh darüber.

So vergingen die ersten zwei Wochen wie im Flug, wie es ja immer ist, wenn alles neu ist und eine Menge Aufträge zu erfüllen sind. Fast an jedem dieser Tage fuhren wir zum Flugplatz, weil immer wieder Maschinen eintrafen. Immer mehr dringend benötigtes Material wie Unterkunftscontainer, Batterien, Sanitätsmaterial, Ersatzkleidung etc. erreichte uns – aber auch die so wichtigen Marketenderwaren. Darunter zählt man alles, was es sonst in Kiosken zu kaufen gibt, also Kippen, Süßigkeiten, Alkohol und Zeitschriften. Mit der Ausnahme, dass alles steuerfrei verkauft wurde. Wann immer wir abends von unseren Aufklärungstouren zurück ins Camp kamen, sahen wir etwas Neues, das am Morgen noch nicht da gewesen war. Wir freuten uns zwar über den Fortschritt, aber andererseits hätten wir es lieber gesehen, dass das Camp verlegt würde. Doch das lag natürlich nicht in unserer Entscheidungsgewalt. Mehr als der Führung den Vorschlag zu unterbreiten, hatten wir in dieser Sache nicht tun können.

Da wir die Aufklärung forcieren wollten, teilten wir uns auf. Nur noch ein Trupp und die ELG fuhren zum Flugplatz, wenn eine Maschine angekündigt war. Die anderen, also der Zugtrupp und Team 1 bzw. 2, führten währenddessen Patrouillen und Aufklärungsfahrten im Nahbereich um das Camp durch. Es gab noch jede Menge kleine Gassen, die zu erkunden waren. Auch Brücken mussten wir auf dem Schirm haben, weil aufgrund der Schneeschmelze viele unpassierbar waren. Gleichzeitig durften wir uns nicht zu weit vom Lager entfernen, da wir fünfzehn Mann vom Spezialzug noch immer die einzige Infanteriekomponente des quälend langsam wachsenden Kontingents bildeten. Bei einer Gefahrensituation war es unabdingbar, schnell im Lager oder am Flugplatz sein zu können.

Da die allerwenigsten Straßen asphaltiert waren, konnten wir nur einen kleinen Radius abdecken, so dass die jeweils eingeteilten Teams nicht über die Stadtgrenzen hinauskamen, zumindest für den Moment. Mir ging das alles zu langsam. Ich brannte darauf, die weitere Umgebung zu erkunden und tiefer ins Bergland vorzustoßen. Wie auch in Kabul war es hier ganz wichtig, so viel wie möglich über die Bevölkerung und das Umland herauszufinden. Die wirklich interessanten Dinge finden meistens außerhalb der großen Ortschaften statt. Oft waren dort auch die Rückzugsgebiete von Aufständischen, die dort ihre militärischen Aktionen vorbereiteten. Und dann kam natürlich die Neugier hinzu. Es handelte sich um Gebiete, die zuvor noch kein deutscher Soldat gesehen hatte. Ich brannte geradezu darauf, bei solchen Dingen der Erste zu sein. Außerdem habe ich schon vom ersten Tage beim Militär gelernt, dass man wirklich alles an Informationen aufsaugen muss, was einen selbst im sehr großen Radius umgibt.

Je näher der Dezember rückte, desto wichtiger wurde die Wetterlage. Jeden Morgen, wenn ich aus dem Zelt trat (die Wohncontainer waren noch nicht bezugsbereit), guckte ich zuerst nach oben in den Himmel, wo die Wolkendecken von Tag zu Tag dichter wurden. Das war schlecht. Wir hatten bereits live erlebt, wie eine schon im Anflug befindliche Bundeswehrmaschine mit dringend benötigtem Material wieder abdrehte, da die Wolken zu tief im Tal hingen und der Pilot im Blindflug hätte landen müssen. Wir standen auf unseren Sicherungspositionen mit der Waffe im Anschlag und hörten die Maschine über uns kreisen, doch zu sehen war nichts – so wolkenverhangen war der Himmel. Hinterher erzählten die Kameraden von der ELG, der Pilot habe per Funk durchgegeben, dass er abbrechen und zurück nach Termez fliegen müsse.

Das Positivste in der ersten Zeit war, dass unser Sanitätsbereich immer größer wurde: Sanitäter, Ärzte, Laboranten kamen ins Land, und mit ihnen wurden die Ausstattung und die Medikamentenlage immer besser. Das war natürlich gerade für mich als Medic sehr gut, da ich jetzt immer wieder ein bisschen Material abgreifen konnte. Gab es doch beim Aufbau die eine oder andere kleinere Blessur, und die Vorräte in meinem Medic-Pack gingen langsam zur Neige. Meine eigens gepackte Boxpalette war immer noch nicht freigegeben. Nachdem sie nun zwei Wochen in der Kälte gestanden hatte, machte ich mir über den Zustand der Medikamente keine Illusionen mehr, das Allermeiste war nun garantiert unbrauchbar. Besonders bescheuert war, dass die Box wie ein Denkmal in der Gegend herumstand und mich ständig an die Schwachsinnsregelung erinnerte. Jeden Tag, wenn ich an der Box vorbeiging, ärgerte ich mich.

Sehnsüchtig warteten wir auf die Fallschirmjäger, um endlich richtig mit der Tiefenaufklärung loslegen zu können. Die circa dreißig neuen Leute, die schon angekommen waren, gehörten entweder zum Stab, zur Logistik oder waren Sanitätspersonal. Ein Lichtblick war allerdings unter den Neuankömmlingen:

Hauptmann Carlo Saluno, Chef der Infanterie, war einer meiner besten Freunde. Er war nach dem Politikwissenschaftsstudium zu meiner Kompanie in Oldenburg gestoßen. Der Austausch mit Carlo war einfach klasse. Wir diskutierten oft nicht nur über militärische Dinge und unsere Erfahrungen beim Bund, sondern auch über alle möglichen aktuellen Themen von Außenpolitik bis Zivilcourage. Carlo hatte sogar mal eine Zeitlang bei mir gewohnt und war eine absolute Vertrauensperson für mich. Es war super, sich abends in der Drop Zone mit ihm auf ein Bier zusammenzusetzen und gemeinsam den Tag zu bequatschen. Aufgrund seines Rangs war er außerdem stets bestens darüber informiert, was die Führung vorhatte. Zunächst sollte das Camp weiter ausgebaut werden und reibungslos funktionieren, bevor die Fallschirmjäger einträfen. Erst dann standen die eigentlichen Aufgaben an: Verbindungsaufnahme zur Bevölkerung, Hilfsprojekte und Aufklärung im weiteren Rahmen.

In Kabul war das noch komplett anders gewesen. Dort war versucht worden, alles gleichzeitig zu erledigen, was natürlich nicht funktioniert hatte. In Kundus lief es in dieser Hinsicht eindeutig besser – mit dem Pferdefuß, dass sich innerhalb kürzester Zeit das Ungeheuer »Bürokratie« etabliert hatte. Eine typisch deutsche Angewohnheit, wie mir wieder klarwurde. Ich erinnerte mich an Kabul, wo ich nicht nur mit Niederländern, sondern auch mit Amerikanern und Österreichern zusammengearbeitet hatte. Wie herrlich unkompliziert waren dort die Abläufe gewesen! Wenn ich damals etwas benötigte, ob es Material, Munition oder einfach einmal nur ein Auto war, habe ich das ohne große Anforderung einfach so bekommen. Hier war es so, dass ich nahezu für jede kleine Batterie eine Anforderung schreiben musste, typisch deutsch eben.

Wenigstens war eine Besserung unserer Wohnsituation in Sicht: Wir sollten für ein, zwei Tage aus unseren bisherigen Aufträgen herausgelöst werden, um unsere eigenen Wohncontainer aufzubauen. Das war zur Abwechslung eine sehr gute Nachricht. Endlich konnten wir aus dem klammen, nassen und zu kleinen Zelt herauskommen und in eine feste Unterkunft einziehen. Enthusiastisch machten wir uns an die Arbeit. Schon nach einem halben Tag stand der erste Container. Den ersten Container bezog der Zugtrupp mit seinen drei Mann. Der Rest des Containers blieb zunächst leer, weil dort später Angehörige der Infanteriekräfte untergebracht werden sollten. Der zweite Container war unserer, außerdem zogen die beiden Hauptfeldwebel der ELG mit ein, Zorn und Hoppke. Den dritten Container bewohnte das Team 2, ergänzt durch Gerd und Anatoli, die beiden anderen ELGler. Somit waren alle Mitglieder des Spezialzugs in drei Containern nebeneinander untergebracht.

Es hätten zwar mehr als sechs Leute pro Container hineingepasst, aber noch hatten wir keinen Platzmangel, war das Kontingent bis jetzt noch recht überschaubar. Der größte Pluspunkt der neuen Unterkunft war die Heizung, die wir sofort aufdrehten. Schon einige Augenblicke später machte sich eine wohlige Wärme in unserem Container breit. So richteten wir uns ein. Neben mein Feldbett stellte ich meine Tropenkiste mit meiner Bekleidung, am Kopfende befestigte ich die Fotos von Anja und Lena, so dass ich sie im Liegen immer sehen konnte.

Beim Abendessen fiel mir auf, dass alle in gelöster und guter Stimmung waren. Schon komisch, dachte ich mir, wie sehr man sich auf das Wesentliche reduzieren und sich über Kleinigkeiten, die in Deutschland zum normalen Alltag gehörten, freuen konnte wie ein Schneekönig. Allerdings legten sehr viele Kameraden diese Haltung zu Hause schon bald wieder ab; sie wurden bequem und ließen sich von Kleinigkeiten wieder sehr schnell herunterziehen. Ja, selbst hier im Einsatz war bei einigen die Freude über die neue, komfortable Behausung schnell vergessen. Schon bald nach unserem Einzug wurde wieder etwas Neues gefunden, über das man ausgiebig meckern konnte. Sei es das ach so ungenießbare Essen, die zu kalte Dusche oder die behelfsmäßigen Toiletten. Wenn sie nur lange genug suchten, fanden gewissen Kandidaten immer etwas zu nörgeln. Durch ihr endloses Gejammer steckten sie schließlich sogar andere Kameraden mit ihrer schlechten Laune an. Das begann langsam, aber sicher zu einem Problem zu werden und sollte sich im Laufe des Einsatzes auch noch zuspitzen.

Durch die Wohncontainer wurde unser Leben um vieles bequemer. In der guten Stube durften natürlich ein Fernseher und eine Satellitenschüssel nicht fehlen. Wir legten zusammen und besorgten uns die Geräte auf dem örtlichen Markt, wo es auch Händler gab, die sich auf Technikkram spezialisiert hatten. Vierhundert Dollar kostete ein Fernseher inklusive Receiver, die Satellitenschüssel kostete noch mal so viel, wurde aber von zwei Containerbesatzungen geteilt. Die Anschaffungskosten wurden üblicherweise bei der Übergabe an die nachrückenden Kontingente weitergegeben, sodass die Ersten im Land keine Nachteile hatten, den ganzen Kram gekauft und installiert zu haben. Das Problem war nur, dass wir die Satellitenschüssel jeden Tag neu ausrichten mussten, da sie sich durch Regen, Schnee oder Sturm immer wieder verschob. Zufrieden saßen wir am nächsten Abend vor dem Fernseher und konnten endlich wieder deutsche Nachrichten sehen.

Unser Spieß, schon aus Kabul für sein Organisationstalent berühmt, machte sich daran, in einem der alten leerstehenden Gebäude im Camp einen kleinen Shop sowie eine Feldpost einzurichten. Bei der Betreuungseinrichtung tobte er sich richtig aus: Er baute einen eigenen Tresen, schmückte das Zelt mit vielen Flaggen und kleinen Fähnchen und sorgte für kleine, gemütliche Sitzecken. Aus alter Tradition wurde die Betreuungseinrichtung wie in Kabul Drop Zone genannt, allerdings mit einem »K« dahinter für Kundus. So machten wir also weiter Fortschritte im Camp, jeden Tag verbesserte sich unsere Lage, zumindest hinsichtlich der Bequemlichkeit. Selbst die Plattformen für die Sanitärcontainer standen bereits, und alle freuten sich auf eine warme Dusche. Das Personal begann ebenfalls anzuwachsen, und man sah jeden Tag unbekannte Gesichter im Camp auftauchen.

Das Kontingent wuchs, doch der Nachschub beim Material ließ zu wünschen übrig. Wir erfuhren nun, dass keinerlei Waffenträger Wiesel für uns vorgesehen waren. Mit diesen Geräten hätte man perfekt den Flugplatz absichern können. Auch für die Lagersicherung hätten die kleinen beweglichen und gut bewaffneten Kettenfahrzeuge ihren Beitrag leisten können. Die Begründung, warum auf die Wiesel verzichtet wurde, empfand ich als hanebüchen. »Wir wollen nicht so martialisch auftreten«, sagte die militärische Führung. Ich kannte das so ähnlich aus Kabul. Dort wurden in der Anfangsphase von den Wieseln die Rohre abgeschraubt, damit die Afghanen sich nicht bedroht fühlten. Da das Ganze auf Kosten unserer Sicherheit ging, hörte da bei mir der Spaß auf.

Nach wie vor waren wir beim Essen auf die Verpflegungseinrichtung der Amerikaner angewiesen. Es mussten nun noch strengere Essenszeiten eingeführt werden, da das deutsche Kontingent mit inzwischen etwa neunzig Soldaten schon sehr groß war und in den kleinen Raum nur rund dreißig Personen passten. Und die Amerikaner waren ja auch noch da. So mussten wir also in mehreren Schichten zum Essen antreten. Kam man nicht rechtzeitig – zum Beispiel, weil ein Auftrag außerhalb des Lagers anstand –, hatte man Pech und musste sich anders behelfen, zum Beispiel mit den EPAs. Diese »Einmannpackungen« sind eine Art Fertiggericht für Bundeswehrsoldaten und in der Truppe nicht besonders beliebt. Es gab so tolle Geschmacksrichtungen wie Linseneintopf mit Bockwürstchen, Cevapcici mit Reis, Schweinegulasch mit Kartoffeln oder Spaghetti mit Tomatensoße. Manchmal kam mir eine EPA unter, die älter war als ich: Baujahr 1963. Es schmeckte genauso gut oder schlecht wie eins von 2002.

Als wir an so einem Tag vor unseren Containern saßen und unsere Verpflegung auf dem kleinen Gaskocher zubereiteten, da wir zwanzig Minuten nach unserer offiziellen Zeit gekommen waren, bekam unser Zug Zuwachs. Ein mittelgroßer, grauer Hund mit hängenden Ohren scharwenzelte um uns herum. Offensichtlich durch den Essensduft angelockt, kam er immer näher.

Da er nicht aggressiv wirkte, begannen wir ihm den einen

oder anderen Brocken hinzuwerfen, auf den er sich sofort stürzte und verschlang. Nun hatten wir ein neues Familienmitglied, ob wir wollten oder nicht. Der Hund war in einem einigermaßen gut genährten Zustand, und auch das Fell war nur wenig dreckig und verfilzt. Ich erzählte meinem Team von Kabul, wo wir einen Esel »adoptiert« und im Camp Warehouse durchgefüttert hatten, was allen im Kommando großen Spaß gemacht hatte. Und mit einem Hund konnte man natürlich noch viel mehr anfangen als mit einem Esel! Wir beschlossen also, ihn bei uns aufzunehmen und zu unserem Maskottchen zu machen.

Auf einmal war Leben in der Bude! Nils strahlte über beide Ohren, und André war schon dabei, eine große Blechwanne zu organisieren, damit der Knabe auch manierlich aussah. Snoopy, wie wir ihn inzwischen getauft hatten, saß neugierig da – bis wir ihn in den Bottich steckten, ordentlich abschrubbten und mit Duschgel shampoonierten, was er nicht unbedingt gut fand, wie man seiner Körpersprache ansah. Triefend nass, mit hängenden Ohren und leicht genervtem Blick saß er in der Zinkwanne und ließ die Prozedur über sich ergehen. Danach hüpfte er erleichtert aus der Wanne und schüttelte sich, doch nun kam der nächste Schritt: Wir bewaffneten uns mit Kämmen und versuchten, sein struppiges Fell zu bändigen. Damit hatten wir alle Hände voll zu tun, aber das Ergebnis konnte sich sehen lassen: Snoopy sah nun prächtig aus. Bei der Kundus-Hundeschau hätte er glatt den ersten Preis gewonnen.

Von diesem Zeitpunkt an begleitete uns Snoopy überall im Camp. Wir mussten ihn nicht groß erziehen, er hörte sehr, sehr gut, wenn man ihm etwas zu fressen hinhielt. Er hatte kein bevorzugtes »Herrchen«, wusste aber, dass bei den drei Containern unseres Zugs die Personen wohnten, die ihm immer helfen würden, wenn ihn ein aufgebrachter afghanischer Sicherheitsposten jagte – was öfters vorkam. Das hatte den Vorteil, dass Snoopy, die alte Filzlaus, eine hervorragende Alarmanlage gegen alle war, die nicht zu uns gehörten.

Eines Nachts wurde ich durch kleinere Turbulenzen um unseren Container geweckt. Snoopy bellte und knurrte, was das Zeug hielt, so dass auch Gerko und André wach geworden waren. Wir sprangen aus den Betten und gingen nach draußen, um zu schauen, was los war. Wir staunten nicht schlecht, als wir ein paar Kameraden sahen, die von Snoopy in Schach gehalten und wild angeknurrt wurden. Offensichtlich waren sie unserem Container zu nahe gekommen, was Snoopy auf gar keinen Fall dulden konnte. So hatten wir also nicht nur ein Maskottchen, sondern auch einen hervorragenden Wachhund. Zur Belohnung erhielt er ein Leckerli, zum Beispiel kaltes EPA. Allerdings wurde Snoopy mit der Zeit ganz schön anspruchsvoll und rührte sein EPA nur noch dann an, wenn wir es zuvor erwärmt hatten. Die harten EPA-Kekse verschmähte er sogar von Anfang an – kein Wunder, wenn man bedenkt, dass sie auch in Verbindung mit Schuhcreme zum Entzünden eines Feuers genutzt werden.

Snoopy wurde von uns ausgiebig gelobt und vor allem gekrault. Dann ließ er sich in Nullkommanichts auf den Rücken fallen und streckte alle viere von sich. Wir mussten alle lachen, als er so dalag, doch seine Performance wurde noch besser: Er versuchte nun zusätzlich mit seinem Schwanz zu wedeln und hob seinen Kopf. Wir brüllten vor Lachen, er sah aus wie ein Hase. Etwas später bauten wir ihm eine Hundehütte, die wir zwischen unseren Containern plazierten. Der Spezialzug wurde nun mit sechzehn Mann, zumindest intern, als vollzählig gemeldet.

Wir erhielten eine Vorankündigung, dass nun bald die Freigabe käme, großflächiger um Kundus aufzuklären. Der Schwerpunkt sollte zunächst im Norden liegen, da sich dort einige Hilfsorganisationen aus Schweden, Korea und China im Einsatz befanden und wir erfahren wollten, an welchen Projekten sie gerade arbeiteten und ob wir sie eventuell unterstützen könnten. Da die Hilfsorganisationen schon länger hier vor Ort waren, hofften wir auch, die eine oder andere wichtige Information über die Bevölkerung und Dorfstrukturen zu erlangen.

Sehr viel weiter im Norden sollte auch die deutsche Organisation »Cap Anamur« tätig sein, zu der wir ebenfalls Verbindung aufnehmen wollten. Als Nebeneffekt sollten wir Informationen über die Infrastruktur der Straßen sammeln sowie die Kreuzungen, Brücken und markanten Punkte kartographieren. Zum Glück hatte Gerko sein privates GPS dabei! Das Ding war wirklich jeden Cent wert, den es gekostet hatte, und wurde eine wichtige Grundlage unserer Arbeit. Die gesammelten Infos würden dann später in der OPZ auf einen Computer übertragen, so dass wir genauere Wegekarten erstellen konnten.

Unser Hauptproblem waren immer noch die zivilen Fahrzeuge, die wir zum Teil schon mehrmals wechseln mussten, weil sie defekt waren. Auch die Funkverbindung zum Camp musste zwingend gewährleistet werden. All diese Punkte mussten in den nächsten Tagen geklärt werden. Unsere Hauptsorge war die Minenlage. In Kabul hatten wir eine recht detaillierte Minenkarte bekommen. Aber hier in Kundus hatten wir nicht die geringste Ahnung, ob, in welcher Menge und wo überall dieses Mistzeug herumlag. Kein sehr angenehmes Gefühl. Verschlimmert wurde die unklare Faktenlage dadurch, dass es praktisch keine asphaltierten Straßen und Wege gab, die wir als minenfrei voraussetzen konnten. Somit war theoretisch jeder Quadratzentimeter Boden, den wir betraten oder befuhren, potentielles Minengebiet. Bei dem Gedanken sträubten sich mir die Nackenhaare. Wusste ich doch nur zu gut, wie massiv sich die Minengefahr in Kabul bei mir eingebrannt hatte – so sehr, dass ich zurück in Deutschland monatelang nicht angstfrei über eine Wiese gehen konnte.

Bevor wir in die unerschlossenen und unbekannten Gebiete im Süden und Norden aufbrechen wollten, verteilten wir intern unsere vordringlichsten Aufgaben. André musste sich um das Fahrzeug kümmern. Er war verantwortlich für Ersatzreifen, genügend Benzin und den allgemeinen technischen Zustand des Wagens. Nils war im Trupp sowieso auf Funk und schwere Waffen spezialisiert. Also lag es nahe, dass er sich um die Funkverbindung zu kümmern hatte sowie um Sprechtafeln zur Codierung der Funksprüche. Weil Funksprüche oft vom Feind mitgehört werden, werden wichtige Informationen in einen Buchstaben- und Nummerncode übersetzt, für das Wort »Feind« sagt man beispielsweise »Alfa 7« oder für »Panzer« »Bravo 2«. Diese Sprechtafeln werden täglich um 0 Uhr ausgetauscht. War man vier Tage unterwegs, musste man sich Sprechtafeln für vier aufeinanderfolgende Tage mitnehmen.

Gerko war als Teamführer für die Absprachen mit Team 2 zuständig. Erkennungszeichen, Verhalten in den verschiedensten Situationen, das gemeinsame Vorgehen und die Ziele unserer Fahrten wurden durch ihn geplant, koordiniert und abgesprochen. Auch gewisse Grenzen, die uns auferlegt wurden, wie zum Beispiel die Vordringtiefe, mussten von ihm mit der Führung abgeklärt werden. Eine AOR, eine »Area of Responsibility«, also einen fest definierten Zuständigkeitsbereich, gab es in diesem Sinne nicht.

In Kabul hatte es so eine AOR, gleichbedeutend mit dem ISAF-Mandatsgebiet, gegeben, deren Grenzen nicht überschritten werden durften. Dafür gab es hier in Kundus eine sogenannte Vordringtiefe, die von der OPZ festgelegt wurde. Diese Distanz wurde nicht in Kilometern, sondern in Zeit bemessen: Am Anfang durften wir uns nicht mehr als zwei Stunden vom Camp entfernen. Das Problem war aber nun, dass man in zwei Stunden bei den schlechten Straßenverhältnissen teilweise nur fünfzehn bis zwanzig Kilometer vom Camp weg kam. Deshalb wurde die Vordringtiefe dann in Kilometer angegeben, und zwar zunächst fünfzig Kilometer um das Camp herum. Später wurden bestimmte Örtlichkeiten oder Grenzen als Anlaufpunkte vorgegeben. Man musste dann selber entscheiden, ob das im Rahmen eines Tages zu schaffen war oder ob diese Aktion neu geplant werden musste, da man am Anfang vermied, über Nacht irgendwo in den Bergen zu bleiben. Was ich ziemlich lächerlich fand, da ich ja mit dem KCT die meiste Zeit draußen verbracht hatte.

Ich machte mich daran, mein Medic-Pack aufzufüllen. Außerdem sprach ich mich mit Tim ab, dem Stabsarzt und Chef des »BAT«, dem Beweglichen Arzttrupp, der uns später bei größeren Touren auch begleiten sollte. Tim war immer ein super Ansprechpartner und hielt mich über die Anwendungsweise verschiedener Medikamente oder eventuelle Rettungsszenarien auf dem Laufenden. Aber diese Rettungsszenarien waren reine Theorie, da wir aufgrund der Luftfahrzeuglage im Notfall sowieso nicht hätten evakuiert werden können. Mehr als sechs Hubschrauber standen und stehen der Bundeswehr in Afghanistan nicht zur Verfügung, wovon meistens auch nur zwei einsatzfähig sind.

Vor allem: In Kundus selbst war kein einziger Hubschrauber stationiert. Hätten wir einen benötigt, hätte dieser aus Kabul kommen müssen, aber das hielt ich für ziemlich unwahrscheinlich. Der Sprit mochte vielleicht gerade bis Kundus reichen, aber dort gab es für Luftfahrzeuge weit und breit keine Möglichkeit aufzutanken. Und selbst wenn ein Hubschrauber zu uns an den Ort des Geschehens käme, konnten wir dem Piloten nicht garantieren, dass das Gelände minenfrei war, was die Landung sehr schwierig machte. Ich hakte in der OPZ nach: »Und was mache ich, wenn ich dort draußen einen Arzt brauche? Ich kann mich ja nur um die Erstversorgung kümmern.« Es hieß dann: »Wenn was ist, holen euch die Amerikaner schon raus.« Schon auf dem Combat-Medic-Kurs lernt man, die Nationalität des Patienten immer mit »amerikanisch« anzugeben, da man dann Gewissheit hat, dass auf jeden Fall jemand kommt.

Sehnsüchtig sah ich jeden Tag zu der Boxpalette mit den Medikamenten hinüber. Immer noch verschlossen stand sie da und rottete vor sich hin. Wenn ich daran dachte, mit welcher Akribie und welchem Zeitaufwand ich dieses Mistding zu Hause zusammengestellt hatte, hätte ich am liebsten losgeheult. Aber alles Jammern half nichts, und so machte ich mich zum zweiten Mal an die Aufgabe, die nötigen Medikamente zu besorgen.

Es gelang mir nicht, hinter alle Posten einen Haken zu machen. Unsere Apotheke war zu dem Zeitpunkt alles andere als üppig ausgestattet, und der verantwortliche Arzt hütete das Material natürlich wie eine Glucke, um wenigstens im Camp eine gute Versorgung sicherzustellen. Trotzdem half er mir, wo er nur konnte. Am späten Nachmittag saßen wir vier zusammen in unserem Container und brachten uns gegenseitig auf den neuesten Stand. Dabei überprüften wir uns selbst, ob wir auch nichts vergessen hatten.

Ein wenig Sorgen machte ich mir schon. Wir waren hier im Norden sehr isoliert, nicht so wie in Kabul, wo über tausend Soldaten ihren Dienst taten und es die entsprechende Infrastruktur gab. Hier oben, nahe an Tadschikistan und Usbekistan, konnte unter Umständen eine Menge Zeit vergehen, bevor Hilfe für uns eintraf. Das schmeckte mir überhaupt nicht. Trotzdem stürzte ich mich voll in die Planung und freute mich natürlich auch, dass es wieder losging.

Auch Gerko hatte wenig Gutes zu berichten. Er hatte kaum Informationen über die südlichen Bereiche sammeln können, die nun doch zuerst aufgeklärt werden sollten. Uns kam es wirklich vor, als ob wir in einen weißen Flecken auf der Landkarte aufbrechen. Wir hatten keine Ahnung, ob sich Aufständische, Taliban oder Privatarmeen von Provinzfürsten in diesen Gebieten befanden und falls ja, um wie viele feindliche Kräfte es sich handelte und wie diese ausgestattet waren. Als ob wir auf mindestens einem Auge blind wären, fühlte sich das an. So war es also zwingend notwendig, in wirklich alle Richtungen und für alle Eventualitäten zu planen. Das hatte allerdings seine Tücken: Wenn wir eine Frage oder ein Problem gelöst hatten, ergaben sich daraus meistens zwei neue Fragen und Probleme.

Nach fast drei Tagen des Materialbeschaffens und Planens war es dann so weit: Wir meldeten Gerko abends unsere Einsatzbereitschaft, was dieser an den Zugführer weitergab. Auch der andere Trupp war startbereit. Im Container gingen wir zusammen jeden einzelnen Punkt nochmals durch und überprüften uns somit nochmals gegenseitig. Immer wieder das eigene Handeln in Frage stellen und durch möglichst viele andere aus verschiedenen Sichtweisen beleuchten lassen. So hatten wir es bei den Niederländern gemacht, und so machten wir es auch hier. Dies ging bis spät in die Nacht. Als wir uns endlich schlafen legten, waren wir alle ruhig und gelassen und, das war am

Wichtigsten: Wir waren alle auf dem gleichen Informationsstand.

Am nächsten Morgen erwachte ich schon vor dem Weckerklingeln, konnte ich es doch kaum erwarten, endlich zu starten. Hastig machte ich mich frisch, rannte fast zum Frühstück und setzte mich vor unseren Container, um auf die anderen zu warten, während ich gedankenverloren Snoopy hinterm Ohr kraulte. Als Gerko, Nils und André sowie der andere Truppe, eintrudelten, begannen wir unsere Ausrüstung zu verstauen, und endlich brachen wir auf: aus dem Tor, durch Kundus, immer Richtung Süden auf unbekannten Wegen. Ich war gespannt, was uns heute erwarten würde.

In Kundus waren die Straßen noch gut befahrbar, aber innerhalb kürzester Zeit wurden die Straßen zunehmend schlechter. Auch das längere Fahren in diesen Autos wurde schnell zu einer Quälerei. Wir hatten ja unsere komplette Ausrüstung am Mann, also gut 25 Kilo. Bei jedem Schlagloch – und davon gab es viele! – wurden wir schmerzhaft zusammengestaucht und bekamen von unserer schusssicheren Weste einen gehörigen Schlag auf die Schultern. Gerko und ich waren besonders gekniffen. Wir waren einfach zu groß, um in den Toyotas einigermaßen bequem oder entspannt sitzen zu können. Aber auch André und Nils, wesentlich kleiner als wir, hatten nicht wirklich Spaß. So zockelten wir, teilweise nur in Schrittgeschwindigkeit, südlich Richtung Baghlan.

Die wenigen Dörfer oder Hüttenansammlungen, die wir passierten, sahen sehr ärmlich aus. Die Menschen schauten uns scheu mit großen Augen an. Uns wurde bei dieser Tour wieder mal das große Gefälle zwischen Stadt- und Landbevölkerung vor Augen geführt. Die Menschen waren ärmlich und hatten offensichtlich Angst vor Uniformierten, was bei der Geschichte dieses Landes kein Wunder war. Die Kinder waren offener – vermutlich, weil sie noch nicht so viele negative Erfahrungen gemacht haben.

Nach drei bis vier Stunden hatten wir bloß dreißig Kilometer zurückgelegt. Uns allen tat der Rücken weh, und wir waren von oben bis unten mit Schlamm bedeckt. Die Wagen fuhren sich immer wieder fest auf den unwegsamen Straßen, so dass wir ständig gezwungen waren, auszusteigen und mit dem Abschleppseil das Auto wieder aus dem Morast zu ziehen. Das war nicht nur anstrengend, wir sahen auch aus wie die Schweine: der Tarnfleck war von lauter echten Schlammflecken verdeckt. Dann platzte auch noch ein Reifen vom Wagen des zweiten Trupps. Kimi, der Fahrer, konnte von Glück sagen, dass unser Tempo so langsam war, so dass die Panne seine Fahrkünste nicht groß herausforderte. Nachdem wir den Reifen gewechselt hatten, beschlossen wir, die Tour abzubrechen. Wir hatten zwar erst etwa die Hälfte des Weges hinter uns gebracht, aber uns wäre eine Fortsetzung zu riskant gewesen. Wir hatten bloß einen Ersatzreifen pro Fahrzeug dabei. Was wäre gewesen, wenn ein weiterer und dann noch ein Reifen geplatzt wäre? Wie hätten wir dann wieder zurück nach Kundus kommen sollen? Wir drehten also um und erreichten nach fast acht Stunden wieder unser Camp. Wir alle waren stehend K. O., dabei hatten wir gerade mal knapp siebzig Kilometer zurückgelegt.

In der OPZ war uns morgens noch gesagt worden: »Ihr habt Glück. Die Straße, die ihr heute nehmt, ist gut in Schuss.« Im Nachhinein musste ich den Kopf schütteln über diese Aussage. Wenn das die gute Straße war, wie sollte dann erst die schlechte aussehen? Auch war uns übel aufgefallen, dass hin und wieder der Funkkontakt zum Camp unterbrochen war, obwohl Nils ein sehr gutes Funkgerät besorgt hatte, ein HRM 7000. Alles in allem ließ das für die Zukunft nichts Gutes erahnen.

Müde und frustriert saßen wir im Container und erstellten unseren Report für die OPZ. Die wichtigste Erkenntnis des heutigen Tages war, dass wir auf jeden Fall noch zusätzliche Ersatzreifen beschaffen mussten. Falls uns mitten im Nirgendwo Panne um Panne lahmlegte, müssten wir das Fahrzeug aufgeben und schauen, wie wir zurückkämen – darauf hatte keiner von uns Lust. Bei den Funklöchern hingegen war guter Rat teuer, hier mussten wir in den sauren Apfel beißen und hoffen, dass alles gutging. Die bergige Landschaft konnten wir ja schlecht ändern.

Für die nächste Tour, diesmal in nordöstlicher Richtung, wollten wir für alle Fälle ein Satellitentelefon mitnehmen. Uns allen behagte die Vorstellung gar nicht, schon gut zwei bis drei Stunden Fahrtzeit vom Camp entfernt keine Verbindung mehr zu haben. Sollte es zu einem Unfall oder Angriff auf unseren kleinen Konvoi kommen, wären wir komplett auf uns allein gestellt. Dieser Bitte wurde durch die OPZ nachgekommen, zumindest in diesem Fall.

Bei späteren Touren stand nicht immer ein Iridium-Handy zur Verfügung. Es gab einfach nicht genug davon. Außerdem haben sich einige einfach diese Handys aus der OPZ genommen, um heimlich mit ihrer Familie zu Hause zu telefonieren. Auch wurden uns mehrere Ersatzreifen zur Verfügung gestellt, die wir auf den Dächern der Autos befestigten. Das machte die Jeeps natürlich noch schwerer, was die Wendigkeit verschlechterte und uns mutmaßlich noch öfter im Schlamm versinken lassen würde. So ausgestattet gingen wir schon früh zu Bett, da wir sehr zeitig aufbrechen wollten. Hatten wir doch festgestellt, dass wir weit mehr Zeit als geplant brauchten, um unsere gesteckten Ziele zu erreichen.

Gegen sechs Uhr früh brachen wir mit Trupp 2, dem Zugtrupp und dem Sprachmittler Fadi zu unserer Aufklärungstour auf. Fadi war ein etwa zwanzigjähriger Afghane, der ziemlich gut Englisch sprach, das er in Kabul auf der Schule gelernt hatte. Überhaupt wirkte er ziemlich städtisch, er war immer westlich und relativ schick angezogen und konnte ohne große Erklärungen mit dem Funkgerät umgehen. Ich fragte mich, ob er irgendeine Art von Vorausbildung erhalten hatte – und zwar möglicherweise von der anderen Seite, dem afghanischen Geheimdienst. Schon zu meiner Kabul-Zeit hatte ich erlebt, dass die Sprachmittler öfter zwei Herren dienten, weshalb ich auch Fadi nicht wirklich über den Weg traute. Immerhin verstand er kein Deutsch, so dass wir uns trotzdem ganz ungezwungen unterhalten konnten.

Nach zwei Stunden erreichten wir ein Dorf namens Khanabad, das etwa 25 Kilometer östlich von Kundus liegt. Von dort aus führte die Route weiter nach Norden, in eine Stadt namens Taloqan. Dort war für die nahe Zukunft geplant, einen kleinen Außenposten des PRT Kundus zu installieren. Es liefen auch schon die Planungen für den nächsten PRT im Regionalkommando Nord, und zwar in der Stadt Faisabad, die nordöstlich von Kundus liegt.

Taloqan liegt etwa in der Mitte zwischen Kundus und Faisabad und war somit ein idealer Standort für ein sogenanntes »Safe House«. Dort sollte eine Gruppe von zehn Bundeswehr-Soldaten stationiert werden, direkt neben der örtlichen Polizeistation. Sie sollten als Anlaufstelle für Konvois oder Patrouillen dienen, die in der Gegend in Schwierigkeiten geraten waren. Unsere Aufgabe war es, ein mögliches Objekt für dieses Safe House auszumachen und die Bedingungen zu klären. Auch sollten wir den Weg Richtung Faisabad weiter aufklären.

Wir merkten schnell, dass die Straßen in dieser Richtung in einem noch schlechteren Zustand waren als nach Süden, in Richtung Kabul. Nach Faisabad führte zudem nur eine einzige einigermaßen gangbare Straße. Da das Wetter in letzter Zeit immer schlechter und winterlicher geworden war, kämpften wir mit Schlamm und schnell fließenden Bächen, die auf unserem Weg lagen und keine Brücken hatten. Die Furten waren, aufgrund der vielen Regenfälle und der Schneeschmelze, schon ziemlich tief, beinahe mannshoch. Es kam vor, dass das Fahrzeug bis zur Oberkante der Frontscheibe total im Wasser verschwand.

Einige Male kamen wir nur dank der Hilfe einer Menge Einheimischer aus so einem Schlamassel wieder heraus. Wir konnten von Glück sagen, dass sie oft aus dem Nichts auftauchten, wenn wir ihre Hilfe gerade besonders nötig hatten. Es waren immer Männer von Jung bis Alt, aber niemals Frauen. Es passierte natürlich auch, dass Einheimische mit ihren Schrottschüsseln an uns vorbeifuhren, wenn wir da so im Dreck feststeckten. Dann stiegen sie eigentlich immer ab und halfen uns einfach. Sehr oft passierte so ein Zwischenfall in der Nähe von kleinen Ansiedlungen, da dort wegen des relativ hohen Verkehrsaufkommens der Boden besonders aufgewühlt und matschig war.

Da wir bei den zu durchquerenden Bächen die Wassertiefe nicht kannten, musste sich immer einer von uns erbarmen, vor dem Fahrzeug durch die Furt hindurchzuwaten. Dabei wurde nicht lange gefackelt oder geknobelt. Es war einfach jeder mal dran. Wir sahen uns gegenseitig an der Nasenspitze an, wer gerade absolut keine Lust dazu hatte. Es war wie in einer guten Beziehung, wo jeder mal die Spülmaschine ausräumt oder einkaufen geht.

Schon nach kurzer Zeit saßen wir alle triefend nass und vor Schlamm starrend im Wagen. Das lag auch daran, dass das Wasser immer wieder in den Innenraum eintrat. André und Gerko, die vorne saßen, bekamen es besonders übel ab, da das Wasser oft über die Lüftungsschlitze oberhalb der Kühlerhaube hereinkam. Für André als Fahrer war diese Tour ebenfalls extrem anstrengend: Er musste sich jede Sekunde konzentrieren, Schlammlöchern ausweichen und das oft schleudernde Fahrzeug wieder einfangen. Schweißgebadet, mit konzentriertem Blick saß er hinterm Lenkrad und kurbelte was das Zeug hielt, während wir anderen damit beschäftigt waren, vor Kälte zu schlottern und uns nicht andauernd den Kopf, die Schultern oder andere Körperteile zu stoßen.

Ein Wagen fuhr immer gerade noch in Sichtweite der zwei anderen voraus, um so die Gangbarkeit des Weges zu testen. Denn wir wollten nicht riskieren, dass sich zwei oder sogar alle drei Fahrzeuge gleichzeitig festfuhren. Uns war schleierhaft, wie hier größere Laster mit Versorgungsgütern durchkommen wollten – was ja eine Voraussetzung war, wenn in Faisabad ein weiteres PRT aufgebaut werden sollte. Je weiter wir nach Nordosten kamen, desto weniger Autos sahen wir. Hier waren Eselskarren das Fortbewegungsmittel Nummer eins. Angesichts der katastrophalen Wege war das bestimmt nicht das Schlechteste. Plötzlich erinnerte ich mich an die Pferde der Amerikaner in unserem Camp und war neidisch. Nun hätte ich liebend gerne auf so einem Gaul gesessen, auch wenn ich dabei keine gute Figur gemacht hätte. Zumindest wären wir mit Pferden wesentlich schneller vorangekommen als mit unseren Autos.

Die Bevölkerung schwankte zwischen Neugier und Schüchternheit uns gegenüber. So recht wussten sie nichts mit uns anzufangen, tauten aber doch einigermaßen auf, nachdem wir über Fadi, unseren Sprachmittler, Verbindung mit ihnen aufgenommen hatten und uns als Deutsche vorstellten. Das lief in der Regel so: Der Zugführer stellte uns als Soldaten der Bundeswehr vor, die hier seien, um dem afghanischen Volk zu helfen. Dann fragte er nach Sorgen und Problemen in der Bevölkerung und bot an, bei der Besserung zu helfen. Niemals durfte man etwas konkret versprechen, weil in Afghanistan ein Versprechen bindend ist.

Unser GPS zeigte inzwischen eine Höhe von knapp 1000 Metern an, und bald sahen wir den ersten Schnee. Das konnte heiter werden, denn wir hatten keine Schneeketten für unsere Toyotas. Anstatt uns im Schlamm festzufahren, schlidderten wir wie die Blöden auf dem Untergrund hin und her. Ein paar Mal rutschten wir sogar komplett von der Straße. Da die Minenlage hier völlig unklar war, hielten wir jedes Mal die Luft an und hofften, dass alles gutginge. Schließlich hatten wir weiter unten an einigen Berghängen Minen erkennen können und gleich in unsere Karten eingezeichnet. Die Sprengsätze waren aufgrund von Erosionen am Hang immer weiter Richtung Straße gerutscht und lagen teils offen, teils halb verdeckt im Schlamm. Hier oben waren aufgrund des Schnees keine Minen sichtbar, aber das hieß noch lange nicht, dass es keine gab! Doch das Glück war mit uns – zumindest was die Minen anging.

Nach sechs Stunden auf den Buckelpisten fiel unser Allradantrieb aus und das Heck unseres Jeeps begann zu wedeln wie Snoopy, wenn er jemanden aus unserem Zug sah. Dann endlich, sieben Stunden nach Aufbruch in Kundus, erreichten wir Taloqan. Russische Lastwagen und Panzer fuhren herum oder lagen zerstört am Straßenrand. Auch sahen wir nicht detonierte Mörser- und Artilleriegranaten etwas abseits der Straße auf den Feldern liegen. Hier musste es einst ganz schön heiß hergegangen sein. Hier oben im Nordosten des Landes hatte sich 2001 unter dem charismatischen Tadschiken-Führer Ahmed Schah Massud der letzte Widerstand gegen den Ansturm der Gotteskrieger, die Taliban, formiert. Es mussten schwere Gefechte gewesen sein, überall waren noch die abgeschossenen Fahrzeuge und zerstörten Häuser zu erkennen.

Im Stadtzentrum war das Polizeigebäude. Dort hielten wir an, um mit dem Polizeichef Verbindung aufzunehmen. Erst einmal reckten und streckten wir uns ausgiebig. Wir hatten uns auf der Fahrt diverse blaue Flecken eingehandelt und waren mehrmals übel zusammengestaucht worden. Der Zugführer nahm Fadi und mich zur Übersetzung des Gesprächs mit dem Polizeichef mit. Die Polizeistation war ein Flachdachgebäude mit blauem Dach und hatte im Hintergrund zwei weitere kleinere Gebäude. In diesen Hütten gab es genügend Platz für zehn Bundeswehr-Soldaten und ihr Safe House. Ein echter Arschkarten-Job!, dachte ich nur, als wir vom Hof gingen. Ich würde mich bedanken, wenn ich dort sieben Stunden von allen anderen Standorten entfernt stationiert würde.

Der Zugführer erwähnte in seinem Gespräch nicht, dass hier demnächst ein Safe House errichtet werden sollte, es ging lediglich um eine erste Kontaktaufnahme. Sehr freundlich bat der Polizeichef uns, zum Essen zu bleiben, allerdings konnten wir dieses Angebot aus Zeitgründen nicht annehmen. Wortreich entschuldigte sich Rumpf, dann ich, dann Fadi beim Polizeichef und erklärten ihm, warum wir nicht bleiben konnten. Wenn du von Afghanen eingeladen wirst, musst du immer sehr vorsichtig sein, dies abzuschlagen. Es kann vorkommen, dass dies als Beleidigung aufgefasst wird und der Gastgeber somit sein Gesicht verliert, was in der afghanischen Kultur schlimme Folgen haben kann. Wenn dir in Afghanistan jemand die Gastfreundschaft anbietet, gibt er im wahrsten Sinne des Wortes das letzte Hemd für dich. Er bietet dir Essen und Trinken, Unterkunft und viel wichtiger: Er bietet dir Schutz. Auch wenn du eigentlich nicht zu seinen Freunden gehörst, würde er dein Leben mit seinem Leben verteidigen. Diese Gastfreundschaft gehört zum afghanischen Ehren- und Verhaltenskodex, dem Paschtunwali. Lehnt man das ab, verzichtet man automatisch auf alle diese Privilegien. In Gebieten, wo es sonst keinerlei Hilfe oder Unterstützung gibt, könnte das sehr unangenehm werden.

Zum Glück bekamen wir die Kurve und brachen nach einer halben Stunde wieder auf. Mit Grauen dachten wir alle an den nun bevorstehenden Rückweg; wir wussten schließlich, welche Tücken uns erwarteten. Nach vielem Händeschütteln fuhren wir los, erst einmal noch weiter gen Osten, da uns der Polizeichef erzählt hatte, dass dort eine Minenräumfirma namens »Halo Trust« tätig war. Halo Trust ist ein britisches Unternehmen, arbeitet in Afghanistan aber auch viel mit angelernten oder ausgebildeten Einheimischen. Ich kannte die Firma schon aus Kabul, weil sie die Route von dort nach Bagram geräumt hatte. In diesem Zusammenhang habe ich damals auch einige Ostdeutsche getroffen, die dort in einer führenden Position tätig waren. Von einem Austausch mit den hiesigen Halo-Trust-Mitarbeitern erhofften wir uns neue und vor allem gesicherte Erkenntnisse über die Minenlage in der Gegend.

Weiter auf der Hauptstraße erreichten wir Takhar, wo eine

Außenstelle von Halo Trust sein musste, wie wir gehört hatten. Wir begannen nach den typischen blauen Schildern Ausschau zu halten, die Halo Trust aufstellte. An einem Flussbett vor den Stadtgrenzen von Takhar wurden wir fündig, und nach einem halben Kilometer stießen wir auf den Firmensitz, zwei oder drei weiße Flachbauten mit blauen Dächern. Die einzelnen Wege von der Straße zu den Gebäuden wurden mit »Minenfreisteinchen«, also weiß bemalten Steinen, gekennzeichnet. Rechts und links des Weges lagen sehr, sehr viele rot bemalte Steine, was darauf hindeutete, dass dort Minen lagen. Es war wirklich verdammt viel Rot zu sehen. Auch hinter und rechts von dem Gebäude sahen wir überall rote Markierungen, also Zeichen für Minen. Dieser Anblick schnürte mir die Kehle zu.

Es waren ein paar afghanische Angestellte der Firma vor Ort, die Englisch konnten, so dass der Informationsaustausch ohne unseren Sprachmittler stattfinden konnte. Nach Auskunft dieser einheimischen Minenräumer hatte es 2001 vor Ort schwere Gefechte gegeben. Die verschiedenen Parteien hatten damals wahllos ihre Minen verlegt, um die anderen am Fortkommen zu hindern. Auch berichteten sie uns, was wir bereits mit eigenen Augen gesehen hatten: dass an den Straßen jede Menge Minen lagen, die von den Berghängen heruntergekommen waren. Alles in allem, sagten sie, wäre es besser, niemals die Wege zu verlassen. Außerdem sollten wir die eine oder andere Straße weiter Richtung Norden vermeiden.

Betreten sahen wir uns an. Das war genau die Richtung, in der wir zukünftig weiter aufzuklären hatten. Wir beugten uns über die Karte von Halo Trust und verglichen sie mit unseren Eintragungen. Nachdem wir ihre Minen-Kennzeichnungen übertragen hatten, verabschiedeten wir uns und machten uns auf den langen Rückweg nach Kundus. Es war bereits sechzehn Uhr. Zehn lange Stunden hatten wir bis zu diesem Punkt gebraucht, und dabei läppische hundert Kilometer zurückgelegt. Natürlich hatten wir kürzere Pausen gemacht und mussten immer wieder das eine oder andere Fahrzeug aus dem Schlamm hieven, aber das blieb uns vermutlich auch auf dem Rückweg nicht erspart. Das waren tolle Aussichten! In Deutschland hätten wir in dieser Zeit entspannt das gesamte Land von Nord nach Süd durchqueren und zwischendurch ausgiebig in einer Raststätte einkehren können ...

Die Tour zurück war ebenso nervenaufreibend wie der Hinweg, eigentlich sogar noch mehr, schließlich hatten wir schon ordentlich Kräfte gelassen. Von der schönen und kargen Berglandschaft um uns herum bekamen wir nicht sehr viel mit, verbrachten wir die meiste Zeit mit Fluchen und dem krampfhaften Festhalten. Außerdem wurde es bald dunkel, wodurch wir unsere Geschwindigkeit weiter reduzieren mussten. Wenn das so weiterginge, würden wir erst im Morgengrauen zurück ins Camp kommen.

Bei Einbruch der Dunkelheit setzten wir unsere Nachtsehbrillen auf, die über ein Gestell und verschiedene Klettverschlüsse am Kopf befestigt werden. Die Sicht wurde dadurch aber noch wesentlich schlechter, da die Scheibe sowieso schon schlammverspritzt war. Dummerweise bekamen wir keine Verbindung mit unserer OPZ. Weder mit unserem Funkgerät noch mit dem Satellitentelefon gelang es uns, das PRT Kundus zu erreichen. Nur sporadisch verstanden wir einige Sprachfetzen, und so gaben wir lediglich kurze Standortmeldungen durch. Wir konnten nur hoffen, dass die OPZ in Kundus alles verstehen und richtig würde zuordnen können.

Für die nächsten Touren gen Norden mussten wir auf alle Fälle eine Übernachtung unterwegs einplanen, schließlich wollten und mussten wir unseren Aufklärungsradius noch erweitern. Wenn wir bei jeder Tour von Kundus aus starteten, wäre das nicht zu leisten. Auch das Fahren bei Nacht wollten wir in Zukunft vermeiden. Bei der absoluten Dunkelheit, mitten in den Bergen und fern jeglicher Zivilisation, war der Weg oft kaum von den angrenzenden Feldern zu unterscheiden. Und wir hatten noch gut die Warnung der Halo-Trust-Mitarbeiter im Ohr: »Bleibt immer auf den Wegen, wegen der Minen.« Das Risiko für Nachtfahrten im unwegsamen Gelände war viel zu groß.

Wir kamen dann doch besser voran als gedacht. Bereits gegen

Mitternacht erreichten wir Kundus. Da wir nicht jede Furt überprüfen mussten und dank der bereits gesammelten GPS-Daten den direkten Weg zurückfuhren, waren wir nun etwas schneller. Müde und zerschlagen erreichten wir nach achtzehn Stunden, also einer kleinen Ewigkeit, das Camp. Wenigstens ein paar Stunden Schlaf wollten wir uns alle gönnen, bevor der nächste Auftrag anstand. Anja hatte mir vor kurzem eine CD mit unseren Lieblingsliedern geschickt. Aufgewühlt und geschafft lag ich auf meinem Feldbett und hörte mir diese CD an und versuchte, ein bisschen runterzukommen. Die ganzen Eindrücke des heutigen Tages liefen immer noch wie ein Film in meinem Kopf ab. Es fiel mir sehr schwer, abzuschalten. Die Unruhe im Container und meine sich auf dem Feldbett herumwälzenden Kameraden signalisierten mir, dass es ihnen ähnlich ging. Irgendwann fand ich doch noch meinen Schlaf.

Mehr Sand im Getriebe – Streit in der Einheit und eine schwierige Fahrt

Als der Wecker klingelte, hatte ich das Gefühl, nur fünf Minuten geschlafen zu haben, so gerädert fühlte ich mich. Ich bekam kaum meine Augen auf und sah mich im Container um. Überall sah ich zusammengekniffene und zerknautschte Gesichter meiner Kameraden. Da half nur Kaffee, und zwar schnell! Widerwillig rollte ich mich aus meinem Feldbett und stolperte fast über Snoopy, der draußen vor unserem Container lag. Schwanzwedelnd begrüßte er mich. Ich tätschelte ihm kurz den Kopf und murmelte schlaftrunken »guter Hund«, zu mehr war ich noch nicht fähig.

Nach dem ersten starken Kaffee klärte sich langsam mein Blick. Nach dem Frühstück machten wir uns an die Nachbereitung unserer Tour: Wir mussten unsere Fahrzeuge wieder flottbekommen, außerdem benötigten wir wieder neue Ersatzreifen und mussten dringend tanken. Wie die Zombies schlurften wir uns gegenseitig vor den Füßen rum und beschränkten unsere Unterhaltungen auf ein Minimum.

Immerhin beim Wetter gab es gute Neuigkeiten. Es begann aufzuklaren, so dass in den nächsten Tagen drei bis vier Maschinen täglich nach Kundus fliegen sollten. Mit diesen Maschinen würden nun auch die Infanteriekräfte, also die Fallschirmjäger, ins Land kommen. Endlich Entlastung, dachten wir alle und freuten uns auf die Jungs. Die nächsten Tage sollten wir uns also meistens am Flugplatz aufhalten, bis wir die Fallschirmjäger in die Sicherungsaufgaben und das Lagerleben eingewiesen hatten. Danach sollten wir nur noch für die Tiefenaufklärung zuständig sein.

Zwischen unseren beiden Trupps und der ELG entstanden in

dieser Zeit die ersten Schwierigkeiten und Missstimmungen. Da die ELGler für den Flugplatzbetrieb eingeteilt waren, hatten sie an keiner unserer bisherigen Fahrten teilgenommen. Das sorgte hin und wieder für Ärger, besonders wenn unser Trupp nachts zurückkam. Zorn und Hoppke fühlten sich in ihrem Schlaf gestört und pflaumten uns an: »Könnt ihr nicht endlich wieder das Licht ausmachen und gefälligst etwas leiser sein?« Wir bemühten uns, so gut wir konnten. Aber vier Mann inklusive Ausrüstung können sich nun mal schlecht in Luft auflösen. Was sollte erst werden, wenn wir nun bald sehr viel häufiger unsere Aufklärungsfahrten unternahmen? Sollte sich bei jeder Rückkehr von uns so ein Drama abspielen? Obwohl ich Zorn und Hoppke schon lange kannte und wir bislang gut miteinander ausgekommen waren, änderte sich das Klima. Wir sprachen nur noch das Nötigste miteinander, was für eine weitere ruhige und gute Zusammenarbeit nicht gerade förderlich war. Die anderen beiden Kameraden der ELG – Gerd und Anatoli, die bei Team 2 im Container untergebracht waren – bemerkten, dass es gewisse Spannungen gab, und versuchten zu schlichten.

Ich hatte vor allem zu Gerd einen guten Draht, er war so etwas wie mein »persönlicher Zögling« seit seinem ersten Tag bei der Bundeswehr, ich habe ihn selbst ausgebildet. Er war Funker und Spezialist für Computer- und Kommunikationssysteme – und auch bei der menschlichen Kommunikation legte er sich ins Zeug, um die Wogen zwischen Zorn und Hoppke und unserem Team zu glätten. Trotz seiner Versuche kühlte sich die Stimmung innerhalb des Spezialzugs deutlich ab. Toll, dachte ich, wenn es schon wegen solcher Kleinigkeiten Stress gibt, wie soll das erst werden, wenn es hart auf hart kommt?

Auch gab es Differenzen zwischen unserem und dem zweiten Trupp. Ein kleines Kompetenzgerangel über die Vorgehensweise bei den weiteren Fahrten war entstanden. Bis zum jetzigen Zeitpunkt hatte sich der Führer des anderen Trupps, Hauptfeldwebel Gebauer, immer wieder in eine Art von Führungsposition gedrängt. Damit hatten wir und vor allem Gerko prinzipiell kein Problem.

Allerdings hatte Gebauer leider kein Fingerspitzengefühl für die jeweiligen Situationen, manchmal war er geradezu die Axt im Walde. Da wir aber jetzt weg von den »Routinefahrten« kamen und uns immer mehr auf die verschiedensten Lagen vor Ort einstellen mussten, wäre es weitaus besser gewesen, wenn ein ruhiger und besonnener Führer wie Gerko vorwegfuhr und die Gesprächsführung mit Einheimischen übernähme. Durch Gebauers unbedachtes Verhalten fanden teilweise inhaltliche Diskussionen zwischen den Truppführern vor Afghanen statt. Das war erstens ziemlich unprofessionell und kam zweitens einem Gesichtsverlust nahe. Und genau das musst du in diesem Land unbedingt vermeiden, wenn du auf das Wohlwollen und den Respekt der Einheimischen angewiesen bist.

Zugführer Rumpf ignorierte die ganzen Querelen. Ich hätte mir gewünscht, dass er einmal Position bezieht, schließlich war er unser aller Vorgesetzter. So blieben Gerko, Nils, André und ich auch abends immer öfter unter uns. Ich fühlte mich trotzdem nicht wohl mit der Situation und hoffte die ganze Zeit auf ein reinigendes Donnerwetter oder ein Machtwort von Rumpf, aber nichts passierte. Mich tröstete der Gedanke an Anja zu Hause ungemein. Ich freute mich auf jedes Telefonat mit ihr, auch wenn es nur zwei Minuten einmal in der Woche waren. Obwohl ich kein großer Briefeschreiber bin, setzte ich mich täglich hin, um wenigstens ein paar Zeilen an Anja zu schicken. Jedes Mal, wenn die Post ausgeteilt wurde, stand ich Gewehr bei Fuß und hoffte ebenfalls auf ein paar Zeilen von ihr. Ich wurde selten enttäuscht – ein schöner Ausgleich zu den ganzen internen Querelen.

Die nächsten Tage verbrachten wir fast nur auf dem Flugfeld. Eine Menge bekannter Gesichter aus Varel trudelte nach und nach ein. Auch die Neuankömmlinge freuten sich, ein paar vertraute Gestalten vorzufinden, und begrüßten uns stürmisch. Ich freute mich besonders, als ich Feldwebel Paul mit seinen Jungs sah. Er war einer der Soldaten, die bei mir ihre Grundausbildung absolviert hatten. Es war schon sehr witzig, dass viele der ankommenden Soldaten irgendwann früher von mir ausgebildet worden waren und inzwischen vom Dienstgrad höher standen als ich. Aber mit solchem Hierarchiekram hatte ich eh keine Probleme. Außerdem wusste ich, dass ich mich auf diese Jungs sehr gut verlassen konnte – ich wusste, was sie konnten, und wir hatten eine gemeinsame Geschichte.

Die erste Frage der Neuankömmlinge war stets: »Wie ist die Lage vor Ort?« Es kamen immer noch nur wenige Informationen in Deutschland an. Wir erzählten ihnen von der schlechten Lage des Camps in der Stadt und den Schwierigkeiten bei unseren beiden bisher durchgeführten Touren. Einige Kameraden waren bereits in Kabul gewesen und kannten die örtlichen Straßenverhältnisse einigermaßen. Dass es hier noch schlechter als in der Hauptstadt war, ließ sie die Stirn runzeln. Drei Tage standen wir am Flugplatz und machten das Sicherungs- und Begrüßungskomitee für das wachsende Kontingent. Dabei kam es auch zu einem Zwischenfall, der uns einige Kameraden mit anderen Augen sehen ließ und das Klima im Zug noch mehr vergiftete.

Wir standen wie immer in der Sicherung, während eine Maschine im Anflug war, als wir plötzlich einen sehr panischen Funkspruch von der ELG auf dem Tower erhielten. »Wir werden beschossen, wir werden beschossen!«, tönte es sehr laut aus unseren Funkgeräten. Wir sahen uns sofort alle um, um zu erkennen, aus welcher Richtung das Feuer kam, aber weder sahen wir etwas, noch hatten wir Schüsse gehört. Schnell saß unser Team auf unseren Fahrzeugen auf und fuhr zum Tower, um unseren Kameraden zu Hilfe zu eilen. Die vor Ort befindlichen afghanischen Milizen saßen seelenruhig vor dem Tower und sahen uns fragend an, als wir hektisch und mit unseren Waffen im Anschlag aus den Fahrzeugen sprangen und zum Gebäude liefen.

Ich wunderte mich noch, dass die Jungs so ruhig hier saßen, wenn angeblich Geschosse durch die Gegend flogen, aber blieb angespannt und schussbereit, bis wir oben im Tower bei der ELG angelangt waren. Dort standen dann zwei ziemlich verschreckt und fertig aussehende Hauptfeldwebel vor uns, Zorn und Hoppke. Gerd und Anatoli, ihre Team-Mitglieder, schauten etwas betreten drein, waren seltsam ruhig und sagten kein Wort. Da wir uns keinen Reim auf das Ganze machen konnten, begannen wir das Gelände mit den Ferngläsern abzusuchen.

Drinnen entbrannte derweil ein hitziges Gespräch, als Gerko und André versuchten, aus Zorn und Hoppke herauszubekommen, was vorgefallen war. Nils neben mir zeigte plötzlich in Richtung Norden auf das dortige Militärcamp. »Achim, schaut mal dort, da ist ganz schön was in Bewegung!« Sofort schwenkte ich mit meinem Fernglas auf das Gelände hinüber. Ganz deutlich war eine Gruppe afghanischer Soldaten zu erkennen, die ihre Kalaschnikows schwenkten und lachend in unsere Richtung zeigten. Entweder hatten sie dort Schießübungen durchgeführt oder wollten ein bisschen provozieren.

Zu fast jeglicher Festivität wurde und wird in diesem Land gerne und ausdauernd mit den vorhandenen Waffen in die Luft geschossen. Manchmal versuchten die verschiedensten Parteien und Gruppen auch die ISAF zu provozieren, um zu sehen, wie weit sie gehen konnten. Ein ganz normaler Vorgang in diesem Land. Wenn man allerdings kaum das Camp verlässt, kann man so ein bisschen Geknalle in der Nähe natürlich falsch interpretieren und sich unter Beschuss wähnen. Jedenfalls glaubte weder ich noch sonst jemand aus meinem Team, dass die Männer gezielt auf den Tower gefeuert hatten, und es gab auch keine Indizien dafür: Nirgendwo waren Einschusslöcher zu sehen, Scheiben und Betonmasse waren unversehrt.

Nils und ich gingen hinein und teilten den anderen unsere Beobachtung mit. »Alles unter Kontrolle. Sieht so aus, als hätten die Burschen im Militärcamp ein bisschen in die Luft gefeuert oder Schießübungen gemacht. Jedenfalls kein Angriff von denen«, fasste ich die Lage zusammen. Die vier Kameraden von der ELG hörten sich das schweigend an. Gerko hatte mitbekommen, dass es offensichtlich eine unterschiedliche Einschätzung zwischen den beiden Ranghöheren Zorn und Hoppke und den beiden Soldaten gab. Deshalb sprach er Gerd und Anatoli direkt an: »Was habt ihr denn von der Sache mitbekommen?«

Die beiden wollten sich offensichtlich nicht dazu äußern und zuckten mit den Schultern. Vermutlich wollten sie ihre Kameraden nicht lächerlich machen.

Was wir gerade erlebt hatten, war im Endeffekt eine Überreaktion. Dabei war es Hoppke, der sonst im Camp bei den Amerikanern Heldengeschichten vom Stapel ließ. Er hatte nämlich einen sehr intensiven, schweren und fordernden Lehrgang in den USA absolviert – und im Gegensatz zu vielen amerikanischen Soldaten auch bestanden. Für diese Leistung wurde er auch bei den deutschen Kameraden bewundert. Das entsprechende Abzeichen trug er offensiv an seiner Jacke und betonte den Nationalgardisten gegenüber immer wieder mit stolzgeschwellter Brust, dass er diesen Lehrgang bestanden hatte. Ein kleiner Widerspruch zu seinem Verhalten in dieser Situation und seiner gelegentlichen Marotte, auch mal zwei Schutzwesten übereinander zu tragen.

Abends in unserem Wohncontainer wurden wir dann in den zweiten Akt des Dramas vom Nachmittag hineingezogen. Hoppke hatte schon etwas Alkohol getrunken und schrie uns an: »Ihr habt uns nicht beschützt, heute Mittag auf dem Tower! Das geht so nicht!« Wir schauten ihn fassungslos an, aber er machte bloß weiter mit seinem Gejammer: »Ihr macht euren Job nicht gescheit, ihr habt uns hängen lassen. Was da alles hätte passieren können!« Ich war völlig perplex und stand wie versteinert da, so unglaublich fand ich das, was Hoppke da vom Stapel ließ.

Gerko versuchte, ihn zu beruhigen und einen sachlichen Ton anzuschlagen, aber schon jetzt war mir klar, dass das Vertrauen zwischen diesem Kameraden und uns vollkommen zerstört war. Prompt holte Hoppke zum Rundumschlag aus und äußerte das Gefühl, dass wir ihm gegenüber völlig gleichgültig seien. Aus einem kleinen Problem wurde plötzlich ein großes. Der durch diesen Vorfall entstandene Riss innerhalb des Zuges war nicht mehr zu kitten, eine Cliquenwirtschaft entstand. Für den Zusammenhalt und die gemeinsame Arbeit war das auf lange Sicht tödlich.

Ich kapierte nicht, warum wir – allesamt erwachsene Menschen – das Problem nicht durch klärende Gespräche in den Griff bekamen. Aber vermutlich war auf beiden Seiten bereits zu viel Geschirr zu Bruch gegangen. Wäre es in meiner Zeit bei den niederländischen KCT zu so einem Affenzirkus innerhalb des Kommandos gekommen, hätte der Chef voll dazwischengehauen und die Sache geklärt. Wir waren hier ja nicht auf einem Übungsplatz, sondern in Kundus, Afghanistan, und hatten einen nicht unheiklen Job zu erledigen. Und das Allerwichtigste in so einem Einsatz ist das Vertrauen innerhalb der Einheit. Nur dann ist die Zusammenarbeit gewährleistet und kann der Auftrag erfüllt werden.

Nach drei Tagen waren alle Fallschirmjäger, ungefähr siebzig Mann, angekommen und von uns in die Flugplatzsicherung eingewiesen worden. Also machten wir uns unverzüglich daran, die nächsten Touren vorzubereiten. Endlich bekamen wir auch Aufkleber mit deutschen Flaggen für unsere Fahrzeuge sowie welche mit ISAF-Logo. Darauf hatten wir lange warten müssen – zu lange in meinen Augen. Es handelte sich schließlich nicht um schwer transportierbares Sperrgut, für das erst ein Platz im Flieger gefunden werden musste. Zumal diese Flaggen ganz wichtig für unsere Legitimierung und unsere Sicherheit waren. Bei unserer ersten Fahrt durch die Stadt merkten wir sofort, dass die Bevölkerung nun gelassener reagierte, wenn wir mit unseren Fahrzeugen irgendwo auftauchten. Etliche lukrative Geschäfte der örtlichen Händler mit dem PRT hatten ihr Übriges dazu getan, dass wir wohlwollender angesehen wurden.

Ein großes Verpflegungszelt befand sich ebenfalls im Aufbau, und das Camp wuchs und wuchs. Auch wurde gerade das KB Impuls System, ein Sende- und Empfängermast, in Betrieb genommen. Man konnte dann einen Telefonvertrag abschließen, erhielt ein Telefon und war in der Lage, innerhalb eines gewissen Radius um den Mast nach Deutschland zu telefonieren. Auch ich schaffte mir so ein Handy an und habe mehrmals die Woche circa eine Stunde telefoniert, meistens mit Anja, aber auch mit meiner Mutter. Dadurch hatte ich Handyrechnungen von monatlich 600 bis 700 Euro. Alles in allem verbesserte sich die Situation im Lager von Tag zu Tag.

Auch unsere beiden Spezialtrupps sollten etwas Entlastung bekommen, durch ein kanadisches TAC-P-Team. TAC steht für »Tactical Air Controller«, also speziell ausgebildete Soldaten, die im Notfall Luftunterstützung anfordern können und dürfen, um die Truppe am Boden durch gezielten Waffeneinsatz aus der Luft zu unterstützen. Dieses Team war ein Vorauskommando eines größeren kanadischen Kontingents, das demnächst ebenfalls nach Kundus kommen sollte.

Diese Kameraden stellten insoweit eine deutliche Bereicherung unserer Fähigkeiten dar, als sie auf dem amerikanischen System eingewiesen waren, um Jagdbomber zu ihrem Ziel zu führen. Bei uns war das theoretisch der Job der ELG, die auch als »Forward Air Controller« (FAC) ausgebildet waren. Diese Fliegerleitoffiziere machten quasi das Gleiche wie das TAC-P-Team bei den Kanadiern. Die Betonung liegt auf theoretisch, denn praktisch waren unsere ELGler auf dem französischen Standard geschult und nicht auf dem amerikanischen. In einem Einsatzland, in dem mehr als neunzig Prozent der zur Verfügung stehenden Kampfflugzeuge amerikanische sind, war das natürlich alles andere als glücklich.

Wie wir feststellen mussten, sind die wenigsten »Forward Air Controller« der Bundeswehr auf dem amerikanischen System geschult. Es überwiegen die Systeme europäischer Partner, wir hatten also ein grundsätzliches Problem. Deshalb war angedacht worden, die deutschen Fliegerleitoffiziere, also die ELG, nach Bagram zu schicken, wo sie in einem großen amerikanischen Militärstützpunkt hätten umgeschult werden können. Ich konnte nur den Kopf schütteln über so viel Unkenntnis und schlechte Improvisation. Erstens muss ich mich doch vorher schlau machen, welche Voraussetzungen und Qualifikationen für einen Einsatz nötig sind, und zweitens würden die Jungs von der ELG nicht mehr den Flugplatz betreiben können, wenn sie in Bagram saßen, um die amerikanischen Standards zu lernen. Alles unausgegorene Ideen, die durchgespielt wurden. Insoweit hatte die Luftunterstützung durch die Amis bis zur Ankunft der vier Kanadier in den Sternen gestanden. Wir konnten von Glück sagen, dass bislang alles friedlich geblieben war.

Es war mittlerweile Anfang Dezember. Weihnachten und Silvester rückten näher, und die sowieso schon schlechte Stimmung wurde noch mieser. Wenn wir nach ein paar kürzeren Tagestouren wieder das Camp erreichten, eskalierte die Stimmung in unserem Container in schöner Regelmäßigkeit. Während wir um unseren Tisch saßen und unsere Waffen reinigten, gab es fast immer eine Auseinandersetzung. Wenn du deine Waffe zerlegt und gereinigt hast, setzt du sie wieder zusammen und führst eine Funktionsüberprüfung durch. Dabei betätigst du auch den Spannhebel, als ob du die Waffe fertigladen würdest. Natürlich hatten wir kein Magazin in der Waffe, es konnte also nichts passieren. Trotzdem wurden wir von unseren Kameraden der ELG angemault: »Könnt ihr gefälligst nach draußen gehen, wenn ihr die Waffe durchladet?!« Gerko, eine sehr ruhige Person, versuchte dann immer zu schlichten. Aber eines Tages eskalierte die Situation und ich hörte Gerko zum ersten und letzten Mal schreien – und das kam so:

Nachts im Container hatte Hoppke die Heizung voll aufgedreht – keine Ahnung, ob aus Rache oder aus Schusseligkeit. Am Morgen hatten wir alle einen dicken Schädel, brennende Augen und Kopfschmerzen durch die trockene, völlig überhitzte Luft. Nils und André waren schon aus dieser Sauna geflüchtet und zum Waschen gegangen. Ich lag noch völlig gerädert in meinem Feldbett und hielt mir den Kopf. Da ich schon immer über wenig bis gar kein diplomatisches Geschick verfügte, polterte ich sofort los und raunzte in die Runde: »Welche Pfeife hat denn den Lüfter aufgedreht? Das ist ja nicht zum Aushalten!« Zorn schnauzte sofort zurück: »Moment, vergreifen Sie sich nicht im Ton, Herr Stabsunteroffizier. Wie können Sie einen Hauptfeldwebel dermaßen anschreien?« Ich guckte ungläubig in die Runde. Das war das erste Mal, dass mich Zorn gesiezt und auf seinen Rang gepocht hatte. Was war denn in den gefahren? Kannten wir uns nicht seit Jahren und waren per du?

»Das geht ja gut los heute Morgen«, meinte ich nur. Gerko sprang aus dem Bett, guckte mich an und meinte: »Achim, lass uns mal kurz allein.«
Als ich draußen vor dem Container stand, kamen Nils und André gerade zurück und wollten rein. »Bleibt mal zwei, drei Minuten draußen. In dem Container gibt es nämlich gleich 'ne Explosion«, hielt ich sie zurück. Und schon ging es los. »Wag es noch einmal, einen meiner Soldaten so dumm anzumachen. Wenn das noch mal passiert, gibt's paar aufs Maul«, hörten wir Gerko schreien. Dabei ist er eigentlich ein Mensch mit einer beneidenswert langen Zündleitung. Er versucht immer, ruhig und überlegt zu sein und zu handeln, aber jetzt reichte es auch ihm. Nach seinem Ausbruch herrschte Totenstille im Inneren des Containers.

Wir trauten uns nun wieder rein, Zorn und Hoppke drückten sich schweigend an uns vorbei nach draußen. Gerko sagte kein Wort und war schon wieder total ruhig. Wir vier schauten uns an und konnten ein leichtes Lächeln nicht unterdrücken. Die beiden Hauptfeldwebel nahmen inzwischen den direkten Weg zu unserem Zugführer, um sich über mich zu beschweren. Auch Gebauer, den Führer von Team 2, laberten sie voll. Wie ich hinterher gehört habe, hat Gebauer aber gut reagiert. »Stellt euch nicht so an. In so einem Einsatz und auf engem Raum ist es ganz normal, dass man sich ab und zu nervt und blöd anmacht. Da müsst ihr durch«, hat er wohl gesagt.

Auch unserem Zugführer war das Rumgezicke zu blöd: »Kommt selbst klar und lasst mich mit so einem Mist in Frieden!«, meinte er. Im Prinzip hatte er recht, waren wir doch alles erwachsene Menschen. Aber da die Atmosphäre im Zug mittlerweile vergiftet war, hätte ein Machtwort von ihm nicht geschadet. Die Stimmung im Zug, und vor allem bei uns im Container, wurde ganz schön unangenehm.

Daran war ich nicht ganz unschuldig. Durch meinen patzigen Ton war aus einer Mücke ein Elefant geworden. Trotzdem war mir die harsche Reaktion der beiden Hauptfeldwebel unerklärlich. Ich kannte Zorn und auch Hoppke ganz gut von Übungen und gemeinsamen Trainings. Dass sie nun auf ihrem Dienstgrad herumritten und jedes Wort auf die Goldwaage legten, war völlig neu. Ich hatte das Gefühl, mir würden komplett andere Personen gegenüberstehen. Das galt vor allem für die Kameradschaft und das Engagement. Eigentlich waren Zorn und Hoppke gute Leute, top ausgebildete und fähige Soldaten, die ihren Job beherrschten und zu hundert Prozent erledigten. Aber hier hatte ich das Gefühl, dass sie sich auf ihrem relativ ruhigen Job am Flughafen ausruhten. Während wir oft den ganzen Tag und später auch nachts unterwegs waren, mussten sie oft nur für ein paar Stündchen zum Flugplatz fahren und konnten sich danach auf die faule Haut legen. So hockten sie tagein, tagaus in der Betreuungseinrichtung mit den Amerikanern und erzählten ihre alten »Heldengeschichten«, während sie uns zur Minna machten, wenn wir nachts von unseren Aufklärungsfahrten zurückkamen. Darauf hatte ich keine Lust mehr.

Der Umstand, dass die Feiertage vor der Tür standen und die meisten aus dem Spezialzug Frau und Kinder, zumindest aber eine Freundin, zu Hause hatten, wirkte nur noch als Verstärker für die miese Stimmung. Auch kam bereits bei einigen Kameraden des Spezialzugs der Wunsch auf, das Land zu verlassen. Im Besonderen natürlich von unseren beiden »Spezialisten«, Zorn und Hoppke. »Was wollen wir denn noch hier? Wir machen eh nichts Sinnvolles mehr!«, hörte man sie alle naselang herumquengeln. Am liebsten hätte ich sie gepackt, ordentlich durchgeschüttelt und ihnen gesagt: »Bewegt endlich euren Hintern mit uns nach draußen und unterstützt uns!« Aber das stand mir natürlich nicht zu.

Trotzdem gab mir die geringe Moral zu denken. Wir waren noch nicht einmal zwei Monate in Kundus – aber einigen reichte es schon jetzt. Bezeichnenderweise waren das meistens diejenigen, die in Deutschland noch getönt hatten, auch eine siebenmonatige Einsatzdauer sei kein Problem. Dann würde sich die steuerfreie Auslandszulage erst so richtig lohnen. Lange konnte das alles nicht mehr gutgehen.

In der Enge des Camps bekamen auch die Infanterieteile so manches Streitgespräch mit. Dadurch zogen wir nicht nur uns selbst runter, sondern auch noch die Neuankömmlinge. Das konnte meinem Freund Carlo, Chef der Infanterie, nicht gefallen. Schließlich musste er dafür sorgen, dass seine Leute nicht gleich zu Beginn Frust schoben. Eines Abends zog mich Carlo zur Seite. »Was ist denn bloß bei euch im Zug los, Achim? Das wird ja immer schlimmer!« Ich hatte Carlo schon öfter von den täglichen Reibereien erzählt, er war also gut informiert. »Wem sagst du das«, meinte ich. »Mir hängt das selbst zum Hals raus.« Carlo guckte mich nachdenklich an. Er erkannte sofort, wie das ewige Hickhack meine Motivation in den Keller sacken ließ und wie verfahren die Situation innerhalb des Zugs war. »Was hältst du davon, wenn ich mit den ELGlern rede?«, fragte er. »Vielleicht kann ein Außenstehender am ehesten vermitteln – auf die freundschaftliche Tour.« Ich hatte zwar wenig Hoffnung, aber warum nicht? »Klar, probier's einfach«, ermunterte ich ihn.

Leider konnte auch Carlo nichts ausrichten, aber ich rechnete es ihm hoch an, dass er sich überhaupt bemühte. Die Stimmung blieb also mies. Das wird ja ein tolles Weihnachten, wenn das so weitergeht, dachte ich bei mir und hoffte, dass wir die restliche Zeit so viel wie möglich außerhalb des Lagers verbringen konnten. Dieser Wunsch sollte in Erfüllung gehen.

Mittlerweile hatten wir drei bis vier Jeeps verschlissen. Trotzdem sollten wir bis zum Ende unseres Einsatzes diese zivilen Autos behalten. Die militärischen Jeeps, die bis jetzt ins Land gekommen waren, wurden für die Infanterieteile gebraucht, auch wenn sie fast nur für die Flugplatzsicherung zuständig waren. Der einzige Vorteil, den die zivilen Jeeps für uns hatten, war die Heizung – aber das war es dann auch schon.

Die Versorgung stockte etwas, und manches dringend benötigte Material, besonders für den Sanitätsbereich, wurde knapp. Die Verzögerung des Nachschubs war dem anhaltend schlechten Wetter geschuldet. Die Führung machte sich ebenfalls Sorgen deswegen. Vor Weihnachten sollten wir deshalb noch eine Aufklärungsfahrt nach Kabul unternehmen, um zu prüfen, ob dieser Weg für Versorgungsfahrten genutzt werden konnte. Alles in allem eine Strecke von 300 Kilometern, die über den Hindukusch und den höchsten Pass Afghanistans führte: den Salang-Pass auf über 4000 Metern Höhe.

Uns bereitete dieser Engpass das meiste Kopfzerbrechen, da wir keine Schneeketten für unsere zivilen Autos hatten. Vor allem Kimi, der Fahrer von Team 2, fluchte. Er war außer mir und dem Zugführer der Einzige, der den Weg von Kabul über den Salang-Pass kannte und wusste, dass es innerhalb und außerhalb des Tunnels Permafrost gab, was für die Fahrsicherheit tückisch war. Auch waren einige der gerade angekommenen Fallschirmjäger 2002 über diesen Pass gefahren. Von ihnen bekamen wir noch zusätzliche Informationen zu dieser Ochsentour. Ich freute mich auf die Möglichkeit, das Camp Warehouse in der Hauptstadt wiederzusehen, hatte aber auch einen gehörigen Respekt vor dieser Tour. Bereits die Fahrten in Richtung Faisabad waren sehr anspruchsvoll gewesen, zudem waren durch mehrere heftige Schneeschauer die nicht befestigten Wege völlig aufgeweicht. Und nun sollte es extrem hoch hinausgehen, auf engen und sehr kurvigen Straßen, das konnte durchaus heikel werden.

Geplant wurde diese Fahrt auf drei Tage mit Hin- und Rückfahrt, einen kurzen Aufenthalt in Kabul mit eingerechnet. Der Konvoi wurde zusammengestellt, er bestand aus einem Lkw für das Material und einem Sanitäts-Kfz, Tim wollte in Kabul seine medizinische Ausrüstung aufbessern. Außerdem kamen noch zwei Jeeps der Feldjäger zur Sicherung mit, ergänzt mit ein paar Kräften aus der OPZ. Der Spezialzug, bestehend aus Zugtrupp sowie uns und Trupp 2, sollte mit drei Fahrzeugen etwas weiter voraus fahren, um mögliche Gefahrenpunkte frühzeitig zu erkennen und zu beseitigen.

Wir begannen mit unseren Vorbereitungen. Unsere Instandsetzung für die Fahrzeuge hatte keine Halle im Lager, also mussten die armen Hunde stundenlang unter den Fahrzeugen fast im Schnee liegen und froren erbärmlich. Doch sie machten einen super Job: Alles, was irgendwie möglich war, schafften sie. Kleinere Schäden an den bereits mehrmals getauschten Jeeps reparierten sie mit den vorhandenen Möglichkeiten und Mitteln und improvisierten wo nötig mit ungeheurem Einfallsreichtum. Wir alle waren baff, was die Jungs unter diesen Bedingungen leisteten, und natürlich sehr froh über ihre Einsatzbereitschaft.

Als die Jeeps alle flottgemacht und präpariert waren, fuhren wir in die Stadt, um eine wichtige Ressource zu besorgen: Benzin. Auf den 300 Kilometern würden wir mit Sicherheit an keiner Tankstelle vorbeikommen. Also füllten wir unsere Kanister auf und tankten die Bestände fast leer. Der Tankwart stand mit strahlendem Gesicht vor uns und rieb sich wohl im Geiste schon seine Hände über die Abrechnung, die er am Ende des Monats an die Bundeswehr schicken konnte. Durch unsere erste längere Tour Richtung Faisabad gewarnt, besorgten wir uns noch einen ganzen Haufen an Ersatzreifen. Wussten wir doch nicht, ob in Kabul, geschweige denn auf dem Weg dorthin, noch welche zu bekommen waren. Schneeketten waren beim besten Willen nicht aufzutreiben, und so mussten wir uns, sollten wir uns festfahren, auf die hinter uns fahrenden Lkw verlassen. Die hätten hoffentlich genug Power, um uns dann wieder herauszuziehen.

Genau hier ergab sich aber das nächste Problem: Wir hatten so gut wie keine Abschleppseile mehr. Durch unsere bisherigen Fahrten waren schon eine Menge zerrissen. Zu oft hatten wir die Jeeps aus dem Morast ziehen müssen. Die Seile wurden allmählich spröde, zudem hielten sie den extremen Wetterbedingungen nicht stand. So klauten wir die wenigen restlichen Seile im Lager zusammen und verteilten sie auf die einzelnen Fahrzeuge des Konvois, fast jedes zweite Kfz hatte zumindest ein Seil an Bord.

Um die Verbindung ins Lager zu halten, bekamen wir noch zwei Satellitentelefone in die Hand gedrückt. Das war's. Etwas dürftig die ganze Ausstattung, aber mehr stand uns einfach nicht zur Verfügung. Neidisch schauten wir auf das bald abrückende Kontingent der Amerikaner. Wenn es bei ihnen zu Engpässen kam, wurden Himmel und Hölle in Bewegung gesetzt, um das Material schnellstmöglich zu der anfordernden Einheit zu bekommen – zur Not wurden die Sachen sogar aus den Transportmaschinen herausgeworfen.

Bevor der ganze Konvoi nach Süden in Richtung Salang-Pass aufbrach, sollten wir vom Spezialzug einen Tag früher vorausfahren, um die Gangbarkeit der Wege zu prüfen, zumindest auf dem ersten Teil der Strecke. Sollte es bereits dort unüberwindbare Hindernisse geben, könnten wir noch eine Alternativ-Strecke erkunden oder versuchen, das Hindernis zu beseitigen. Mit diesem Auftrag brachen wir bei Morgendämmerung auf und fuhren los.

Schon bald erreichten wir eine etwas größere Ansiedlung namens Aliabad. Aliabad war nicht wirklich großräumig besiedelt. Die Ortschaft befand sich kurz vor dem Kundus River und war von der Vegetation her doch eher recht grün: Es gab Büsche, es gab Pflanzen, es sah fast schon europäisch aus. Und dennoch standen auch hier die flachen Lehmbauten, und vereinzelt sahen wir Einheimische umherlaufen. Nach dieser Ortschaft wurde die Straße zusehends schlechter. Rutschend und fluchend kurbelte André wie ein Wahnsinniger. Bereits kurz nach dem Start musste er Schwerstarbeit leisten – und wir erhielten einen kleinen Vorgeschmack auf das, was noch kommen sollte.

Wenig später kamen wir an der Station einer schwedischen Hilfsorganisation vorbei. Kurzentschlossen hielten wir an, um Verbindung mit den Leuten aufzunehmen. Wir waren noch nicht mal ausgestiegen, da kam uns auch schon ein ungefähr 60-jähriger Mann entgegen. Er begrüßte uns zwar freundlich, hatte dabei aber einen nicht sehr glücklichen Gesichtsausdruck. Wir ließen uns nichts anmerken, stellten uns vor und fragten ihn, ob wir Hilfe leisten könnten. Er bedankte sich bei uns für das Angebot, lehnte aber ab. »Für uns ist es nicht gut, wenn wir mit Soldaten gesehen oder in Verbindung gebracht werden, das erschwert uns nur die Arbeit.« Das hörte ich zwar nicht gerne, aber es war mir nicht neu.

Dieses Verhalten war mir bereits in Kabul und Umgebung von anderen Hilfsorganisationen bekannt. Es ging bei dieser Ablehnung auch nicht um militärische Feinheiten, ob die Soldaten also zur friedenssichernden ISAF gehörten oder zur Terroristen jagenden Operation Enduring Freedom (OEF). Die Hilfsorganisationen wollten einfach grundsätzlich nichts mit dem Militär zu tun haben. Zu groß war ihre Angst, dadurch in den Fokus von radikalen Kräften zu rücken. Wir nickten und akzeptierten ihre Entscheidung und verabschiedeten uns wieder, nachdem wir ihren Standort in unserer Karte markiert hatten.

Etwas betreten fuhren wir weiter. Die vollmundigen Aussagen unserer Politiker, dass das Militär in Afghanistan sehr eng mit zivilen Hilfsorganisationen zusammenarbeiten würde, waren erneut von der Realität Lügen gestraft worden. In Wirklichkeit vermieden die meisten Hilfsorganisationen die Zusammenarbeit mit dem Militär wie der Teufel das Weihwasser, um das in der Bevölkerung aufgebaute Vertrauen nicht zu verlieren. Dabei hätten wir den NGOs mit unserer technischen Infrastruktur sehr gut helfen können, und umgekehrt hätten wir gerne die oft sehr kompetenten Einschätzungen der Hilfsorganisationen genutzt. Aber so wurschtelte jeder Akteur alleine vor sich hin, und eine Menge an Kraft verpuffte im Nichts. Eine wirkliche Kooperation kam fast nie und eine Koordination der Aktivitäten nur in den wenigsten Fällen zustande. Die Hilfe und Unterstützung für die zivilen Organisationen beschränkten sich in der Regel auf wenige Materiallieferungen, zum Beispiel Bekleidung oder Medikamente, konnten aber im Einzelfall auch bedeuten, dass die Bundeswehr sie dabei unterstützte, die Infrastruktur zu erweitern. Von einer koordinierten Kraftanstrengung aller Beteiligten zum Wiederaufbau des zerstörten Landes war so gut wie nichts zu bemerken. Und dabei wäre das bitter nötig gewesen, um das geschundene Land voranzubringen.

Kurz danach erreichten wir den Kundus River. Das schlammige Gewässer war ziemlich reißend und an manchen Stellen bis zu fünfzig Meter breit, da die Schneeschmelze das Wasser über die Ufer treten ließ. Schon konnten wir in der Ferne eine Behelfsbrücke erkennen. Wir hielten auf der Brücke und sahen uns die Konstruktion etwas genauer an. Sie war zwar immerhin aus Metall, aber die Betonpfeiler wirkten recht brüchig und hatten schon Risse. Wenn unser Konvoi auf dem Rückweg von Kabul mit vollbeladenem Lkw darüberfahren müsste, könnte das Ding ganz schön ins Wackeln geraten und vielleicht sogar zusammenstürzen. Also begannen wir nach einer Furt zu suchen, die wir stattdessen durchqueren könnten.

Dafür mussten wir nicht immer durchs Wasser waten, denn anhand von kleinen Sandinseln im Fluss war ganz gut zu erkennen, wo das Wasser nicht sehr tief ist. Trotzdem waren solche Furten riskant. Aufgrund unserer Ausbildung und der warnenden Worte der Halo-Trust-Mitarbeiter wussten wir, dass diese Furten hin und wieder vermint sind. Bevor wir irgendwelche Experimente, auch noch mit dem ganzen Konvoi, wagen könnten, müssten Experten die Lage klären. Wir hofften, dass wir morgen ein paar unserer Kameraden mitnehmen konnten, die speziell für die Entschärfung von Minen und Sprengsätzen ausgebildet waren.

Langsam, aber sicher wurde es bergig. Das Gelände stieg immer weiter an, und vor uns ragten auch schon die weißbedeckten Spitzen der bis zu 4000 Meter hohen Berge des Hindukusch auf. Anhand unserer Karte erkannten wir, dass wir auf die südwestlich vor uns liegende Stadt Baghlan zufuhren. Dort hatte 2002 ein verheerendes Erdbeben gewütet und bis zu hundert Todesopfer gefordert. In Kabul stationierte Bundeswehreinheiten hatten damals bei den Bergungs- und Aufräumarbeiten sowie bei der Versorgung der Verletzten geholfen – darunter einige unserer Fallschirmjäger-Kameraden aus dem Camp. Außerdem rückte die Stadt 2007 wegen des bislang verheerendsten Bombenattentats Afghanistans in die Schlagzeilen: Terroristen nutzten den Besuch afghanischer Politiker in der dort ansässigen Zuckerfabrik für ein Attentat, bei dem 75 Menschen ums Leben kamen. Nach etwa einer Stunde lagen die Ausläufer dieser etwa 60 000 Einwohner umfassenden Stadt vor uns. Von den weitläufigen Zucker- und Baumwollplantagen vor den Toren der Stadt konnten wir im Winter leider nichts sehen, aber im Sommer war die Gegend bestimmt ein schöner Flecken Erde.

Kurz vor Baghlan hatten wir einen einigermaßen gangbaren Weg gefunden. Zwar waren immer wieder Seitenarme des Kundus River zu überqueren, allerdings waren diese nicht allzu tief, so dass wir mit unseren Wagen durchfahren konnten. Alles in allem waren wir bisher besser durchgekommen als gedacht, aber noch hielten sich die Höhen in Grenzen. Vor uns lag nun das schwerste Teilstück der Strecke: der Weg zum Salang-Pass.

Von den Russen bereits vor der Invasion gebaut, war dieser Pass die Hauptverbindung zwischen dem früheren Sowjetreich und der afghanischen Hauptstadt gewesen und verband heute den Norden des Landes mit der Hauptstadt. Die Sowjetunion hatte es nie geschafft, die völlige Kontrolle über diese wichtige Nord-Süd-Verbindung zu erringen. So manche Tragödie spielte sich für die sowjetischen Nachschubkonvois auf dieser Höhe ab. Mit den einfachsten Mitteln kämpften die Mudschaheddin gegen die Besatzungsmacht, und das recht erfolgreich. Bei jeder

Überquerung des Passes wurden von den sowjetischen Kommandeuren bis zu dreizig Prozent Verlust an Menschenleben und Material mit eingerechnet. Unvorstellbar grausame Szenen müssen sich dort oben, jenseits der 4000 Meter, abgespielt haben.

Mit diesen Gedanken begannen wir den mühsamen Aufstieg zum Pass. Die Hänge und Felsformationen waren zu der Jahreszeit sehr, sehr stark mit Schnee bedeckt. Nur an einigen Stellen schauten noch wüstengelbe Flecken hervor, darunter die eher als Ruine durchgehenden Flachbauten, die immer wieder vereinzelt in einiger Entfernung zur Straße standen.

Spätestens jetzt wurde uns schmerzlich bewusst, dass unsere Fahrzeuge amputiert waren. Für diese Straßenverhältnisse hätten wir unbedingt Schneeketten gebraucht! War der Matsch in den tieferen Lagen unser größtes Problem gewesen und hatte uns oft am Fortkommen gehindert, ging es nun teilweise unkontrolliert zu schnell voran: Auf der festen Schneedecke rutschten wir manchmal gefährlich nah an den Abgrund. Das Heck unserer zivilen Jeeps stand fast nicht mehr still, André hatte die Kiste kaum noch unter Kontrolle. Ich versuchte, mich an meinem Vordersitz festzuhalten und ruhig Blut zu bewahren, aber die Anspannung im Wagen war förmlich zu riechen. Jeder von uns dachte an die möglichen Konsequenzen, falls wir über die Kante der engen Passstraße rutschten. Es waren zwar meist nur zehn, zwanzig Meter bis in den Abgrund, aber für schwere Verletzungen und vermutlich auch Todesopfer würde diese Höhe ausreichen.

Meine Finger verkrampften sich immer häufiger um die vordere Kopfstütze, und Nils, der neben mir saß, erging es nicht anders. Nun begann definitiv der schwerste Etappenteil. Wir versuchten noch eine Weile unser Glück, doch dann entschieden wir abzubrechen. Da wir keine schwereren Fahrzeuge zur Unterstützung dabeihatten, war Weiterfahren zu gefährlich. Wer hätte uns bergen sollen, falls etwas passierte?

Das Ende war schneller gekommen als gedacht: Erst drei Stunden waren wir jetzt unterwegs und hatten kein Streckenstück gefunden, auf dem unser Laster komplett überfordert gewesen wäre, da er durch seine vielen PS im Vorteil war. Das Problem war bloß: Was, wenn der Laster oder der ebenfalls hochmotorisierte Sanitätswagen steckenblieben? Dann half nur noch eins: per Hand komplett ausgraben. Schweren Herzens machten wir uns auf den Rückweg, um unsere Erkenntnisse der OPZ und den morgen folgenden Kameraden zu berichten.

Nach fast sechs Stunden erreichten wir Kundus und versuchten noch, unsere Fahrzeuge, Ausrüstung und Waffen bis morgen wieder fit zu bekommen, während der Zugführer und die beiden Truppführer Bericht erstatteten. Wären wir auf unserer Tour nicht immer wieder nach links und rechts ausgeschwenkt, um den bestmöglichen Weg durchs unwegsame Gelände zu finden, hätten wir den Beginn der Passstraße innerhalb etwa zwei Stunden erreichen können. Sollte also morgen bis zu dieser Stelle etwas vorfallen, müsste die Hilfe noch aus Kundus kommen. Wenn wir den Pass überquert hätten, würden wir uns in Kabul melden und – falls nötig – dort um Hilfe bitten. Sobald die letzten Befehle gegeben worden waren, gingen wir schnell ins Bett, um am nächsten Morgen frisch und ausgeruht zu starten. Vorher bekam Snoopy natürlich noch seine ausgiebigen Krauleinheiten, und ich hörte zum Einschlafen noch etwas Musik, die ich von Anja geschickt bekommen hatte.

Kabul, ich komme –
Über den Salang-Pass in die
fremdgewordene Heimat

Am frühen Morgen fanden sich alle am bereits aufgestellten Konvoi ein. Sieben Fahrzeuge standen bereit: drei Jeeps des Spezialzugs, dazu der Transport-Lkw für Marketender-Waren und zwei Jeeps der Feldjäger inklusive OPZ-Personal, das in Kabul Absprachen treffen sowie Kartenmaterial besorgen wollte. Auf unsere Anregung hin hatten wir einen dreiköpfigen Trupp EOD (»Explosive Ordnance Disposal«), also speziell geschulte Kräfte zur Erkennung und Beseitigung von Minen und Blindgängern, dazubekommen. Tim, unser Stabsarzt, saß mit bei dem EOD-Team auf. Er hatte gehört, dass er ein komplett ausgestattetes Sanitätsfahrzeug in Kabul übernehmen könnte, und wollte sich das nicht entgehen lassen.

Die drei Fahrzeuge des Spezialzugs sollten fünf Minuten vor dem Konvoi starten, als eine Art Spitzengruppe. Das wird auch aus Sicherheitsgründen so gemacht: Falls die ersten Fahrzeuge in einen Hinterhalt geraten, sind die anderen im sicheren Abstand. Die Verbindung wird über Sichtkontakt oder Funk gehalten; an markanten oder brisanten Stellen wie beispielsweise Flussübergängen, sehr engen Serpentinen oder unüberschaubaren Bereichen am Berg wartet man und führt jedes Fahrzeug persönlich über oder um das Hindernis. Nach zweieinhalb Stunden waren wir am Pass-Eingang angelangt und begannen mit dem Aufstieg.

Wieder lag eine geschlossene Schneedecke vor uns, die uns immer wieder ins Schwitzen brachte. Die schwereren Fahrzeuge des Konvois, zudem mit Schneeketten ausgestattet, waren nun eindeutig im Vorteil, und wir bemerkten rasch, dass die anderen immer zügiger zu uns aufschlossen. Da wir uns bereits einmal in einer Schneeverwehung festgefahren und uns nur mit Mühe aus eigener Kraft wieder freigesetzt hatten, ließen wir den Lkw hinter uns auf Sichtverbindung herankommen. Je stärker die Steigung wurde, desto niedriger wurde unser Tempo. Wir zuckelten im Schneckentempo voran und hatten ausgiebig Gelegenheit, die Gegend zu betrachten.

Hatten wir am Fuße des Passes und bis in mittlere Regionen noch einige Dörfer und Ansiedlungen gesehen oder durchfahren, wurde die Gegend nun immer karger und verlassener. Interessanterweise waren in diesen Dörfern auch mehrere Checkpoints zu sehen, die mit bewaffneten, aber nicht uniformierten Afghanen besetzt waren. Wir hatten keine Ahnung, in wessen Auftrag sie dort Wache schoben, aber hatten auch nicht den Ehrgeiz, das herauszufinden. Da sie uns nicht anhielten, beschlossen wir, sie nicht zu behelligen, und fuhren einfach weiter. Ich vermutete, dass sie dort auf zivile und private Lkw warteten, um diese um Teile ihrer Fracht zu erleichtern, als eine Art Wegezoll, aber mitbekommen haben wir nichts davon. Es war einfach sehr wenig los dort oben.

Plötzlich erreichten wir wieder einen asphaltierten Straßenabschnitt. Doch die Freude darüber währte nicht lange, nur kurze Zeit ging es etwas schneller voran. Kleinere Erdrutsche versperrten manchmal fast die Hälfte des Weges, so dass wir vorsichtig an der Kante zur tiefen Böschung vorbeifahren mussten. Auch sahen wir nun sehr viel häufiger zerschossene Lkw oder Panzer am Straßenrand liegen, der Asphalt war an einigen Stellen durch Granaten aufgerissen worden. Unser GPS zeigte bereits jetzt eine Höhe von 1500 Metern an, die wir im weiteren Verlauf auch nicht mehr unterschritten. Bis zur Spitze des Passes sollte dieser Wert auf über 4000 Meter ansteigen. Auf die Nebenwirkungen dieser Höhe war ich absolut nicht scharf. Zu gut waren mir die Kopfschmerzen und Übelkeit aus den Bergtouren mit den Niederländern um Kabul noch im Gedächtnis. Quälend langsam rutschten wir mehr als dass wir fuhren weiter in Richtung Passhöhe.

Wenn wir aussteigen mussten, weil sich ein Fahrzeug festgefahren hatte, biss uns der eiskalte Wind sofort ins Gesicht. Wenigstens unsere Hände waren gut geschützt. Da die dienstlich gelieferten Handschuhe nichts taugten, hatte sich jeder Handschuhe in den verschiedensten Varianten auf eigene Kosten gekauft.

Ich bewunderte die Afghanen, die trotz der Kälte und Höhe immer noch zu Fuß am Straßenrand zu sehen waren. Sie hatten wenige und dünne Kleider an, waren dem bitterkalten Wind also noch schutzloser ausgeliefert als wir – trotzdem machten sie nicht den Eindruck, als ob sie froren. Gleichgültig sahen sie uns kurz hinterher, wenn wir sie überholten, und zogen danach wieder ihren Kopf zwischen die Schultern, um stoisch und kontinuierlich bergan zu stapfen. Ich drehte mich jedes Mal um und sah ihnen noch solange es ging zu, wie sie den Elementen trotzten, und dachte: Wahnsinn, Wahnsinn, Wahnsinn! Wie machen die das bloß?

Langsam bezweifelten wir, dass wir innerhalb eines Tages Kabul erreichen könnten. Der Motor unseres Jeeps jaulte immer öfter sehr gequält auf, und die Reifen drehten immer häufiger durch. Mit weniger als dreißig Stundenkilometern zuckelten wir in Richtung des Tunnels, der am oberen Punkt des Salang-Passes lag. Immer häufiger überholten uns nun Jingle-Trucks oder standen am Straßenrand. Ein weiteres Indiz für die Wichtigkeit des Salang-Passes. Diese Laster waren bis zum Gehtnichtmehr be-, ja überladen, und zogen trotzdem wie die Wahnsinnigen an uns vorbei, was uns staunen und manchmal lachen ließ. Auch die Fahrer winkten und lachten zu uns herüber und waren guter Dinge. Ihre Fahrzeuge hatten schlechtere Reifen, keine Schneeketten, waren altersschwach und bis über die Zulässigkeit mit Waren befrachtet – und zogen dennoch mit einer Lässigkeit und einem Gottvertrauen in waghalsigen Manövern und sogar in Kurven an uns vorbei, dass uns die Spucke wegblieb.

Nun waren unsere Jeeps nicht so breit, dass daneben kein zweites Fahrzeug durchgepasst hätte. Bei unserem Konvoi mit dem Lkw sah die Sache dagegen schon anders aus. Wir malten uns die geschockten Gesichter unserer Kameraden hinter uns aus, wenn plötzlich an engen Stellen hinter ihnen noch ein zweites Fahrzeug auftauchte und sie tatsächlich überholte. Ich beneidete den Fahrer unseres Lkw wirklich nicht.

Plötzlich standen wir vor einer schier endlosen Fahrzeugschlange. Überall standen dick vermummte Afghanen neben uns. Einige hatten mitten auf der Straße ein Feuerchen gemacht. Das war der einzige Platz, an dem sie vor Minen sicher waren. Der Straßenrand war ja komplett mit Schnee bedeckt – wer weiß, was dort alles an Gefahr lauerte. Und so standen sie plaudernd im Kreis und wärmten sich an den Flammen.

Der erste Wagen dieser Kolonne war von unserem Standort aus nicht zu erkennen. Einerseits musste das nichts heißen, weil die Sicht nicht so weit reichte. Andererseits fragte ich mich: Würden die Einheimischen ein Lagerfeuer machen, wenn es in zwanzig Minuten weitergehen würde? Wohl kaum! Nun war guter Rat teuer. Wir beschlossen, den Konvoi zu uns aufschließen zu lassen und dann einfach rechts an der Fahrzeugschlange vorbeizufahren. Der Polizei-Checkpoint kurz vor dem Pass dürfte nicht mehr weit entfernt liegen, wenn die Karte stimmte. Vielleicht konnten wir dort etwas Näheres erfahren. Zum Glück kamen uns nur kleinere Fahrzeuge entgegen, so dass wir relativ gut ausweichen konnten, wenn es einmal eng wurde. Die Schlange zog und zog sich, ein Ende war nicht absehbar. So fuhren wir eine gefühlte Ewigkeit, bis wir in der Ferne endlich den Polizei-Checkpoint vor dem Tunnel auf dem Salang-Pass sehen konnten.

Auf einem etwas größeren Platz neben der Tunnel-Einfahrt standen ein paar Lehmhütten, auf dem sich schon eine Menge Menschen angesammelt hatten, außerdem gab es einen Schlagbaum, der Gott sei Dank geöffnet war. Endlich, nach fast sieben Stunden ohne nennenswerte Rast, hatten wir diesen Punkt erreicht.

Wir fuhren auf einem freien Flecken dicht an dicht auf, blieben stehen und stellten die Motoren ab. Es war höchste Zeit für eine Verschnaufpause, zumal es in absehbarer Zeit eh nicht weitergehen würde. Wir alle waren hungrig und wollten erst mal etwas essen. Unsere vakuumverpackten EPAs waren kurz vor dem Platzen, so dünn war die Luft hier oben auf 3800 Metern. Wir hatten sogar Probleme, unseren Esbit-Kocher anzubekommen, da auch die Feuerzeuge nicht genügend Sauerstoff hatten, um zu zünden. Derweil machte sich der Zugführer mit dem Sprachmittler und einigen Kameraden, die zur Sicherung mitkamen, auf, um mit den afghanischen Polizisten in Kontakt zu treten.

Während wir unser lauwarmes Essen mampften, schaute ich aus dem Augenwinkel immer wieder in Richtung Checkpoint, um zu erfahren, was Sache war. Vielleicht war ein Unfall passiert oder die vielen Fahrzeuge hatten sich einfach gestaut, so dass kein Weiterkommen möglich war. Nach ein paar Minuten kam unser Zugführer zurück – mit schlechten Neuigkeiten: Da der weitere Straßenverlauf zum Tunnel in einem erbärmlichen Zustand war und die Witterung hohe Schneeberge aufgetürmt hatte, war es an den meisten Stellen ausgeschlossen, an den stehenden Fahrzeugen vorbeizufahren. Die örtlichen Behörden waren für die Sicherheit am Pass zuständig und hatten kurzerhand entschieden, diesen Teil des Passes zur einspurigen Strecke zu deklarieren: Sie sperrten also den Pass für 24 Stunden in je einer Richtung und ließen den Verkehr heute ausschließlich von Süd nach Nord fließen.

Pechvögel, die wir sind, hatten wir ausgerechnet den Anfang der 24 Stunden erwischt, in denen der Pass aus unserer Richtung gesperrt war. Alle Anstrengungen, um möglichst schnell bis hierher zu kommen, waren für die Katz gewesen! Bedröppelt standen wir da und wussten nicht weiter. Kimi, Rumpf und ich, also die »Salang-Pass-Veteranen«, erzählten von unseren Erfahrungen. Wir waren uns einig, dass ein weiterer Vorstoß trotz Sperrung, falls die afghanische Polizei den überhaupt zuließe, von wenig Erfolg gekrönt sein würde. Die Straße war nur an sehr wenigen Stellen beidseitig befahrbar, der größte Teil nur einspurig. Bei meinem letzten Besuch hier oben hatten sich links und rechts des Weges meterhohe Schneeberge aufgetürmt, ein Ausweichen war nicht möglich.

Ich sah Rumpf an, wie er mit sich kämpfte und die verschiedenen Möglichkeiten abwägte, aber er kam schnell zu einem Urteil: »Leute, das hat keinen Zweck, wir müssen abbrechen.« Auch wenn das vernünftig war, sah ich doch einige enttäuschte Gesichter. Immerhin saßen wir nun an der Quelle und konnten uns informieren, an welchen Tagen der Tunnel aus unserer Richtung freigegeben wurde, und nahmen Verbindung mit der OPZ Kundus auf. Auch von dort erhielten wir die Entscheidung abzubrechen. Die Führung wollte uns nicht fast zwanzig Stunden hier oben stehen lassen und warten, bis unsere Seite des Passes freigegeben wurde und wir durchfahren durften. Frustriert und ernüchtert wendeten wir die Fahrzeuge. Sieben Stunden Fahrtzeit zurück nach Kundus lagen vor uns. Kabul und dringend benötigtes Material lagen, für uns unerreichbar, hinter diesem Pass. Fluchend und auf dem engen Platz herumkurbelnd, wendete André unseren Jeep, und so fuhr der ganze Konvoi wieder zurück. Am Abend erreichten wir müde und zerschlagen das Camp in Kundus. Gerko mussten wir fast aus dem Wagen herausheben, so starke Rückenschmerzen hatte er. Auch allen anderen sah man die Strapazen an, denn alle gingen etwas gebückt und ziemlich hüftsteif zu ihren Containern. Kein Wunder – wir waren fast nonstop vierzehn Stunden unterwegs gewesen, auf schlechten Straßen und in eisiger Kälte.

Im Container war herrliche Wärme, und nachdem wir unsere Westen ausgezogen und uns auf den Betten niedergelassen hatten, hörte man nur noch langgezogene Seufzer. Später rief ich zu Hause an und entspannte mich, als sich Anja meldete. Ich hatte ihr vorher erzählt, dass ich mich für drei Tage nicht melden würde. Umso erfreuter war sie, von mir zu hören.

Der Plan der OPZ sah vor, es in drei Tagen nochmals zu versuchen. Man wollte uns nicht gleich am nächsten Tag wieder loshetzen, und so wurde der nächstmögliche Termin zur direkten Durchfahrt nach Kabul gewählt. Für uns hieß das: Neben ein paar Routineaufgaben wie tanken fahren und ein paar organisatorischen Dingen hatten wir den nächsten Tag zur freien Verfügung.

Mittlerweile gab es im Lager so etwas wie eine kleine Bastelbude, wo Afghanen einige Holzarbeiten für das Lager durchführten. Es mussten zum Beispiel Bohlen für die schlammigen Wege gebaut werden. Dort zweigten wir uns ein wenig Holz ab, woraus wir uns kleine Regale für unseren Container bauten. Auch nutzten wir die neu eröffnete Mucki-Bude. Hanteln und andere Möglichkeiten zum Krafttraining waren in einer kleinen Hütte untergebracht, und so trainierten wir den Vormittag. Mir kam das sehr entgegen, war ich doch nie ein großer Läufer und trainierte lieber mit Geräten. Snoopy freute sich sichtlich darüber, dass wir den ganzen Tag im Lager blieben, und verfolgte uns auf Schritt und Tritt. Während wir also ächzend die Eisen stemmten, lag unser Maskottchen natürlich auf dem Rücken mitten zwischen uns und wartete auf seine Krauleinheiten.

Dieses Tier war ein echter Clown und brachte uns immer wieder zum Lachen. Es war einfach schön, wenn er schwanzwedelnd dastand und schon auf einen wartete. Snoopy hatte eine beruhigende Wirkung auf uns alle. Schon komisch, dass dieser halbwilde Hund sich nach menschlichem Anschluss sehnte, nachdem er, wie wir vermuteten, in der Vergangenheit nicht gerade gut behandelt worden war. Anfangs war er sehr vorsichtig und duckte sich oft weg, wenn man eine schnelle Bewegung mit den Händen machte. Vermutlich hatte er früher den einen oder anderen Schlag oder Tritt abbekommen.

In der Mucki-Bude bearbeitete ich den Boxsack, um meinen Frust loszuwerden. Die Stimmung mit den ELGlern in unserem Container war echt belastend. Nach dem Training fühlte ich mich schon sehr viel besser. Nach dem Duschen kam es dann noch zu einem Gespräch mit den beiden Hauptfeldwebeln der ELG, als ich alleine in den Container kam und die Kameraden dort gerade einen Film anguckten. Prompt kamen Zorn und Hoppke wieder auf ihr Lieblingsthema zu sprechen: die angeblich mangelnde Rücksichtnahme durch unseren Trupp, wenn wir nach dem Einsatz zurück in den Container kamen. Außerdem hielten sie mir meinen pampigen Kommentar wegen der über Nacht angeschalteten Heizung vor.

Während ich diesen Sermon über mich ergehen ließ, sah ich die beiden vor meinem inneren Auge in der Betreuungseinrichtung sitzen und Filme gucken, während wir uns die Nächte um die Ohren schlugen, und erwiderte: »Ihr habt recht, ich hab mich neulich im Ton vergriffen. Ihr kennt mich doch: Das war nicht böse gemeint und tut mir leid.« Zorn und Hoppke nickten, sie nahmen meine Entschuldigung an. »Aber jetzt sage ich euch mal, wie ich das sehe«, fing ich an. »Dass ihr euch ständig gestört fühlt und schon im Container sitzt, wenn wir nach Hause kommen, ist für mich einfach der Beweis, dass ihr viel weniger zu tun habt als wir.« Ich wartete, ob Zorn und Hoppke darauf reagierten, aber es kam nichts. Also machte ich weiter. »Ihr könntet uns stattdessen ja auch ein bisschen unterstützen. Wenn Teile meiner Einheit eine Mehrfachbelastung haben und ich die Möglichkeit sehe, diese Belastung ein wenig abzufedern, dann mache ich das, ohne groß darüber nachzudenken.« Hoppke guckte ein bisschen gequält, und Zorn tat so, als ginge ihn das Ganze nichts an.

Wieder einmal dachte ich wehmütig an die niederländischen Kameraden des KCT und ihre gelebte Kameradschaft. Dort hätte sich jeder für den anderen ein Bein ausgerissen. Ich selbst habe erlebt, wie manche dort, die eigentlich einen Tag frei hatten, ein müdes Teammitglied am Tisch sitzen sahen und ohne zu fragen einfach dessen Dienst übernahmen – ohne ein Wort. Egal zu welcher Tages- oder Nachtzeit, egal zu welchen noch so schlechten Rahmenbedingungen. Von so einem Zusammenhalt und einer Professionalität waren wir so weit entfernt wie die Erde von der Venus. Das hätte ich den beiden gerne erzählt, aber da waren wohl Hopfen und Malz verloren.

Für mich war der Fall endgültig erledigt, die beiden waren für mich abgehakt. Es war mir zu doof, zwei gestandenen und eigentlich erfahrenen Hauptfeldwebeln den Grundsatz der Kameradschaft zu erklären. Da kümmerte ich mich lieber um meinen eigenen Kram, zum Beispiel die sehr wichtige Frage: Wo um alles in der Welt bekommen wir Schneeketten für unsere Toyotas her? Ich hatte wirklich keine Lust, ein drittes Mal den Salang-Pass hochzurutschen.

Die Schneeketten der wenigen Militär-Jeeps vom Typ Wolf waren zu klein und die der Lkw zu groß. So versuchten wir, die Ketten der Wölfe mit Draht zu verlängern. Das war eine ganz schöne Pfriemelei – aber es funktionierte! Es war zwar nur eine Notlösung, und es war damit auch nur Schrittgeschwindigkeit drin, aber besser als nichts. Eine gute Nachricht gab es immerhin noch an diesem Tag: In Kabul stand nicht bloß einer, sondern zwei voll ausgestattete Sanitätsfahrzeuge für uns bereit. Bisher hatten wir nur ein solches Fahrzeug zur Verfügung, was eindeutig zu wenig war. Zumal das medizinische Equipment komplett fehlte, zum Beispiel Medikamente oder Halskrausen. Für den Transfer der San-Fahrzeuge von Kabul nach Kundus mussten wir zwei zusätzliche Kraftfahrer mitnehmen und in unsere Vorgehensweise einweisen. So vergingen diese zwei Tage wie im Flug.

Abends meldete ich mich noch in Deutschland und erzählte Anja, dass ich mich voraussichtlich drei Tage nicht melden könnte. Da Weihnachten vor der Tür stand, klang Anjas Stimme immer belegter, und auch ich fühlte mich, als ob ich sie und Lena im Stich gelassen hätte. Trotzdem war es immer wieder schön, mit ihr zu sprechen, alleine schon ihre und Lenas Stimme zu hören, wirkte sehr entspannend auf mich. Am Vorabend des zweiten bzw. dritten Versuchs schafften wir es sogar, den Polizei-Checkpoint am Salang-Pass anzufunken. Von dort wurde uns bestätigt, dass der Pass tatsächlich ab morgen früh für 24 Stunden aus unserer Richtung offen wäre. Schnell noch ein Dienstabschlussbier, und ab ins Bett.

Nach einer kurzen Nacht wieder das gleiche Bild wie vor drei Tagen. Der Konvoi stand bereits aufgefahren vor dem Tor, und nach den üblichen Einweisungen zum Verhalten, sprich der Befehlsausgabe, brachen wir auf. Kundus schlief noch, und so hatten wir keinerlei Probleme, schnell die Stadt zu verlassen. Als wir gegen fünf Uhr das Gate von Kundus erreichten, begannen hinter uns die Muezzine gerade mit dem Morgengebet. Den ersten Streckenabschnitt kannten wir bereits zur Genüge und kamen auch gut durch. Gerko machte uns etwas Sorgen, sein Rücken war immer noch mitgenommen. Beim gestrigen Krafttraining hatte er bestimmte Übungen ausgelassen und sich manchmal ans Kreuz gefasst.

André, Nils und ich beschlossen, Gerko zu schonen, soweit es möglich war. Wenn sich ein Fahrzeug festgefahren hatte oder wir Hindernisse zu beseitigen hatten, sollte er im Wagen sitzenbleiben. Auf gar keinen Fall wollten wir einen gesundheitlichen Ausfall unseres Truppführers riskieren. Auch einigten wir uns, im Fahrzeug nur die schusssicheren Westen, aber nicht unsere Kampfmittelwesten anzubehalten, was eine deutliche Entlastung für die Schultern und den Rücken war. Und mehr Platz und Bewegungsfreiheit hatten wir dadurch auch. Wir legten die Kampfmittelwesten jedoch bereit, um im Notfall schnell nach ihnen greifen und den Wagen verlassen zu können. Waren doch in diesen Westen unsere Ersatzmagazine, die Funkgeräte, Wasser und Verpflegung – also alles, was wir bei uns haben mussten.

In einer neuen Rekordzeit von fünf Stunden erreichten wir den Checkpoint. Kurze Pause, eine Kleinigkeit essen, Schneeketten drauf und dann machten wir uns bereit, den Salang-Pass zu überqueren. Meine Erregung wuchs, schließlich lag hinter diesem Pass meine »alte Heimat« Kabul, mit der ich so viele schöne und auch schmerzliche Erinnerungen verband. Ich wusste: Wenn wir hier rübergekommen sind, dann hatten wir das schwierigste Stück hinter uns. Ich freute mich schon auf die Übernachtung im Camp Warehouse und wurde immer aufgeregter. Fast hatte ich das Gefühl, in Urlaub zu fahren. Zwar war das PRT Kundus gerade in letzter Zeit immer besser ausgestattet, aber es war doch kein Vergleich mit dem riesigen ISAF-Lager in der Hauptstadt.

Meine Teamkameraden haben mich wahrscheinlich noch nie so viel reden hören. Ohne Punkt und Komma erzählte ich ihnen über meine Zeit in Kabul: »Hab ich euch eigentlich schon von meiner Arbeit für die Niederländer erzählt?« Und dann fing ich an zu schwärmen: von deren Professionalität, von deren familiärem Gefüge. Gerade die Vorgehensweise der KCT, deren Planung, Vorbereitungen und Qualität bei jeder kleinsten Aktion beeindruckten sie sehr. Jetzt verstanden sie natürlich, warum ich oft auf gewisse Dinge sehr viel Wert legte, zum Beispiel das ständige Trainieren mit unserer Ausrüstung und unserem Material. Dadurch fielen wir auch im Lager immer wieder auf. Es kam ja immer wieder vor, dass wir unseren Jeep austauschen mussten. Nun waren das keineswegs baugleiche Typen, sondern jedes Fahrzeug war irgendwie anders: Die einen hatten zwei Türen am Kofferraum, die zur Seite geöffnet wurden, andere Jeeps hatten eine einzelne Hecktür, die nach oben aufging. Manchmal gab es getönte oder normale Scheiben, Mittelkonsolen oder keine, wodurch Expander und Netze anders angebracht werden mussten. Durch diese »Kleinigkeiten« wurden immer wieder neue Bewegungsabläufe nötig, die wir durchspielten. Wenn wir in unserer sogenannten »Freizeit« mal wieder das Ein- und Aussteigen mit unserer Ausrüstung übten, bildete sich anfangs eine neugierige Menschentraube um uns. So mancher stand kopfschüttelnd daneben. Ein »Sind die bescheuert oder was?« stand ihnen deutlich ins Gesicht geschrieben. Andere ließen sich aber durch unser Training animieren, selbst solche Probedurchläufe zu machen – aber der Ehrgeiz währte oft nicht lange.

Ich erzählte Gerko, Nils und André auch von der damaligen Situation in und um Kabul und versuchte ihnen zu erklären, wo die Unterschiede zwischen Kabul und Kundus lagen, während ich meinen Hintern nicht mehr ruhig halten konnte und aufgeregt hin und her rutschte. André sah mich grinsend an: »Weiß einer von euch, wo der Aus-Knopf ist? Oder hat ihm jemand heute Morgen was in den Kaffee getan? Das ist ja nicht zum Aushalten!« Ich grinste zurück und packte gleich die nächste Anekdote aus.

So fuhren wir flachsend, lachend und prächtig gelaunt in Richtung Tunnelöffnung auf der Passspitze. Links und rechts von uns erhoben sich ehrfurchtgebietend die Bergspitzen des Salang. Der Weg wurde immer enger und enger, da sich der weggeschaufelte Schnee teilweise bis zu drei Meter hoch auftürmte. Keine Chance, einem entgegenkommenden Fahrzeug auszuweichen. Mann, waren wir froh, dass wir nicht auf Teufel komm raus gegen die Sperrung weitergefahren waren.

Wir erreichten den ersten Tunnelabschnitt, der aber noch nicht der richtige Tunnel war, denn die Seiten waren zum Teil offen. Die Sowjets hatten diesen Abschnitt an Überhängen errichtet, um die Straße vor Lawinen zu schützen. Immer höher und höher fuhren wir auf den Serpentinen Richtung Gipfel. Das GPS zeigte bereits eine Höhe von 4000 Metern an. »Wahnsinn«, sagte André, »so hoch war ich noch nie mit einem Fahrzeug.«

Sobald die Schneewehen neben der Straße etwas niedriger wurden, hatten wir einen atemberaubenden Blick in das Tal. Eine unwirkliche, glitzernde Schneewüste breitete sich vor uns aus, und wir genossen den grandiosen Anblick. Die Sonne schien, und nur unten im Tal waberten ein paar kleinere Wolken an den Hängen. Selbst hier oben sahen wir beladene Fußgänger und mussten sehr langsam und vorsichtig an ihnen vorbeifahren, so eng war die Durchfahrt.

Hier oben herrschte ewiger Winter, auch im Sommer war es in dieser unwirtlichen, lebensfeindlichen Umgebung bitterkalt. Und doch wussten wir, dass sich die afghanischen Kämpfer während der sowjetischen Invasion auch auf diese Höhen zurückgezogen und lange Zeit dort verbracht hatten. »Stellt euch mal vor«, meinte Nils, »wir frieren jetzt schon wie blöde, obwohl wir warm angezogen sind und im beheizten Auto hocken. Und die Mudschaheddin haben damals in ihren dünnen Klamotten tage- oder sogar wochenlang in irgendeiner Höhle gehockt!« Das nötigte uns allen Respekt ab. »Stimmt«, meinte ich. »Und das Beste ist, dass sie trotz dieser beschissenen Umstände die Sowjets noch haushoch geschlagen haben.«

In Schrittgeschwindigkeit krochen wir weiter, höher und höher. Nach ungefähr einer halben Stunde kamen wir um eine Kurve und sahen nicht allzu weit entfernt den Tunneleingang, der mit blauer Farbe umrandet war. Vor gut einem Jahr war ich bereits hier oben gewesen. Dieser Anblick ließ mein Herz höher schlagen – und nicht nur meines. In unserem Fahrzeug war es mucksmäuschenstill, und so fuhren wir stumm und andächtig weiter, bis plötzlich das Funkgerät losquäkte: »Achtung, vor dem Eingang bitte anhalten. Wir machen eine kurze Pause.« Vor dem Tunnel standen zwei kleine Postenhäuschen, und es gab auch etwas mehr Platz, so dass wir niemanden behinderten, wenn der ganze Tross dort für ein paar Minuten parkte. Wir stiegen aus und bekamen den eisigen Wind voll ins Gesicht geblasen. Sofort waren wir alle krebsrot an den ungeschützten Körperteilen, was uns aber nicht weiter störte. Wir genossen den fantastischen Ausblick auf die Berge über uns und die Täler unter uns. Durch den Schnee war es noch schöner anzusehen, so manche Ruine war dadurch in ein schönes Licht getaucht. Außerdem mussten wir etwas zwischen die Zähne kriegen. Die Kekspackungen waren aufgrund des Luftdrucks in dieser Höhe bis zum Zerreißen gespannt. Nach einer Zigarettenlänge hieß es »Aufsitzen«, und schon fuhren wir in das dunkle Loch des Tunnels.

Es musste ein Kraftakt sondergleichen gewesen sein, diesen 2,6 Kilometer langen Tunnel hier oben zu errichten – und das in den fünfziger Jahren, als die baulichen Möglichkeiten und Geräte noch nicht so gut entwickelt waren wie heute. Und trotzdem hatte das Bauwerk schon bessere Zeiten erlebt. Früher waren innerhalb des Tunnels in regelmäßigen Abständen Turbinen angebracht, die für ein wenig Luftverbesserung sorgten. Die alten Brummis, die hier durchfuhren, verbrauchten vermutlich genauso viel Öl wie Diesel auf einhundert Kilometer und stanken gotterbärmlich. Diese einst eingebauten Lufttauscher funktionierten aber nun nicht mehr, weshalb immerzu eine Smogglocke von den Autoabgasen im Tunnel stand.

Die Amerikaner hatten versucht, mit schwerem Gerät den Permafrost im Tunnel zu entfernen, waren aber gescheitert oder hatten die Lage sogar verschlechtert: Seitdem gab es eine mit Eiswasser gefüllte Wanne am Tunneleingang, durch die wir nun fuhren. 2002 bei dem Konvoi in das Erdbebengebiet standen die Jungs bis zu den Knien in dem eisig kalten Wasser und versuchten, einen festgefahrenen, vollbeladenen Lkw aus dem Weg zu ziehen. Uns allen fröstelte, als ich die Geschichte erzählte. Aber das passte zu der gruseligen Stimmung: Unser Scheinwerferlicht wurde schon nach ein paar Metern regelrecht verschluckt, und so tasteten wir uns langsam durch den Tunnel. Vereinzelt standen links und rechts Lkw, Busse und Autos, die offensichtlich darauf warteten, dass der Pass wieder in ihre Richtung freigegeben wurde. Sie hatten es wohl nicht in der vorgesehenen Zeit geschafft, den Pass zu überqueren. Wir beneideten sie nicht, hier in diesem stinkenden, dunklen Loch noch gute zwölf Stunden festzusitzen. Wir hatten die Lüftung ausgeschaltet, aber der beißende Geruch der Abgase drang trotzdem zu uns ins Fahrzeuginnere, so dass ich die nächste Zeit durch den Mund atmete. Gerko seufzte, als sich nach etwa 15 Minuten ein Licht am Horizont ausmachen ließ. Wir alle waren froh, als die Tunnelausfahrt sichtbar wurde, und atmeten erleichtert auf, endlich aus diesem Höllenschlund entkommen zu sein.

Auch dort waren zwei Postenhäuschen mit zwei bewaffneten afghanischen Polizisten und natürlich das unvermeidliche Konterfei Ahmed Schah Massuds, dem afghanischen Volkshelden, der erst gegen die Russen und dann gegen die Taliban gekämpft hatte und 2001 bei einem Anschlag ums Leben gekommen war. Schon bald erreichten wir den Polizei-Checkpoint auf dieser Seite, und der Weg wurde schon deutlich besser. Noch 2002 war der Weg zum Pass aus Süden genauso schlecht wie auf der Nordseite gewesen, doch seitdem hatte sich einiges getan, dachte ich. Es war zu erkennen, dass zumindest die größten Schlaglöcher – teilweise ehemalige Bombentrichter – ausgebessert worden waren.

Nachdem wir unsere improvisierten Schneeketten entfernt hatten, die erstaunlicherweise gehalten hatten, konnten wir ziemlich schnell den Bereich über 4000 Meter verlassen. Noch knapp 140 Kilometer bis Kabul waren zurückzulegen. Ich begann den Jungs schon ziemlich auf die Nerven zu gehen und plapperte in einer Tour. Pflichtschuldigst nickten sie und grinsten sich verstohlen an. So einen Gefühlsausbruch hatten sie bei mir noch nicht erlebt.

Mir konnte es nun nicht schnell genug gehen, nach Kabul zu kommen, und so wäre ich am liebsten selber gefahren und der Hauptstadt entgegengeprescht. Aber vermutlich war es ganz gut, dass André am Steuer blieb, denn es wurde auf der Straße manchmal ganz schön brenzlig. Immer wieder hielten wir die Luft an, wenn plötzlich in einer Kurve zwei Lkw nebeneinander auf uns zufuhren. Die Idioten fanden tatsächlich nichts dabei, in einer Biegung zu überholen. André musste also ständig in die Eisen steigen, wollten wir doch nicht von so einem Monstrum über die Abhangkante geschoben werden.

Allmählich tauchten immer größere Hüttenansammlungen auf, und der Verkehr nahm beständig zu. Dann endlich verließen wir die Berge, der große amerikanische Militärstützpunkt Bagram war nicht mehr weit. Wir wollten dort von der Hauptstraße abbiegen und über die Route Bottle nach Kabul gelangen.

Als wir Richtung Bagram abbogen, erinnerte ich mich an meine diversen Besuche bei den dortigen Special Forces. Vor allem war mir meine Rückreise nach Deutschland in Erinnerung, die in Bagram begonnen hatte. Meine niederländischen Kameraden hatten mir damals fast siebzig Kilometer von Kabul bis nach Bagram Begleitschutz gegeben und mich so würdig verabschiedet.

Eine Menge amerikanischer Jeeps und Trucks waren rund um Bagram unterwegs. Meine Kameraden erhielten einen kurzen Einblick, wie groß dieser Luftstützpunkt war. Sehnsüchtig blickte ich zum großen Haupttor, denn dahinter lag einer der besten und größten PX-Shops, die dieses Land zu bieten hatte. In diesem zollfreien Warenhaus der US-Army hatte ich mir damals so manchen Wunsch nach westlichen Genüssen erfüllen können. Ich hatte einen Narren an amerikanischem Trockenfleisch in der Geschmacksrichtung »Beef-Turkey« gefressen, womit ich mich damals großzügig eingedeckt hatte. Dann bogen wir schon nach rechts ab auf die Route Bottle und hatten nur noch 67 Kilometer bis Kabul. Alte, längst verdrängte Erinnerungen kamen wieder hoch, als ich die vertraute, fast hundertmal gefahrene Straße vor mir liegen sah.

Ab diesem Zeitpunkt würden wir keinerlei Probleme mehr haben, wusste ich doch noch, dass dieser Weg damals schon in einem guten Zustand war. Die Minenräumer von Halo-Trust waren in den vergangenen dreizehn Monaten ein gutes Stück vorangekommen, hatten aber immer noch viel Arbeit vor sich, wie man an den roten Markierungen am Straßenrand sah.

Geändert hatte sich die Zahl der Checkpoints, die nun in größeren Abständen durch afghanische Sicherheitskräfte kontrolliert wurden. Noch vor einem Jahr hatten viel mehr wilde, willkürliche Checkpoints von teilweise nicht zuzuordnenden bewaffneten Männern unseren Weg gesäumt. Allerdings konnte man immer beruhigt sein, wenn zumindest einer der Männer eine Uniform trug. Wir konnten dann davon ausgehen, dass auch die anderen Männer zur Armee oder Polizei gehörten, aber aus Kostengründen nicht entsprechend eingekleidet worden waren. Es gab einfach nicht genügend Uniformen für die vielen neuen Polizisten.

Vor uns tauchte plötzlich ein sehr großer afghanischer Militärkonvoi auf. Er bestand aus mehreren Tiefladern und hatte schweres Gerät geladen, also Panzer und eine Menge Lkw mit Truppen darauf. Inzwischen waren immer mehr afghanische Sicherheitskräfte in die Operationen der Alliierten involviert, und das war im Straßenbild eindeutig zu erkennen. Über uns sahen wir auch eine Menge Flugverkehr. Das lag daran, dass in Bagram die größte Airbase des Landes war, und entsprechend flogen jede Menge Transporthubschrauber vom Typ Blackhawk und Chinooks, aber auch Kampfjets über uns hinweg. Fünfzig Kilometer vor Kabul pulsierte das Leben schon sehr viel stärker als in der Innenstadt von Kundus.

In der Ferne konnte ich schon die ersten Umrisse des Molochs erkennen. Aufgeregt zeigte ich nach vorne und erzählte Gerko, Nils und André das Offensichtliche: »Hey, seht mal, da vorne ist Kabul!« Wie immer unter einer Dunstglocke, lag die Hauptstadt Afghanistans vor uns. Mein Herz machte Freudensprünge bei diesem Anblick. Gut ein Jahr, nachdem ich mehr oder weniger aus dem Land »herausgeschmissen« worden war, war ich nun wieder hier. Ich war gespannt, ob ich bekannte Gesichter im Camp Warehouse erblicken würde.

Schon erreichten wir die große ehemalige Fabrik an der Stadtgrenze, bald waren wir auf der Jalalabad Road, an der auch das Camp Warehouse lag. Es waren immer mehr Händler und Menschen unterwegs, obwohl wir uns eigentlich schon am östlichen Rand von Kabul befanden. Das Stadtbild, die Atmosphäre und die Menschenmassen waren kein Vergleich zu Kundus, wo alles viel ruhiger und übersichtlicher war. Aufgeregt beugte ich mich zwischen den Sitzen nach vorne, das Camp musste jetzt bald an der rechten Straßenseite auftauchen. Und tatsächlich sah ich nun das Stabsgebäude rechts vor mir und schräg dahinter den Wasserturm, der auf dem Gelände stand. Bei größeren Veranstaltungen oder auch Verschärfung der Sicherheitslage wurden dort vereinzelt Posten postiert. Endlich, nach vierzehn Stunden Fahrtzeit, standen wir vor dem neuen Haupttor zum Camp. Man hatte es von der Hauptstraße an die Ostseite des Lagers verlegt.

Das Camp war deutlich gewachsen, seit ich es im Oktober 2002 verlassen hatte. Ein ziemlich großes Areal im Osten war erschlossen worden und wurde als Kfz-Abstellplatz genutzt. Die Gebäude waren gut in Schuss. Alle Soldaten waren in den gleichen Wohncontainern untergebracht wie wir in Kundus. Teilweise gab es hervorragend ausgebaute Holzhütten, in denen sich teilweise sogar Einzelzimmer befanden. Diese waren komplett klimatisiert oder mit Heizungen versehen. Das ganze Camp war mittlerweile auch wesentlich besser befestigt und lag vor uns wie ein Fort. Die Wege waren ordentlich befestigt, sie führten auch zu den wenigen Zelten, die für Gäste errichtet worden waren. Die Wachtürme waren besser ausgebaut und befestigt, die Einfahrt zum Lager war fast so gut wie der Eingangsbereich einer Kaserne in Deutschland. Ansonsten hatte das Lager alles zu bieten, was eine deutsche Kaserne in Deutschland gerne hätte. Wir fuhren auf den uns zugewiesenen Parkplatz und stiegen aus.

Wir streckten und reckten uns ausgiebig und staunten über das Gewühl und den Trubel im Camp. Wenn man wie wir aus dem beschaulichen Kundus mit einem Mini-Lager kam, war das Gewusel hier fast ein Kulturschock. Dabei war das ISAF-Lager im Vergleich zu meinem ersten Einsatz ordentlich abgespeckt worden. Nur noch 500 bis 700 internationale Soldaten taten hier ihren Dienst. Nachdem wir uns bei der OPZ im Stabsgebäude gemeldet hatten, wurden wir in den südlichen Bereich geführt. Dort standen die letzten Zelte im Camp für Gäste bereit. Endlich konnten wir unsere Westen ablegen.

Als ich mit meinem Trupp zu einem kleinen Rundgang aufbrach, sahen uns viele verdutzt an. Ich hatte keine Ahnung warum und wunderte mich, bis uns ein Offizier ansprach und aufklärte: Wir hatten unsere Magazine in den Waffen, diese waren also teilgeladen. In Kundus war dies üblich, und auch während meiner Zeit in Kabul war dies so gehandhabt worden. Nun gab es aber neue Sicherheitsbestimmungen im Camp: »Nehmt bitte eure Magazine aus den Waffen heraus«, bat uns der Offizier freundlich, und natürlich kamen wir der Aufforderung nach.

Für die kommende Nacht hatte der gesamte Konvoi einen Plan: Wir wollten es so richtig krachen lassen und den Betreuungseinrichtungen aller Nationen im Camp einen Besuch abstatten. Das würde eine kurze Nacht werden! Allerdings benötigten wir noch eine geeignete Grundlage, und so steuerten wir als Erstes das Verpflegungszelt an. Dabei kamen wir auch an meiner alten Betreuungseinrichtung vorbei, der ersten Drop Zone also. Aber sie hieß mittlerweile »Planet Blue«, was ich irre komisch fand und losprustete. »Das klingt wie die berüchtigte Blue Oyster Bar aus der Police Academy, findet ihr nicht auch?« Nachdem wir uns ordentlich den Bauch vollgeschlagen hatten – unterwegs hatte es schließlich nur Kekse und »leckere« EPAs gegeben, gingen wir also in die »Blue Oyster Bar«, wie wir sie nannten, und kamen uns vor wie im Karibik-Urlaub. Sofas und Sessel aus Rattan standen dort, wo früher Bierzelt-Tische und -Bänke gestanden hatten. Das Einzige, was unverändert war, war die Theke.

Nachdem wir uns an Bambuswänden und Palmwedeldekor vorbeigekämpft hatten, sah ich hinten links eine Tür, wo früher keine gewesen war. An der Theke angekommen, bestellte ich sofort eine Runde Desperado-Biere für mich und meine Jungs. Mann, schmeckten die gut! Neugierig, wie ich bin, löcherte ich die Thekenkraft zu den Neuerungen im Betreuungszelt und deutete mit dem Kopf in Richtung der geheimnisvollen Tür. »Was hat es denn damit auf sich? Wozu soll diese Tür gut sein?« Ich traute meine Ohren nicht, als der Kamerad antwortete: »Das ist die Tür zum neuen Offizierskasino, das gerade gebaut wird. Damit die hohen Herren schön unter sich bleiben können.«

Diese Trennung der Dienstgrade in den Betreuungseinrichtungen war mir komplett neu, und auch Gerko sah mit Befremden hinüber zu der Tür. Zumindest bei uns Fallschirmjägern war es üblich, die verschiedenen Dienstgrade im Einsatz nicht räumlich zu trennen. Unsere Offiziere nahmen sich keine Extrawürste heraus, vor allem nicht im Einsatz. Mir kam das alles sehr komisch vor. Auch im Stabsgebäude war die Betreuungseinrichtung für alle Dienstgrade zugänglich, schließlich lebte und arbeitete man bis zu sechs Monate auf engstem Raum zusammen, da war so ein Kastendenken ganz schön neben der Spur.

Nach ein, zwei obligatorischen Desperados, Kabul ohne dieses Bier mit Tequila-Geschmack geht für mich gar nicht, machten wir uns auf die Socken zur nächsten Einrichtung. Die »Kabul-Veteranen«, also Kimi, Rumpf und ich, beschlossen, mit der ganzen Gruppe weiter in die »Sunshine Bar« zu ziehen, eine Einrichtung des Sanitätsbereichs. Auch hier war alles ein bisschen größer und schicker geworden. Genauso neugierig, wie wir uns umguckten, wurden wir beäugt: Wir fielen optisch ziemlich aus dem Rahmen, hatten wir doch als Einzige den beigefarbenen Wüstentarn an und waren mittlerweile alle ziemlich bärtig – zum einen aus Bequemlichkeit, zum anderen aus Anpassung an die landesübliche Mode.

Alle waren recht interessiert, als sie hörten, dass wir aus Kundus kamen. »Gibt es da keinen Waschcontainer und Rasierer?«, wollte einer wissen. »Klar«, meinte Kimi. »Aber wir arbeiten noch für unser Geld und haben nicht immer Zeit dazu.« Das löste allgemeine Belustigung aus. Genauso wurden unsere Waffen beäugt, das noch seltene G36K mit diversen Aufbauten, außerdem hatte jeder zusätzlich eine Pistole im Beinholster. Alles Dinge, die zum damaligen Zeitpunkt nicht der Norm entsprachen und die Leute neugierig machten, so dass die Zeit vor lauter Reden wie im Flug verging.

Zwei, drei Biere später waren die Strapazen der vorangegangenen Pass-Überquerung schon lange vergessen, und so setzten wir gutgelaunt unseren Weg durch die »Kneipenlandschaft« des Camps fort. Jede Einheit hatte ihre eigene Einrichtung, aber es waren nicht mehr so viele verschiedene Nationen vor Ort, weil viele Nationen inzwischen ihre eigenen Camps hatten oder sich in Afghanistan auf verschiedene Stützpunkte verteilten. Das fand ich nicht nur wegen der kleineren Anzahl an Betreuungseinrichtungen schade, sondern auch, weil dadurch viel von dem besonderen Flair im Camp verlorengegangen war. Das Sprachengewirr und die verschiedenen Uniformen in der Anfangsphase hatten einen großen Reiz auf mich ausgeübt, und von der Zusammenarbeit und dem Austausch mit anderen Nationen hatte ich persönlich sehr profitiert.

Wir klapperten noch die restlichen Einrichtungen ab, aber dort war nicht mehr viel los. Offensichtlich saßen die meisten Soldaten abends am liebsten in ihren Holzhütten herum, die sogar einen Internetzugang hatten, wie wir bei unserer Tour erzählt bekamen. Zu meiner Zeit war es üblich, abends in den Betreuungseinrichtungen abzuhängen und neue Freundschaften mit Soldaten anderer Nationen zu knüpfen. Hier wurde nun sogar zwischen den Dienstgraden unterschieden, weshalb unsere Gruppe nicht in alle Einrichtungen geschlossen hineinkam.

Also gingen wir zum Abschluss in die »Feuchte Patrone« der Feldjäger, ein echt uriger Schuppen, der im Grunde aus einer riesigen Theke bestand und so heimelig war wie ein Irish Pub. In der einen Ecke des Zeltes, wo noch ein wenig Platz war, standen einige kleine Tische und Bänke, die mit viel Liebe in kleine

Ich in einem viel zu engen umgebauten Toyota-Jeep.

Fallschirmjäger vorm Eingangsbereich zum PRT Kundus

So sah das Lager in der Aufbauphase aus

Mein Team, der »SpezTrp 1« – Achim, Gerko, André und Nils

Markt in Kundus

Antreten vor Oberst Weigand, rechts vorne steht der Spezialzug. Im Hintergrund links die OPZ, rechts die Duschen und Toiletten für das Kontingent

Frühstückspause auf einem Feld bei Kundus

Ausnahmsweise luxuriöse Straße in Richtung Norden

Nils verteilt Info-Broschüren an die Einheimischen

Morgenstimmung nach einem Gewitter bei Kundus

Fleischer-Stände am Straßenrand und geschmückte Pferde gibt es oft in Kundus

Hier wird gerade unser Gabelstapler an der Tankstelle in Kundus befüllt

Die Jugend von Kundus

Waren-Allerlei auf dem Markt in Kundus

Snoopy, die Nummer 16 im Spezialzug

Gesprächsaufklärung in der Nähe von Taloqan

Minen-Karte von Halo-Trust am Straßenrand bei Taloqan

Da hat sich mal wieder unser Zweitonner festgefahren

Belebtes Straßendorf in Richtung Kabul

Morgenstimmung im Camp: die amerikanische OPZ vorne, ein Minarett im angrenzenden Wohngebiet dahinter

Ich in der Sicherungsposition auf dem Flugplatz

Auch afghanische Kinder stehen auf Süßigkeiten!

Flugplatz mit Transall

Blick vom Tower – der Arbeitsplatz der ELG

Das Tower-Gebäude auf dem Flugplatz

Normale Härte – die Schmuddel-Ecke auf dem Flugplatz

Interessierte Jungs und Männer in der Nähe zur tadschikischen Grenze

Eingang zum Tunnel des Salang-Passes – mit gleich explodierender Hartkeks-Packung

Eine von unzähligen Flussdurchquerungen – Action und nasse Füße garantiert!

Essen fassen im Wadi, einem ausgetrockneten Flussbett

Sind das skeptische oder bloß frierende Blicke?

Kleine Jungs am Straßenrand

Grenzposten zu Tadschikistan

Ernte auf die klassische Art

Alltag auf den Straßen von Kundus

Hier dolmetscht unser Sprachmittler Fadi (der mit der schwarzen Mütze)

Pannenhilfe für Mitarbeiter von Cap Anamur

Das ist noch mal gutgegangen – ich steige aus dem umgekippten Jeep aus …

… und beobachte argwöhnisch die anschließende Abschleppaktion

Wenn überhaupt Frauen draußen zu sehen sind, dann meistens mit Burka

Traumhafte Landschaft, alptraumhafte Wege

Holznischen eingepasst waren. Überall hingen viele kleine Utensilien sowie Fund- und Erinnerungsstücke, die irgendwelche Leute mitgebracht hatten. Es war saugemütlich, und wir fühlten uns sofort heimisch.

Bei weiteren Bieren lernten wir bald neue Kameraden kennen. Mich interessierte vor allem, was es in der Stadt Neues gab. Schließlich kannte ich Kabul wie meine Westentasche und war gespannt auf Änderungen bei der Sicherheit, im Stadtbild und bei der Atmosphäre. Ich krallte mir einen Feldjäger und löcherte ihn: »Macht ihr Fußpatrouillen? Fahrt ihr noch mit offenem Fahrzeug Tag und Nacht? Wie sind die Anschlagswarnungen? ...«

Zu den meisten Fragen zuckte der Feldjäger mit den Schultern. »Sorry, dazu kann ich dir echt nichts sagen. Keine Ahnung, ob es am Insaf-Hotel noch die leckeren Brathähnchen gibt oder ob die Patrouillen mit abgeplantem Jeep stattfinden.« Ich guckte ihn etwas ratlos an und fragte, warum er so wenig über Kabul wusste. »Tja, es sind halt kaum noch Deutsche in der Stadt unterwegs. Das machen jetzt andere Nationen.« »Aha«, meinte ich etwas irritiert und ließ meine nächste Frage los: »Und was macht ihr dann den ganzen Tag?« Wieder nur Schulterzucken auf der anderen Seite. Meine Güte, die Jungs hier waren echt nicht zu beneiden. Sie hatten zwar sämtlichen Komfort, den sie aber anscheinend auch dringend brauchten, um nicht an Langeweile zu sterben oder eine große Meuterei anzuzetteln.

Aber am meisten interessierte es mich, warum hier keiner mehr mit geladenen Waffen herumrannte. Daraufhin sagte der Feldjäger nur lächelnd: »Es hat sich wohl in letzter Zeit bei einigen Leuten ein Schuss gelöst.« Nach diesem kleinen Einblick in das aktuelle Lagerleben war ich ganz schön froh, dieses Mal in Kundus gelandet zu sein. Dort war zwar alles neu und schwierig – aber das war immer noch besser, als in der afghanischen Hauptstadt ein deutsches Kasernenleben zu simulieren. Voller Eindrücke und Bier erreichten wir gegen drei Uhr unsere Zelte und hauten uns wenigstens noch ein paar Stunden aufs Ohr.

Die Nacht war kurz: Mit dickem Schädel standen wir um fünf Uhr auf. Die Dusche brachte etwas Linderung und Leben in meine Glieder. Nach dem ausgiebigen Frühstück ging es mir auch schon besser. Laut Plan wollten wir gegen neun Uhr das Camp wieder Richtung Kundus verlassen, um das Tageslicht auszunutzen. Also beeilten wir uns, die so lange erwarteten Materialien, vor allem endlos viele Paletten Bier, abzuholen und einzuladen. Zu guter Letzt statteten wir dem deutschen PX noch einen Besuch ab und deckten uns mit Süßigkeiten und anderen nützlichen Dingen ein.

Als wir zum verabredeten Zeitpunkt am Konvoi ankamen, sahen wir unserem Arzt Tim bereits an, dass etwas schiefgegangen sein musste. Die beiden versprochenen Sanitätsfahrzeuge waren doch nicht komplett ausgestattet, sondern bestanden alleine aus der Hardware. Sie sollten quasi »nackt« – also ohne Medikamente und andere wichtige Dinge – von uns übernommen werden. Tim fluchte laut und setzte alle Hebel in Bewegung, um das noch abzubiegen, aber er erntete nur ein Schulterzucken und bekam ein Anforderungsformular in die Hand gedrückt: »Hier, füllen Sie das aus, dann können wir vielleicht was machen.« Entnervt starrte Tim auf diesen Wisch, und schwupps, schon zerriss er ihn in viele kleine Stücke. Schönen guten Morgen im Bürokratenland!

Das Formular flog noch in kleinen Fetzen durch die Luft, da kam Gerko aus dem Stabsgebäude zurück. Er hatte dort in der Abteilung des Militärischen Geowesens bessere Karten besorgen wollen. Das war ihm wohl gelungen, denn er hatte einen großen Stapel Landkarten unterm Arm. So wurde er freudig begrüßt: »Super, Gerko, das war 'ne gute Tat. Gib gleich mal her«, meinte André, der als Fahrer an den neuen Karten natürlich ganz besonders interessiert war.

Um zehn vor neun funkten wir die OPZ in Kundus an und meldeten, dass wir nun losfuhren. Die OPZ hatte vorher mit dem Checkpoint am Salang-Tunnel Verbindung aufgenommen und erfahren, dass der Tunnel aus unserer Richtung freigegeben war. Wir hatten also freie Fahrt. Ich war froh, das mir fremd gewordene Camp Warehouse zu verlassen. Komisch, dachte ich, mit welch großen Erwartungen ich hierher gefahren war. Was hab ich mir bloß vorgestellt? Dass alles ist wie vor einem Jahr? Ich nannte mich selbst einen Dummkopf und war froh, dass meine guten, alten Erinnerungen an Kabul nicht durch dieses kurze Intermezzo getrübt wurden. Ich konnte die beiden Erfahrungen gut voneinander trennen, sie hatten einfach nichts miteinander zu tun.

Als wir auf die Route Bottle Richtung Bagram einbogen, war ich doch etwas enttäuscht, dass ich so gar nichts von Kabul gesehen hatte. Aber dafür war keine Zeit mehr, außerdem war das mit dem ganzen Konvoi auch weder sinnvoll noch ungefährlich. Abgesehen davon hatten wir jede Menge wichtige Sachen im Lkw dabei. Zum Beispiel sehr viel Bier, das in Kundus bis jetzt absolute Mangelware gewesen war. Die geringen Vorräte waren unter Verschluss bei irgendwelchen höheren Offizieren, die nur auf Befehl des Kommandeurs herausgegeben wurden. Fast alle hatten den Fahrer des Lkw mehrfach gebeten: »Fahr bloß vorsichtig! Und immer schön den Schlaglöchern ausweichen. Nicht dass die Kameraden in Kundus auf ihr Bier verzichten müssen.« Außer den Schlaglöchern gab es aber noch einen anderen Feind des Bieres: die Höhe. Alle drückten die Daumen, dass die Dosen jenseits der 4000 Meter dichthielten. Wir hatten mit den fast explodierenden EPAs ja schon so unsere Erfahrungen gemacht ...

Das Wetter war deutlich besser als am Vortag, so dass wir gut vorankamen und den Südzugang zum Pass bereits nach gut vier Stunden erreichten. Auf dem Weg dorthin waren wir auch an einem der Checkpoints mit bewaffneten Zivilisten vorbeigekommen, die gerade einen Lkw kontrollierten. Der Wegezoll war wohl fällig. Irgendjemand verdiente an dem steigenden Verkehrsaufkommen wohl ganz gut. Inzwischen, so hat mir ein Leser und ehemaliger Soldat gemailt, werden auch Bundeswehrkonvois angehalten und zur Kasse gebeten. Der Konvoiführer bekommt dafür mittlerweile ein extra Handgeld mit auf den Weg. Ich finde es unglaublich, dass dagegen nichts unternommen wird. Schließlich ist die Bundeswehr kein gemeinnütziger Verein, sondern hat eine ganz bestimmte, hoheitliche Aufgabe zu erledigen. Aber hier heißt die Devise wohl: lieber nicht auffallen und brav bezahlen!

Wie gemeldet war der Pass in unsere Richtung freigegeben, und wir fuhren ohne Pause weiter. Ab einem gewissen Punkt setzt der »Herdentrieb« nach Hause ein, und jeder verzichtete gern auf eine Pause. Nach knapp zwölf Stunden erreichten wir ohne weitere Zwischenfälle das Camp Kundus gegen halb zehn abends. Wir stellten die Fahrzeuge ab und wollten gleich helfen, den Lkw zu entladen. Je mehr Leute anpackten, desto schneller kämen wir ins Bett. Als wir die Ladeklappe des Lkw öffneten, schäumte und spritzte uns eine Flüssigkeit entgegen, und ein strenger Bier-Geruch wehte uns an. Verdammte Axt. Konnte es sein, dass auf der Fahrt die ganzen schönen Bierdosen explodiert waren? Genau so war es: Durch die Erschütterung war die Kohlensäure aufgeschäumt worden und hatte die Dosen zum Platzen gebracht. Schöne Scheiße! Bestimmt die Hälfte an Bier- und Coladosen war so vernichtet worden. Dabei war das der Teil der Ladung, der am dringendsten ersehnt worden war.

Nach dieser Pleite merkten wir erst recht, wie uns die Knochen weh taten. Besonders Gerko machte keinen guten Eindruck. Seine Rückenprobleme hatten sich massiv verschlechtert. Das Einzige, was ich ihm anbieten konnte, war eine Salbe zur Schmerzlinderung. Die ganzen organisatorischen Maßnahmen wie Tanken, Waffenreinigen und das Auffüllen unserer Vorräte verschoben wir auf den nächsten Tag.

Uns allen war klar, dass es nur eine Notlösung sein konnte, mit einem Konvoi nach Kabul zu fahren, um dort Versorgungsgüter zu holen. Diese Strecke war einfach zu lang und zu aufwendig. Außerdem konnten wir mit einem Lkw nur zwei Tonnen Güter transportieren, was im Vergleich zur Ladefläche einer Transportmaschine ein Witz war. Alle sehnten sich nach einer nachhaltigen Wetterverbesserung, damit wieder mehr Flieger landen und Material direkt nach Kundus bringen konnten.

Nach dem Ausladen zog ich mich in unseren Container zurück, um einen langen Brief an Anja zu schreiben. Bevor ich den Brief in den Umschlag steckte und adressierte, las ich mir alles noch mal durch. Dabei fiel mir auf, wie sehr ich mir meinen ganzen Frust von der Seele geschrieben hatte. Es gab einiges zu sagen über das angespannte Verhältnis innerhalb unseres Zuges – vor allem mein Streit mit den beiden ELGlern und meine Enttäuschung darüber, wie fremd ich mich in meiner alten »Heimat« Kabul gefühlt hatte. Das Schreiben tat mir gut, ich merkte richtig, dass ich mich befreit und besser fühlte. Und so ging ich, begleitet von Snoopy, zur Poststelle und gab den Brief ab. Mit gutem Gefühl beschloss ich, ab sofort mindestens einen Brief pro Tag an Anja zu schreiben, zumindest ein paar Zeilen. Das würde mir guttun. Ich schaffte es tatsächlich, meinen Plan in die Tat umzusetzen, doch ich schickte keinen einzigen der noch entstehenden Briefe ab. Ich empfand es als unfair, Anja zu sehr mit unseren Problemen und Problemchen zu belasten und sie als seelischen Mülleimer zu missbrauchen. Das hatte sie nicht verdient!

Reise ans Ende der Welt – Ein Crash und ein Besuch bei Cap Anamur

Nach nur einem Tag im Camp wollten wir alle wieder raus auf Aufklärungsfahrt. Der Zugführer gab uns die Information, dass wir nun verstärkt Richtung Norden aufklären sollten. Wir wussten bereits, dass sich dort auch deutsche Hilfsorganisationen aufhielten, und wollten Kontakt mit ihnen aufnehmen. Allerdings waren wir schon darauf vorbereitet, auch dort auf Ablehnung zu stoßen, wie wir es schon bei der schwedischen Organisation erlebt hatten. Versuchen wollten wir es trotzdem, alleine schon deshalb, um unser Lagebild der nördlichen Regionen zu komplettieren. Das Personal hatte bestimmt einen guten Einblick in Zusammenhänge, die uns nicht vertraut waren.

Das kanadische Team, eine Frau und drei Männer, sollte uns bei der Fahrt unterstützen, hatten sie doch selbst großes Interesse an Informationen aus dem nördlichen Bereich. Sie wussten immer noch nicht, wo genau sie in Zukunft stationiert werden sollten, und wollten zwischenzeitlich so viele Informationen wie nur irgend möglich sammeln. Wir freuten uns über den Zuwachs, der für uns ja einen entscheidenden Vorteil hatte: Mit den Kanadiern im Schlepptau könnten wir ohne Probleme im Ernstfall amerikanische Luftunterstützung anfordern. Außerdem wirkten die Kanadier sehr offen und umgänglich, sie wären sicher eine Bereicherung für uns. Beeindruckt waren wir von ihrer Funkausstattung, sie hatten sehr modernes Gerät mit einer guten Reichweite dabei. Außerdem waren sie alle per Headseat, also mit Kopfhörern und Mikrofon, miteinander verbunden.

Wir selbst hatten immer wieder probiert, auch diesen sogenannten Gruppenfunk zu bekommen, waren aber gescheitert.

Dabei ist das eine sehr praktische Sache: Wenn jeder ein Headset hat, kannst du den Funkverkehr mithören und musst nicht alles vom Teamführer wiedergekäut bekommen. Jeder ist sofort auf dem neusten Stand und bekommt alle Infos ungefiltert. Außerdem ist so ein Headset auch aus Sicherheitsgründen gut: Denn irgendwelche Personen, die zufällig in der Nähe stehen, können dadurch nicht alles mitbekommen, was über Funk besprochen wird. Trotzdem wurden diese Geräte nicht angeschafft, obwohl sie von anderen Nationen schon seit Jahren genutzt wurden. Die Funkgeräte sollten erst auf Zuverlässigkeit und deutsche Standards geprüft werden.

Blöderweise waren unsere Geräte nicht kompatibel mit den Funkgeräten der Kanadier. Dieses technische Problem hatte ich auch schon bei anderen NATO-Nationen erlebt. Eigentlich sollte es einen NATO-Standard geben, aber in vielen Bereichen existierte dieser nur auf dem Papier. Die praktischen Konsequenzen mussten dann wir Soldaten in den Einsätzen tragen und die Probleme irgendwie ausräumen oder mit ihnen leben. Um trotzdem per Funk mit den Kanadiern sprechen zu können, übergaben wir ihnen eins unserer Motorola-Geräte.

Bevor wir zu der längeren Fahrt aufbrachen, machten wir ein paar kürzere im Nahbereich, damit wir uns aneinander gewöhnen und ein paar Standard-Dinge ausprobieren konnten. Die Zusammenarbeit mit den Kanadiern klappte gut, und so saßen wir abends, nach unseren Touren, immer öfter in der Betreuungseinrichtung zusammen und klönten. Ich freute mich immer sehr, Ansichten und Erfahrungen anderer Nationen kennenzulernen. Die Kanadier wunderten sich wiederholt, warum bei uns immer alles erst geprüft und befohlen werden musste. Die Spontanität und Flexibilität blieben dabei oft auf der Strecke. Genauso wunderten sie sich darüber, warum Soldaten oft so streng nach Dienstgrad beurteilt wurden. Es konnte durchaus vorkommen, dass niedrigere Dienstgrade über eine längere Dienstzeit und mehr Erfahrung verfügten als höhere Dienstgrade.

Da das Safe House in Taloqan bis spätestens Mitte Februar

bezogen werden sollte, fuhren wir auch noch einmal dorthin, um die neuesten Lageentwicklungen in diesem Gebiet zu erfahren. Unser Kartenmaterial wurde durch die neuen Erkenntnisse während der Fahrten ständig ergänzt. Furten und deren Wassertiefe, bisher nicht eingezeichnete Brücken und auch kleinere Dörfer füllten die leeren Flecken auf unserer Karte. Unsere zivilen Toyotas bewegten wir bei diesen Touren immer am Limit. Es war nur noch eine Frage der Zeit, wann es zu einem Totalausfall oder einem Unfall irgendwo da draußen kommen würde.

Und tatsächlich, auf dieser Fahrt war es dann so weit: Auf dem Rückweg, etwa zwanzig Kilometer vor Kundus, fiel der Allradantrieb unseres Jeeps mal wieder aus. André versuchte ruhig weiterzufahren, doch dann brach der Wagen aus und begann sehr, sehr langsam, fast wie in Zeitlupe, nach rechts zu kippen. André kurbelte wie ein Wilder, und ich hörte ihn durch die zusammengebissenen Zähne fluchen: »verdammte Scheiße«. Ich saß hinter Gerko, hielt mich am Sitz fest und verkrampfte mich, während mein Blick an den aufgeschnittenen Cola-Dosen mit den darin liegenden Handgranaten hängenblieb. Irgendwie versuchte ich noch instinktiv, meine Hand über die Öffnung zu halten, damit die Granaten nicht durch das Auto purzelten und vielleicht zündeten, dann machte es »wumms«. Unser Wagen war vollständig auf die Seite gekippt.

Nach einer Schrecksekunde ging es turbulent zu, wir sahen die Welt aus einer neuen Perspektive. Überall ächzte und stöhnte es, Nils entfuhr ein deutliches »Aua, Scheiße«, weil ich mit meinen neunzig Kilo plus die etwa fünfundzwanzig Kilo der gesamten Ausrüstung auf ihn draufgefallen war. Wir waren in einer kleinen Senke zum Liegen gekommen, der Wagen kippte nicht weiter. »Alles in Ordnung bei euch?«, rief Gerko von vorn, der auf André lag. Jeder führte in dieser unbequemen Haltung einen kurzen Körpercheck durch, und alle meldeten, dass nichts passiert war. Dann fielen mir wieder die Cola-Dosen ein, und ich schielte nach rechts oben zu unseren improvisierten Handgranaten-Haltern. »Scheiße, da fehlt eine.« Mir wurde heiß und kalt. »Nils, rühr dich nicht vom Fleck. Eine Handgranate ist weg.«

Die beiden vorne wurden auch ganz still, man hätte die Luft schneiden können, so viel Anspannung war zu spüren. In meiner unbequemen Haltung versuchte ich, den Boden nach der Granate abzusuchen. Und tatsächlich, im hinteren Bereich des Fahrzeugs trudelte sie noch etwas herum, aber der Sicherungssplint war drin. Gott sei Dank! »Entwarnung, da ist sie. Noch mit Sicherung, alles okay!«, rief ich. Auch die anderen atmeten erleichtert auf.

Nachdem eine Sprengung nun unwahrscheinlich war, gingen wir daran, unsere Lage zu verbessern: Also versuchte ich, mein Gewicht auf Nils zu verringern, der schon ganz schön keuchte. Wegen der ganzen Ausrüstung und dem wenigen Platz konnte ich mich aber fast nicht rühren. Als ich Nils' hochrotes Gesicht mit seinen zusammengekniffenen Lippen sah, fingen wir beide wie auf Kommando an zu lachen, und auch das vordere »Sandwich«, bestehend aus André und Gerko, prustete los. Unsere Spannung löste sich. Zwar lagen wir auf der Seite und es purzelte eine Handgranate durch das Auto, aber es waren alle wohlauf.

Dann tauchte das besorgte Gesicht von Tatze, dem Stellvertreter des Zugführers, an der linken Vorderscheibe auf. »Ist was passiert? Seid ihr alle okay?« Keiner von uns konnte ihm antworten, und so nickten wir lachend. Draußen hörten wir ihn zu den anderen Soldaten sagen: »Den Knallköpfen da drinnen geht es gut. Zumindest wenn sie sich nicht gleich totlachen!« Da mussten wir noch mehr lachen, was langsam bedenkliche Zustände annahm. Dem immer noch unter mir vergrabenen Nils ging langsam die Luft aus, und er begann zu japsen. Nun versuchten wir uns aufzurichten. Auch André hatte es mit Gerko nicht gut erwischt. Dummerweise lagen die beiden Schwersten und Größten auf den beiden Kleinsten und Leichtesten. Nach etlichen Versuchen konnte ich meine Beine irgendwo zwischen Nils' Körperteilen auf dem Boden plazieren und so mein Gewicht von ihm nehmen, worauf ich ein erleichtertes »Vielen Dank, Fettbacke!« erntete.

Dann das nächste Problem: Wir bekamen die Türen nicht auf. Sie waren zu schwer, um sie von innen nach oben aufzustemmen. Von außen eilten uns Tatze und die anderen zu Hilfe, aber sie kamen auch nicht weiter. Wahrscheinlich hatte sich der Rahmen verzogen. Bevor die treusorgenden Kameraden uns endlich über die Dachluke befreiten, rückten sie allesamt mit ihren Fotoapparaten an, »zur Dokumentation«, wie sie grinsend behaupteten. Gerko begann inzwischen, das Schiebedach aufzukurbeln, und quälte sich wie eine Raupe über den schreienden und zeternden André aus dem Wagen, der als Nächster aus dem Wagen kletterte. Dann war ich an der Reihe, und es hätte nicht viel gefehlt, dass ich mir vor lauter Lachen in die Hose gemacht hätte.

Wir vier Geretteten standen draußen und guckten uns staunend den havarierten Jeep an. Mannomann, da hatten wir richtig Glück gehabt, das hätte auch ins Auge gehen können. Mit unseren eigenen Mitteln schafften wir es nicht, den Wagen aufzurichten. Also versuchten wir mit unseren Funkgeräten Unterstützung in der OPZ anzufordern. Wir bekamen keine Verbindung, was uns alle schlagartig ernüchterte. So weit vom Camp waren wir gar nicht entfernt, und trotzdem waren wir abgeschnitten. Hätte sich hier jemand verletzt und schnell medizinische Versorgung benötigt, dann hätten wir richtig Spaß gehabt. Gerade dieser Vorfall führte uns vor Augen, wie wichtig eine ständige Funkverbindung zur OPZ war.

Unser Trupp blieb wohl oder übel am Fahrzeug, während die anderen zurück ins Camp fuhren, um Hilfe zu holen. Nach fast zwei Stunden kamen ein geländegängiger 5-Tonnen-Lkw und ein Sanitätsfahrzeug. Es war zwar klar, dass wir nicht medizinisch versorgt werden mussten, aber der Rettungswagen war noch am ehesten geeignet, um die Zugmaschine zu spielen, falls im Notfall auch der Fünftonner herausgezogen werden musste. Unter großem Gelächter und Gejohle bekam der Mehrtonner unseren Jeep wieder auf die Beine. Da der Motor des Toyotas keinen Schaden abbekommen hatte, erreichten wir aus eigener Kraft das Lager. Der Instandsetzer schlug die Hände über dem

Kopf zusammen: Die rechte Seite des Fahrzeugs war verdellt und die Räder liefen nicht mehr rund, weil durch das Umkippen die gesamte Last auf den Rädern gelegen und die sich irgendwie verbogen hatten. Der Mechaniker hatte alle Hände voll zu tun, um den Jeep wieder flottzukriegen.

Abends hatten wir natürlich eine Menge zu erzählen. Sonst passierte ja nicht viel im Lager, und so mussten wir ein ums andere Mal unseren glimpflichen Unfall schildern, wobei ausgiebig gelacht und uns auf die Schultern geklopft wurde.

Doch wie es meistens ist: Ist einmal der Wurm drin, kommt der nächste Vorfall gleich hinterher. Wir lagen des Nachts gemütlich auf unseren Feldbetten und der Fernseher lief nebenbei, als plötzlich ein sehr lauter Knall in unmittelbarer Nähe zu hören war. Ein Schuss! Ganz eindeutig! Wir sprangen sofort auf, griffen unsere Waffen und löschten das Licht. Vorsichtig bewegten wir uns an die Fenster, um zu prüfen, ob etwas zu sehen war. Alles war ruhig, aber plötzlich kamen aus allen Bereichen weitere Soldaten und sahen sich suchend um. »Kommt, wir gucken, was los ist«, meinte Gerko und winkte uns nach draußen.

»Hast du 'ne Ahnung, was das eben war?«, fragte ich einen Kameraden, der gerade vorbeikam. »Nö, weiß ich nicht. Scheint aber alles in Ordnung zu sein.« Alle, die wir ansprachen, sagten das Gleiche, so dass wir beruhigt zu unserem Container zurückgingen. Wir wollten gerade wieder reingehen, da entdeckte Nils an unserem Nachbarcontainer ein verdächtiges Loch in der Wand. Ein Ausschussloch! Wie kam das denn hierher? Und wo war die Kugel eingeschlagen?

Alarmiert drehten wir uns um und untersuchten die Wand unseres Containers. »Hier!«, rief André atemlos. »Hier ist das Einschussloch. In exakt der Höhe, wo wir immer rumsitzen und rauchen.« Ich schluckte. Das war der Hammer. Vor nicht mal einer Viertelstunde hatte ich noch dort gestanden und mir eine Kippe angezündet. Ich bekam ein ganz komisches Gefühl im Bauch und begann ernsthaft zu überlegen, ob ich vielleicht einen Schutzengel hatte, der heute sehr gut auf mich aufgepasst hatte.

Aber was war in unserem Nachbarcontainer vorgefallen? War dort aus Unachtsamkeit der Schuss gebrochen? Oder hatte sich jemand Gewalt angetan? Auch damit musste leider gerechnet werden. Immer schon, wenn Soldaten fernab der Heimat waren und beispielsweise schlechte Nachrichten von zu Hause bekamen oder depressiv wurden, kam es zu solchen tödlichen Kurzschlussreaktionen. Schnell gingen wir zu der Tür und öffneten sie.

Drinnen saß ein Oberleutnant der Reserve auf seinem Bett und starrte völlig ungläubig auf die Pistole in seiner Hand. Das war einerseits beruhigend, da niemand zu Schaden gekommen war. Andererseits war die Frage, wie das hatte passieren können. Gerko fragte den Mann, was vorgefallen war. »Ich wollte die Waffe zerlegen, um sie zu reinigen. Dabei habe ich vergessen, das Magazin aus der Pistole zu nehmen ... Da ist wohl der Schuss gebrochen.« Der Oberleutnant konnte von Glück sagen, dass die Sache so glimpflich ausgegangen war. Die Kugel hätte ohne weiteres ihn selbst verletzen oder sogar töten können, wenn der Winkel ungünstig gewesen wäre. Und auch wir hatten Dusel gehabt, nicht in die Schusslinie geraten zu sein.

Da der Kamerad einen ziemlich verstörten Eindruck machte, nahm Gerko ihm vorsichtig die noch immer geladene und entsicherte Waffe aus der Hand und wollte sie ihm auch erst mal nicht wiedergeben. Zumindest war es sinnvoll, damit zu warten, bis er sich selbst wieder etwas beruhigt hatte. Der Vorfall war ihm sichtlich peinlich. Da wir nichts weiter tun konnten, verließen wir den Container und ließen ihn in Ruhe. Allerdings meldete Gerko den Vorfall und übergab die Waffe der OPZ.

Am nächsten Tag erhielt er dafür einen Rüffel. »Wie kommen Sie dazu, einem Kameraden seine Waffe abzunehmen?«, wurde Gerko vorgehalten. »Wenn es in dieser Nacht zu einem Angriff auf das Camp gekommen wäre, hätte der Mann sich nicht verteidigen können.« Der Vorwurf war absurd, ja ich kochte geradezu innerlich vor Wut, als Gerko das erzählte. Hatten die noch alle Tassen im Schrank? Vor zwei Monaten hatten wir allesamt mit ungeladenen Waffen den Flugplatz »gesichert« – ohne Mu-

nition und ohne die schützenden Mauern eines Lagers. Was wäre denn gewesen, wenn wir uns nicht hätten verteidigen können bei einem möglichen Angriff, die wir auch noch explizit für die »Sicherung« zuständig waren? Das hatte niemanden die Bohne interessiert! Nach diesem Rüffel waren wir alle bedient und freuten uns schon, bald wieder das Lager verlassen zu können. Da konnten wir wenigstens unser Ding machen und bekamen nicht ständig irgendwelche bescheuerten Vorwürfe zu hören.

Bei unseren nächsten Touren in die nördliche Umgebung fiel mir wieder auf, wie rückständig die Menschen hier oben lebten im Vergleich zu Kabul. Während dort schon einzelne Traktoren oder Mähdrescher zu sehen gewesen waren, wurden hier noch Ochsen vor den Pflug gespannt, um die Felder umzugraben. Aber es ging auch noch schlimmer: Mehr als einmal sahen wir, dass Männer und Frauen als Zugpferde benutzt wurden, um den Acker umzupflügen. Soweit wir das bei unseren Erkundungstouren mitbekamen, hatten die meisten Menschen lediglich simple Holzwerkzeuge, um ihre Scholle zu bearbeiten. Die Regierung in Kabul war weit weg und interessierte die Menschen auch nicht. Die Beschlüsse des Parlaments von Hamid Karsai, der wegen seines geringen Einflusses auch abschätzig der »Bürgermeister von Kabul« genannt wurde, hatten keinen Einfluss auf das archaische dörfliche Leben.

In den kleineren Siedlungen galten andere Regeln. Dort schlichtete der Dorfälteste den Streit und saß zu Gericht, seine Entscheidungen wurden von niemandem in Frage gestellt. Auch die örtliche Polizei stellte dieses sehr alte Prinzip der Rechts- und Stammesordnung nicht in Frage. Steuerliche Abgaben wurden vom regionalen Provinzgouverneur festgelegt. Und obwohl die Gouverneure offiziell von Kabul eingesetzt wurden, bezweifele ich stark, dass die Regierung in der Hauptstadt davon auch nur einen Afghani, wie die einheimische Währung heißt, sah. Das Geld floss mutmaßlich in die Privatarmeen dieser Leute. Der Unterhalt war teuer, und die Soldaten wollen mit gutem Sold bei Laune gehalten werden. Mit Korruption und in irgendwelchen Säckeln verschwindenden Geldern würde jede kommende Regierung in diesem Land Probleme haben. Der Übergang von archaischen zu neuen, demokratischen Strukturen ist eben extrem schwierig – wenn er überhaupt zu bewerkstelligen oder in dieser Konsequenz sinnvoll ist.

In der zweiten Dezemberwoche wurde das Wetter immer schlechter, und das Lager versank in Matsch und Schlamm. Auf den Wegen im Camp wurden deshalb Bohlen ausgelegt, damit wir nicht überall den Dreck mit hereinschleppten und vor lauter Putzen unsere Aufträge vernachlässigen mussten. Unser Wagen machte uns das größte Problem: Würde er für unsere nächste Fahrt nach Norden zur Verfügung stehen? Der Kamerad von der Instandsetzung sagte uns, dass das Auto so weit in Ordnung sei. Allerdings habe er es nicht geschafft, den Allradantrieb wieder flottzukriegen. Ein Ersatzfahrzeug stand nicht mehr bereit, hatten wir doch bis jetzt schon viermal den Wagen auswechseln müssen.

Wir sollten mit dieser lädierten Kiste etwa hundert Kilometer in Richtung tadschikische Grenze fahren, zu einer Ortschaft namens Dasht-e Qaleh, wo die deutsche Hilfsorganisation »Cap Anamur« zugange war. Geplant wurden insgesamt vier Tage Einsatzdauer, da wir links und rechts des Weges ein wenig Gesprächsaufklärung betreiben sollten. Dafür sollten wir Khaled mitnehmen, einen Hauptgefreiten und Sprachmittler der Bundeswehr mit afghanischen Wurzeln. Seine Kenntnisse waren heißbegehrt, so dass er ständig von den verschiedensten Standorten in Afghanistan angefordert wurde. Khaled war ein wichtiges Bindeglied zur einheimischen Bevölkerung. Jedoch merkte man ihm irgendwann an, dass er ein wenig »zwischen den Stühlen« saß. Er wurde von Tag zu Tag zurückhaltender, beschäftigte sich immer mehr mit den afghanischen Wachleuten. Für die Gesprächsaufklärung war Khaled Gold wert. Wenn man es richtig anging, war die Bevölkerung oft eine echte Hilfe, um an nützliche Informationen und Einschätzungen zu kommen.

Der Konvoi sollte aus unseren beiden Trupps des Spezialzugs, den vier Kanadiern mit ihren beiden Fahrzeugen, einem beweglichen Arzttrupp (BAT) und einem Trupp EOD bestehen, falls wir auf Minen stoßen würden. Die Führung sollte Gebauer, der Führer des zweiten Trupps, übernehmen. Der Auftrag war klar: Routenerkundung bis zur tadschikischen Grenze, Verbindungsaufnahme mit der deutschen Hilfsorganisation Cap Anamur und auf dem Weg dorthin Gesprächsaufklärung in der Bevölkerung. So besorgten wir uns die nötige Verpflegung, Wasser, Benzin, Batterien und was man sonst noch alles benötigte, wenn man vier Tage autark überleben wollte. Die Gegend Richtung Tadschikistan war völliges Neuland für uns, also versprach der Trip sehr interessant zu werden.

Am Vorabend saßen wir alle in der Drop Zone K zusammen. Von dem aus Kabul herangeschafften Bier war noch genügend vorhanden, so dass jeder sein Feierabendbier genießen konnte. Inzwischen war auch der Austausch mit den Kameraden von der Infanterie sehr gut, es gab dort viele bekannte Gesichter. Einige der Gruppenführer der Infanterie hatte ich noch beim Fallschirmjägerbataillon 314 ausgebildet. Als ich von unseren vergangenen und dem neuen Auftrag erzählte, hörte ich bei manchen leisen Neid heraus.

Kein Wunder, die Jungs waren echt unterfordert: Die allermeiste Zeit standen sie am Flugplatz zur Sicherung der anlandenden Flugzeuge und hatten kaum die Möglichkeit, wenigstens einmal nach Kundus reinzukommen. Ich verstand den Frust der Kameraden gut: Ich hätte garantiert den Lagerkoller gekriegt und wäre wahnsinnig geworden, wenn ich aus dem Camp kaum herausgekommen wäre. Nach meinem obligatorischen Telefonat nach Deutschland ging ich dann ins Bett und freute mich auf den morgigen Tag.

Da wir vier Tage eingeplant hatten, standen wir am ersten Tag der Tour nicht unter Zeitdruck und konnten es gelassen angehen. Gebauer übernahm mit seinem Wagen die Spitze, wir übernahmen den letzten Platz zur Sicherung. Wir ließen Kundus zügig hinter uns, und nach zwanzig Kilometern wurde das Gelände bergiger. Das Wetter war noch immer unser Hauptfeind. Die Schotter- und Kieswege wichen mehr und mehr den vielgehassten Schlammpisten. Der fehlende Allradantrieb machte uns arg zu schaffen, und unser Team musste sich ganz schön anstrengen, um nicht den Anschluss zu verlieren. Demnächst – das war anhand der Karten zu erkennen – mussten wir sehr viele Wadis, also gefüllte Flussläufe, durchqueren. Da war es nur noch eine Frage der Zeit, wann sich das erste Fahrzeug festfahren würde.

André leistete Schwerstarbeit, und wir anderen wurden mehr als einmal unsanft hin und her gerissen. Immer wieder kamen wir an größeren Granattrichtern aus Zeiten der sowjetischen Besatzung vorbei, wodurch der eh schon sehr enge Straßenverlauf noch weiter eingeschränkt wurde. Gaaanz langsam schoben wir uns an jedem dieser Krater vorbei. Der Schreck des umgekippten Jeeps vor ein paar Tagen saß uns noch immer in den Knochen, so etwas wollten wir nicht noch einmal erleben. Eine Menge Blindgänger sahen wir ebenfalls rechts und links unseres Weges. Diese nicht detonierten Geschosse oder Sprengkörper konnten allerdings jederzeit, beispielsweise durch Erschütterung eines vorbeifahrenden Fahrzeugs, explodieren. Die EOD-Kräfte machten sich fleißig Notizen. Es war eine Herkulesaufgabe, dieses Land von den Blindgängern und Unmengen an Landminen zu räumen.

Die Landschaft im Norden war sehr karg, und die eh schon spärliche Vegetation wich immer weiter zurück, je höher wir kamen. Fahrzeuge kamen uns weniger entgegen, es waren fast nur noch Eselskarren unterwegs. Aber es gab noch eine andere Möglichkeit, seine Güter zu transportieren: Kamele! Das wurde uns klar, als uns plötzlich eine Kamelkarawane entgegenkam. Jedes Tier war mit Glöckchen behängt, und so klimperten und klapperten die fast fünfzig Tiere gemächlich an uns vorbei. Schwerbeladen brachten sie Güter nach Kundus, um Handel zu treiben. Hier fielen mir natürlich so einige Geschichten ein, die ich mit den Niederländern erlebt hatte. Einmal hatten wir das Fleisch eines erlegten Kamels gegessen, das uns auf einer Passstraße westlich von Kabul in Panik angegriffen hatte.

Die Afghanen, die uns begegneten, schauten uns an wie das achte Weltwunder. Sie waren wohl den Anblick westlicher Soldaten nicht gewöhnt. Auch die Kinder waren eher zurückhaltend und winkten höchstens zaghaft in unsere Richtung. In Kabul musste man höllisch aufpassen, die kleinen und flinken Kinder nicht zu überfahren. Rannten sie doch oft, wenn sie ein Militärfahrzeug sahen, laut schreiend und gestikulierend vor das Auto, um nach Wasserflaschen oder Süßigkeiten zu betteln.

Als wir fünf Stunden gefahren waren, kamen wir erstmals an größeren Ortschaften vorbei. Vor uns lag ein höherer Bergrücken, vor dem sich ein größerer ausgetrockneter Flusslauf befand. Durch dieses Flussbett führte ein mit weißen Steinen markierter Weg hinüber auf die andere Seite. Die EOD-Kräfte stiegen aus und klärten diesen Weg per Augenschein auf. Nach ein paar Minuten kamen sie mit interessanten Neuigkeiten zurück: Der markierte Weg schien sauber zu sein, aber gleich daneben hatten sie Minen entdeckt. Als kurz darauf ein alter Mann mit seinem Eselskarren seelenruhig zwischen den Markierungen auf unsere Fluss-Seite hinübergefahren kam und uns grüßte, konnten wir sicher sein, dass keine Gefahr drohte. Wir winkten zurück, saßen auf und durchquerten den Fluss – immer höllisch darauf achtend, bloß nicht die Markierungen zu überfahren.

Bis zu diesem Zeitpunkt hatten wir schon etliche gefüllte Bach- und Flussbetten durchfahren, ohne EOD-Kräfte dabeigehabt zu haben. Wir konnten echt froh sein, dass nichts passiert war. Uns allen im Wagen führte diese kurze Begebenheit wieder vor Augen, wie verwundbar wir waren und dass man in einem minenverseuchten Gebiet keine Minute sicher war. Das galt natürlich umso mehr für die afghanische Bevölkerung, die dieser Bedrohung permanent ausgesetzt war. Leider passierten ja regelmäßig Unfälle mit Minen. Kinder mit abgerissenen Gliedmaßen und selbstgefertigten Krücken sah ich leider zuhauf in diesem Land.

Nach der Überquerung machten wir eine kurze Pause, um etwas zwischen die Rippen zu bekommen. In etwa einem Kilometer Entfernung lag ein kleines Dörfchen, und ein paar Menschen äugten neugierig zu uns herüber, wie wir mit dem Fernglas erkennen konnten. Da alles friedlich schien, kauten wir weiter unser Essen. Mit einem Mal war ein lautes Geschrei aus dem Dorf zu hören. Ich zuckte zusammen. Was hatte das denn zu bedeuten? Eine einzelne Person kam schreiend in unsere Richtung gelaufen, aber sie war unbewaffnet – zumindest auf den ersten Blick. Ich nahm das Fernrohr zur Hand und sah, dass es eine verschleierte Frau war. Als sie noch circa 250 Meter entfernt war, brach sie plötzlich vor unseren Augen zusammen. Tim und sein Assi suchten sofort ihre Siebensachen zusammen, und auch ich griff nach meinem Medic-Pack. Gerko und Nils kamen noch zur Sicherung mit. Theoretisch konnte es sich ja um eine Falle handeln. Unter so einer Burka konnte man jede Menge Waffen und Sprengstoff verstecken.

Doch als wir uns der Frau näherten, war schnell klar, dass es sich um einen Ernstfall handelte. Tim kniete sich neben die zusammengebrochene Frau, deren noch junges, aber schon gezeichnetes Gesicht vor Schmerz zu einer Fratze verzogen war.

Ihr Wimmern wurde immer kraftloser. Er musste nicht einmal ihr Gewand hochheben, um festzustellen, dass die Frau hochschwanger war. Jetzt wurde es heikel. Eine Frau in einem islamisch geprägten Land zu untersuchen, ist schon für einen einheimischen Mediziner eine komplizierte Aufgabe – aber für einen Westler war es geradezu unmöglich. Erst recht, wenn es sich um ein Problem unterhalb der Gürtellinie handelte. Doch Tim zögerte nur kurz und begann vorsichtig, ihren Bauch abzutasten.

Dann hörten wir den zweiten Schrei. Wieder sahen wir eine Person auf uns zulaufen, allerdings war es diesmal ein Mann – vermutlich ihrer. Nun war keine Zeit zu verlieren, wenn wir der Frau helfen wollten, bevor der Mann bei uns eintraf. Als unser Arzt die Burka anhob, schlug uns ein bestialischer Gestank entgegen. Ich wich zurück, Gerko und Nils hielten sich unwillkürlich die Nase zu.

Ich hatte bereits meine leidvolle Geruchserfahrung mit verwesten Menschen gehabt. Als ich 2002 mit dem KCT auf einer unserer Aufklärungsfahrten war, kamen wir einmal an einer Menschenansammlung außerhalb von Kabul vorbei. Schon beim Näherkommen roch ich süßlichen Verwesungsgeruch. Als wir näherkamen, sahen wir einen am Bauch aufgeplatzten Afghanen am Boden liegen. Er musste schon einige Tage dort gelegen haben, da er schon in Teilen unkenntlich und von Tieren angefressen war. Aber selbst dieser entsetzliche Geruch war nichts gewesen im Vergleich zu diesem hier.

Tim sagte gepresst: »Verdammt, die Frau ist schon mindestens zwei Tage kreißig.« Nils guckte ihn fragend an. »Das heißt, die Fruchtblase ist vor zwei Tagen geplatzt«, fuhr er fort, »und seitdem trägt sie ein totes Kind in sich.« Scheiße, dachte ich, dann macht sie es auch nicht mehr lange. Wie zur Bestätigung stöhnte sie auf, und ihre Augen flatterten. Sie musste sehr starke Schmerzen haben und hoffte vermutlich auf unsere Hilfe. Wir konnten aber nichts tun, was mir in der Seele weh tat. Dafür waren die medizinischen Bedingungen hier einfach zu schlecht, und noch dazu gab es das Problem mit der kulturellen und religiösen Kluft.

Ihr Mann hatte uns mittlerweile auch erreicht und machte uns anhand von Gesten unmissverständlich klar, dass wir uns von seiner Frau zu entfernen hätten. Um die Situation nicht eskalieren zu lassen, standen wir alle auf und gingen drei Schritte nach hinten. Für Tim war das ein besonders schwerer Moment, das war ihm anzusehen. Ich sah richtig, wie es in seinem Kopf ratterte und arbeitete. Ein großer Kampf musste gerade in ihm toben. Sollte er helfen oder nicht? Aufgrund des ärztlichen Eides war er dazu verpflichtet. Oder brachte er uns alle in Gefahr, wenn er dem hippokratischen Eid folgte und sich den Anordnungen des Mannes widersetzte?

Wir blieben gebannt stehen, wo wir waren, und warteten ab. Kurz darauf kam ein weiterer Mann mit einem Eselskarren aus dem Dorf in unsere Richtung gefahren. Als er angekommen war, packten er und der Ehemann die Frau an Händen und Füßen und luden sie ziemlich unsanft auf den Karren. Sie stöhnte gotterbärmlich, dann ritten die beiden Männer mit ihrer Ladung zurück ins Dorf. Wir standen da wie betäubt und sahen dem Karren hinterher. Erst Tim löste unsere Starre. Er drehte sich um und ging mit hängendem Kopf zurück zu unseren Fahrzeugen, wir anderen folgten. Sprechen konnte und mochte niemand, und der Appetit war uns ebenfalls vergangen, so dass wir das angefangene Essen zusammenpackten und entsorgten.

Wortlos setzte sich Tim in seinen Wagen und blickte in die Ferne, er wollte alleine sein. Wir anderen starrten betreten zum Dorf, in dem gerade der Karren mit der Frau verschwand. Ich mochte dieses Land und seine Menschen. Stolz und unbeugsam waren sie. Grausam und kompromisslos gegenüber ihren Feinden und dennoch von herzlichster Gastfreundschaft. Dies alles hatte ich bereits erlebt. Aber Szenen wie diese ließen eine große Wut in mir aufsteigen. Es war nicht das erste Mal, dass ich die Frauenverachtung der Afghanen miterlebt hatte.

In Kabul war nahezu täglich zu sehen gewesen, dass Frauen, die alleine das Haus verlassen hatten, auf der Straße von Männern und Jungen geschubst oder auch geschlagen wurden, weil sie keine männliche Begleitung dabeihatten. Extrem war dies in der »Stadt der ehrlosen Frauen«, wo Frauen quasi als Freiwild oder Aussätzige in alten Kasernenanlagen der Russen einquartiert wurden, nur weil sie durch irgendwelche Umstände ihren Mann verloren oder dieser Ehebruch begangen hatte, aber die Frauen dafür verantwortlich gemacht wurden.

Am liebsten hätte ich diese beiden Männer gepackt und ihre Köpfe so lange zusammengestoßen, bis Vernunft in sie gedrungen wäre. Aber das war hier nicht Deutschland. Ich war zu Gast in einem Kulturkreis mit einer fast zweitausendjährigen Geschichte, in der es andere Wertmaßstäbe und Erfahrungen gab. Die Sitten und Gebräuche der Einheimischen kamen uns grausam und unwirklich vor, aber vermutlich fühlten sie sich ebenso von unseren Regeln und Bräuchen abgestoßen. Viel Verständnis und Respekt auf beiden Seiten würde nötig sein, um einen Schritt aufeinander zuzumachen, dachte ich bei mir. Aber ich hatte da so meine Zweifel, ob dieser Schritt überhaupt jemals passieren würde, passieren könnte.

Immer noch in Gedanken, hatte ich gar nicht mitbekommen, dass Gebauer längst den Aufbruch befohlen hatte. Gerko musste mich anstupsen, damit ich mich zu unserem Wagen bewegte. Mich beschäftigte immer noch, was ich eben erlebt hatte. Schweigend brachen wir auf. Unser Weg führte durch das Dorf, in dem gerade die Frau auf dem Karren verschwunden war. In gedrückter Stimmung fuhren wir durch die Dorfstraße, und die Feindseligkeit der Dorfbewohner drang bis zu uns ins Fahrzeug hinein. Am Ortsende lag ein regloses Bündel im Straßengraben, das der Frau sehr ähnelte. Ich schaute diesem Bündel noch eine Weile hinterher und hoffte, dass der Eindruck trügte.

Wir waren froh, das seltsame Dorf hinter uns gelassen zu haben. Nun lagen die Berge vor uns, und wir mussten uns auf das schwierige Gelände konzentrieren. Wadis, Brücken und Furte allerorten. Zum Teil mussten wir zu Fuß vorausgehen, um überhaupt einen gangbaren Weg zu finden. Auch das Durchwaten der Flüsse und Bäche war nicht wirklich angenehm, war das Wasser doch bitterkalt. So kämpften wir uns Stunde um Stunde voran. Die kleinen Brücken und Stege hielten uns immer am meisten auf – wussten wir doch nicht, ob diese den wesentlich schwereren Krankenwagen trugen.

Keiner von uns war Statiker oder Ingenieur, und so prüften wir unter den abenteuerlichsten Bedingungen: Wir krochen unter die Brücken und stiefelten ins Wasser, um die Brücken zu untersuchen. Natürlich immer mit dem Wissen, dass dort auch Minen oder irgendwelche Blindgänger liegen könnten. Wir kontrollierten die Konstruktion mit bloßen Händen, aber auch, indem wir ganz langsam mit den Fahrzeugen drauffuhren um zu testen, ob sie einbrach. Die Camel-Trophy war ein Scheißdreck gegen das, was wir hier machten. Frierend und triefend nass saß ich im Wagen, wenn wir gerade durch eine Furt gewatet waren, und versuchte meinen Körper auf dem mittleren Sitz zu postieren, um etwas von der warmen Heizungsluft abzubekommen.

Nach ein paar Stunden Quälerei lag Dasht-e Qaleh, ein etwas größeres Dorf, beinahe schon eine Stadt, endlich vor uns. Nachdem wir über eine Brücke ins Dorf gefahren waren, hatten wir seit Stunden endlich wieder eine feste Piste unter uns. Zwar kein Asphalt, aber immerhin eine gewalzte, mit Kies aufgefüllte Straße. Alleine der Anblick war entspannend. An der Straße ins Zentrum standen überall die typischen Flachbauten aus Lehm. Auf einem Feld rechts von uns sahen wir einen weißen Pick-up, der sich festgefahren hatte. Zwei Afghanen mühten sich, diesen freizubekommen. Gebauer ließ alle anhalten, und nachdem wir uns kurz über Funk verständigt hatten, wollten wir ihnen helfen. Schließlich hatten wir uns oft genug nur mit Hilfe von Einheimischen wieder aus dem Morast befreien können. Als wir uns auf dem Acker dem Fahrzeug näherten, erkannten wir einen Aufkleber auf der rechten Seite des Autos, »Cap Anamur«. Perfekt! Zu denen hatten wir eh hingewollt, ohne jedoch die genaue Adresse zu kennen.

Nachdem die EOD-Kräfte das Feld soweit möglich aufgeklärt hatten, wurde der Krankenwagen nachgezogen, als Zugmaschine für das festgefahrene Fahrzeug. Mit Abschleppseilen zogen wir den Wagen hinaus auf die Straße, und die beiden Afghanen waren ganz dankbar. Khaled, unser Sprachmittler, sagte ihnen, dass unser Konvoi hinter ihnen herfahren wollte, und deutete dabei immer wieder auf den Aufkleber mit dem Cap-Anamur-Schriftzug. Plötzlich hellten sich ihre Gesichter auf. Offensichtlich hatten sie verstanden und machten einladende Gesten. Wir saßen alle auf und folgten dem Pick-up.

Nach etwa fünf Minuten kamen wir an einem sehr neuen und großen Gebäude vorbei. Mit seinem Giebeldach war es ziemlich auffällig und wollte nicht so recht in die Landschaft passen. »Sieht ja schräg aus, inmitten der ganzen Lehmhütten«, kommentierte ich von der Rückbank. »Was das wohl für ein Gebäude ist?« Später erfuhren wir, dass es das neugebaute Krankenhaus war. In der Stadt verloren wir alle ziemlich schnell den Überblick. Der weiße Pick-up sauste durch eine Unmenge kleiner Gassen vor uns her und scheuchte mit seinem Dauerhupen die Menschen in die Hauseingänge. So ganz wohl war uns nicht bei der Sache, wir nahmen üblicherweise mehr Rücksicht auf die Bevölkerung.

Außerdem kam das alte Misstrauen in mir hoch. Waren wir vielleicht zu blauäugig, einfach so den vor uns fahrenden Afghanen zu vertrauen und uns durch dieses unbekannte Labyrinth schleusen zu lassen? Schließlich kannten wir die beiden nicht. Dass sie mutmaßlich für Cap Anamur arbeiteten, war noch lange kein Freibrief für Unbedenklichkeit. Aber ich wischte die Skepsis beiseite und beschloss, die Vorteile zu sehen und mich durch den mangelnden Überblick nicht kirre machen zu lassen. Ohne die Hilfe des Pick-up-Fahrers hätten wir das Haus, in dem die Mitarbeiter von Cap Anamur untergebracht waren, wahrscheinlich nie gefunden. Märkte, Schlachtereien und andere Warenanbieter reihten sich entlang der Straße, die sich immer mehr zur Gasse verengte. Wenn ein Hinterhalt, dann jetzt, dachte ich nur, doch dann ein befreiender Moment: Links vor uns tauchte ein Gebäude mit deutscher Flagge davor auf. Puh, wir waren am Ziel!

Unser Tross blieb vor der Toreinfahrt stehen, bis Gebauer drinnen die Lage gecheckt hatte. Das Ganze dauerte nicht lange, und die Tore öffneten sich für uns. Ein ungefähr sechzig Jahre

alter Mann, der ein bisschen wie der legendäre Showmaster Hans Rosenthal aussah, stand am Tor und begrüßte uns freudig. »Endlich jemand, der sich freut, wenn er uns sieht«, brummte André, der von der Fahrerei ganz schön geschlaucht war. Hatten wir doch noch in Erinnerung, wie reserviert die Mitarbeiter des Halo-Trust oder der schwedischen Hilfsorganisation auf uns reagiert hatten. Aber dieser Mann hier, wahrscheinlich der Arzt, schien sich über unseren Besuch zu freuen.

Vor uns lag ein kleiner Hof mit mehreren Gebäuden. Wir hatten gerade geparkt, da ging plötzlich das Tor wieder auf und ein weißer Lkw kam hereingefahren. Am Steuer saß eine Frau, ungefähr dreißig Jahre alt. Verwundert sah sie sich unser Aufgebot im Hof an, und kaum weniger erstaunt betrachteten wir den Zustand ihres Lkw. Überall waren Einschusslöcher zu erkennen, und auf der Seite musste er ebenfalls schon gelegen haben, wie uns die eingedellten Aufbauten zeigten. Die Windschutzscheibe war kaputt, und die Heckklappe fehlte auch, aber anscheinend fuhr das Ding noch.

»Hallo zusammen«, rief die Frau und stieg aus. Wir begrüßten sie freundlich, und es stellte sich heraus, dass sie eine deutsche Krankenschwester war. Schnell kamen wir ins Gespräch. »Ihr Laster hat ja auch schon 'ne Menge mitgemacht«, meinte Tatze. »Das stimmt«, lachte sie. »Gerade heute Mittag bin ich an einer Böschung abgerutscht und habe mich sogar überschlagen.« In die Stille hinein sagte sie: »Ist aber nichts passiert, wie ihr seht.«

Da kam auch schon der Arzt mit Gerko und Gebauer zurück. Sie hatten in der Zwischenzeit eine kurze Begehung des Lagers durchgeführt und gezeigt bekommen, wo wir im Hauptgebäude schlafen konnten. Unsere Ausrüstung unterm Arm, gingen wir in den nackten Raum und stellten unsere Feldbetten auf. Danach machte Gebauer einen Rundgang mit uns allen auf dem Gelände, um uns einzuweisen. Es gab eine kleine Küche, die wir auch benutzen durften, um unsere EPAs warmzumachen. Behandlungsräume und am Rand der Anlage eine weiße, gemauerte Hütte, in der sich ein viereckiges Loch befand – eine landesübliche Toilette.

Die ganze Anlage war sehr karg und spartanisch eingerichtet. Dagegen war unser Camp in Kundus das reinste Luxus-Ressort. Gerade das Nötigste war hier vorhanden, und über hygienische Maßstäbe, die wir aus Deutschland kannten, brauchen wir uns nicht zu unterhalten. Trotzdem waren die Zustände im Landesvergleich sehr gut. Sogar Operationen wurden in einem der kleinen Behandlungszimmer durchgeführt. Die Liegen, die Geräte, die Gefäße und die Bestecke waren schon sehr alt und mussten bereits einige Jahre auf dem Buckel haben. Für mich sah es so aus, als ob sie aus alten Armeebeständen stammten oder aus irgendwelchen Dritte-Welt-Ländern organisiert worden waren. Mich schauderte bei dem Gedanken, hier mit einem entzündeten Blinddarm oder so etwas eingeliefert zu werden.

Allen wurde klar, wie gut es uns doch in Kundus ging. Hier war wirklich alles darauf reduziert, zu überleben und den Menschen zu helfen. Wahnsinn, dass sich immer wieder Ärztinnen und Ärzte freiwillig in eine solche Situation, teilweise unter Lebensgefahr, begaben, um den Menschen wenigstens ein biss-

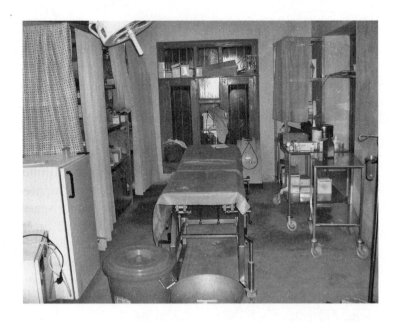

chen Hilfe zukommen zu lassen. Ohne Waffen oder anderen Schutz reisten sie in die gefährlichsten Krisengebiete und lebten und arbeiteten dort unter grauenhaften Umständen. Und dabei war es sehr wohl ein Unterschied, ob die Helfer in Kabul oder in einem abgeschiedenen Bergdorf wie hier ihren Dienst schoben.

Bevor ich Ende 2002 die Hauptstadt verließ, hatten dort bereits findige Geschäftsleute begonnen, Luxushotels und Herbergen zu errichten, für die Vielzahl der ausländischen Pressevertreter und Mitarbeiter von Hilfsorganisationen. Gerade bei den größeren Organisationen saß das Geld ziemlich locker. Gegen ein wenig Luxus in ihrem sonst tristen Alltag war natürlich nichts einzuwenden. Bei meinem Einsatz für die Loja Dschirga, die große Ratsversammlung 2002 in Kabul, hatte ich auch Kontakt zu Mitarbeitern der GTZ, der deutschen Gesellschaft für Technische Zusammenarbeit. Mein damaliger Buddy Alex und ich wurden oft zu deren Partys eingeladen, die nach getaner und wirklich exzellenter Arbeit in den besseren Hotels geschmissen wurden. Neben den privaten Sicherheitsunternehmen, die auch schon in großer Anzahl dieses Land bevölkert hatten, war die Bau- und Hotelbranche fast der einzige Wirtschaftszweig, der boomte.

Ich hatte mich inzwischen entschieden, mein Feldbett wieder abzuschlagen und die Nacht im Wagen zu verbringen. Erstens war der Platz in den Gebäuden stark beschränkt, und ich hatte keine Lust, wie in einem Ehebett mit je einem Kameraden links und rechts von mir auf Tuchfühlung zu gehen. Der zweite Grund war praktischer Natur: Ich hatte mir einen ausgewachsenen Magen-Darm-Virus eingefangen – die Toilette war mein bester Freund geworden. Das Klo-Häuschen lag direkt neben unserem geparkten Wagen, und so waren die unvermeidlichen Wege in der Nacht deutlich kürzer. Mir ging es gar nicht gut, mein Magen grummelte die ganze Zeit. Langsam bemerkte ich auch erste Anzeichen von Dehydrierung an mir. Kurz und gut, ich wollte meine Kameraden in Ruhe schlafen lassen.

Dass dies eine gute Entscheidung war, stellte sich dann in der ersten Nacht heraus. Mir waren schon die vielen Mausefallen aufgefallen, die überall herumlagen. Die schier unendliche Anzahl kam mir komisch vor, und so fragte ich am nächsten Morgen den Arzt, was es damit auf sich hatte. »Tja«, meinte er. »Wir haben hier mit einer ziemlich üblen Mäuseplage zu kämpfen.« Das deckte sich mit meinen Beobachtungen: Ganze Horden von Mäusen verließen in der Nacht ihr Versteck und begaben sich auf Nahrungssuche. Auch vor den Schlafräumen machten die furchtlosen Nager nicht halt. Meine Kameraden berichteten mir, dass die kleinen Krabbler sogar über ihre Schlafsäcke getippelt waren und sie so fast gar keinen Schlaf bekommen hatten.

Der Arzt, die Krankenschwester und ihr afghanisches Personal hatten sich zur Hauptaufgabe gesetzt, die weibliche Bevölkerung über den Ablauf einer Schwangerschaft aufzuklären, um mögliche Komplikationen zu vermeiden. Auch die Empfängnisverhütung machten sie zum Thema, denn diese war gerade im ländlichen Bereich fast gänzlich unbekannt. Entsprechend hoch war die Geburtenrate – ob man sich den vielen Nachwuchs leisten konnte oder nicht. Die Krankenschwester erzählte von einer Frau, die bereits unglaubliche 24 Mal schwanger gewesen war und dabei elf Totgeburten erlitten hatte. Unfassbar, welchen Strapazen sich diese Frauen aussetzten. Wahrscheinlich könnte die Lebenserwartung der Frauen und auch der nachwachsenden Kinder um einige Jahre gesteigert werden, wenn die Afghanen eine konsequente Geburtenkontrolle betreiben würden. Die Frauen würden körperlich nicht so ausgelaugt, und weniger Kinder könnten besser versorgt werden.

Auch hörten wir wieder das altbekannte Lied, dass Hilfsorganisationen generell und auch Cap Anamur nicht gerne mit dem Militär zusammenarbeiteten. Die Erklärung: Sie wollten nicht den Zorn der fundamentalistischen Kräfte auf sich ziehen. Nun gut, aus meiner Sicht passierte das sowieso – einfach aus dem Grund, dass sie Westler waren. Doch der Arzt erklärte uns wortreich, mit wie viel Anstrengung und Mühe sie sich den Respekt der Dorfgemeinschaft erarbeitet hatten und dass sie nicht riskieren wollten, das fragile Gleichgewicht ins Wanken zu bringen. Vor allem Tim, unser Arzt, hing an seinen Lippen und war schwer beeindruckt, unter welchen Bedingungen sein Kollege hier arbeitete und was er dabei erreichte.

Abends wurde gemeinsam gekocht, dafür schmissen wir ein paar EPAs zusammen und peppten sie mit frischen Zutaten vom Markt auf. Außerdem hatten der Arzt und die Krankenschwester noch einige Dosen Pfirsiche sowie Erasco-Suppen in einem kleinen Speiseraum gelagert, die sie eigentlich für Feierlichkeiten oder zu besonderen Anlässen aufheben wollten. Aber für diese Leute war unser Aufenthalt offensichtlich etwas Besonderes. Außerdem spiegelte sich hier wieder einmal die absolute Gastfreundschaft wider.

Wir saßen unter freiem Himmel an Biertisch-Garnituren zusammen und unterhielten uns über alles Mögliche. Da mein Magen noch immer nicht richtig funktionierte, verzichtete ich dankend auf das angebotene Essen und kaute verdrossen die Hartkekse aus meiner Notration. Ein paar Fakten ließen mich dann allerdings aufhorchen. Gerade einmal 700 Euro erhielt der Arzt im Monat für sein Engagement hier im Land, und die Krankenschwester noch viel weniger. Das erschütterte mich. So viel bekamen wir beinahe in einer Woche allein aufgrund der Gefahrenzulage. Als irgendjemand den Mann fragte, warum er all das auf sich nähme, meinte er: »Manchmal muss man Opfer bringen, um etwas zu erreichen.« Aber es kam noch dicker.

Tim fragte die Krankenschwester, wie sie denn als Frau in dieser archaischen und vor allem patriarchalischen Welt zurechtkomme, das sei doch sicher schwierig. »Das stimmt«, sagte sie und machte eine nachdenkliche Pause. »Es ist anders als alles, was wir kennen. Man bekommt als Frau keinen Respekt von den Männern, man ist in deren Augen mehr Ding als Mensch.« Sie stockte und fuhr dann fort: »Das hab ich selbst am eigenen Leib erlebt. Ich bin schon öfter von bewaffneten Männern festgehalten und missbraucht worden.« Mir blieb der Atem stehen, und Gerko und André neben mir ging es nicht anders. Ich versuchte, das Gehörte zu verstehen und einzusortieren. Diese Frau hatte die schlimmsten Erfahrungen gemacht, die sie machen konnte, und trotzdem blieb sie hier und versuchte weiter zu helfen. Ich verstand das nicht. Das war wohl nur mit einer übergroßen Portion Idealismus, Unerschrockenheit und viel Demut zu bewerkstelligen.

Mit Grauen versuchte ich mich in ihre Lage zu versetzen und überlegte, was ich an ihrer Stelle getan hätte. Mir fiel dazu nichts ein, so unbegreiflich war das Ganze für mich. Ich konnte mir ja nicht einmal vorstellen, ohne Waffe in dieses gefährliche Land zu reisen. Und vor allem würde ich wohl keine Sekunde länger hierbleiben, wenn ich solche schlimmen Erfahrungen gemacht hätte. Diese Frau nötigte mir einen ungeheuren Respekt ab und ließ mich die Arbeit der Hilfsorganisationen in völlig neuem Licht sehen. Nachdenklich ging ich zu meinem Jeep und legte mich zusammengestaucht auf den Rücksitz, um eine Mütze Schlaf abzubekommen.

Da das Haupttor nicht bewacht war, schlief ich nur sehr unruhig. Im Halbschlaf wanderte mein Blick gedanklich immer wieder zu dem Eingangsbereich, um zu checken, ob sich da etwas tat. Immerhin patrouillierten immer zwei Mann von uns die ganze Nacht um unsere Schlafbaracken. Sie hatten auch die Aufgabe, per Satelliten-Telefon die OPZ in Kundus auf dem Laufenden zu halten, was aber nicht immer leicht war, da in Kundus oft keiner ranging. Ich konnte nicht wirklich entspannen und Ruhe finden, außerdem rumorte mein Magen wie verrückt, so dass ich mehrmals in der Nacht das Loch im Boden aufsuchen musste. Müde und zerschlagen kroch ich in aller Frühe beim ersten Lichtschein aus dem Fahrzeug und streckte mich ausgiebig. Kaffee, ich brauche dringend Kaffee!, war mein einziger Gedanke.

Bevor wir uns die Stadt näher ansehen wollten, trafen wir uns noch zu einem kleinen Gespräch mit dem Arzt und der Krankenschwester. Wir wollten wissen, inwieweit wir sie mit Material unterstützen konnten. »Das trifft sich gut«, meinte die Krankenschwester. »Ihr habt ja mitbekommen, dass sich gerade gestern mein Lkw überschlagen hat. Wir brauchen eine neue Frontscheibe und ein paar andere Ersatzteile. Wäre das machbar?« Gebauer nickte. »Klar, das können wir organisieren.«

Und dann sprach er noch eine Einladung aus. »Wie wäre es, wenn ihr an Weihnachten zu uns nach Kundus kommt? Ein richtiges Bett, ohne Mäuse, und eine Dusche können wir euch bieten. Und das Essen ist an Weihnachten besonders lecker. Es soll wohl Gans geben.« Dankend nahmen sie unsere Einladung an. Im Gegenzug versprachen wir, uns um die benötigten Teile zu kümmern, sobald wir zurück in Kundus waren. So verabschiedeten wir uns im Laufe des Mittags von ihnen. Als kleines Abschiedsgeschenk und Dankeschön für die nette Aufnahme bekamen sie von uns noch einen ordentlichen Packen an Notrationen in die Hand gedrückt. Dann stand die Rückfahrt nach Kundus an.

Den Weg zurück nutzten wir, um kurz eine Rundfahrt durch die Stadt zu machen. Wir machten das ohne die Leute von der Hilfsorganisation, da diese schon wieder mit Aufgaben in ihrem Camp belastet waren. Der normale Alltagsbetrieb war ja all die Zeit weitergegangen, und alle naselang kamen kranke oder hilfsbedürftige Afghanen vorbei, um sich vom Arzt untersuchen zu lassen. Winkend verschwanden die beiden außergewöhnlichen Menschen im Rückspiegel und wurden immer kleiner und kleiner, bis sie schließlich hinter einer Kurve verschwanden. Dann fuhren wir durch schlammverschmierte Straßen, vorbei an Ständen mit Obst, Gemüse und vor allem viel öfter Fleisch, als wir es aus kleineren Dörfern kannten. Trotz all der Rückständigkeit im Vergleich zu unseren westlichen Vorstellungen machten die Bewohner einen zufriedenen Eindruck auf mich.

Für mich waren diese zwei Tage bei Cap Anamur enorm bereichernd gewesen. Ich hoffte sehr, dass die beiden zu Weihnachten bei uns im Camp vorbeischauen würden. Das wäre sicher eine willkommene Abwechslung für sie. Der Rückweg gestaltete sich genauso schwierig wie der Hinweg. Unter sehr lautem Geknatter kämpften wir uns auf den schlechten Wegen wieder Meter um Meter voran. Einer unserer Toyotas hatte nämlich bei einer Flussdurchquerung seinen Auspuff verloren, so dass unser Konvoi sich schon meilenweit im Voraus ankündigte.

Kurz vor dem gebirgigen Abschnitt passierte es dann: Der Krankenwagen rutschte seitlich von dem einigermaßen festen Wegabschnitt nach links, in den tiefen Schlamm. Unser mit Abstand schwerstes Fahrzeug steckte nun bis zu den Achsen fest. Das kostet Stunden, dachte ich und seufzte. Ich hatte mich schon so auf eine Dusche und ein kühles Bier in Kundus gefreut! Und jetzt mussten wir Stunden zubringen, um das Fahrzeug aus dem Morast zu hieven und wieder flottzumachen.

Von oben bis unten schlammverschmiert, knieten wir im Dreck und versuchten die Bleche, die wir für solche Fälle mitgenommen hatten, unter die Räder des Sanitätsfahrzeugs zu bekommen. Aber das war einfacher gesagt als getan. Immer weiter rutschte das Fahrzeug vom Weg ab und neigte sich schon bedrohlich in Richtung Abgrund. Erschwert wurde die Arbeit durch die Warnungen unserer EOD-Leute. »Geht bloß auf keinen Fall vom Weg runter. Das sieht schwer nach Minen aus!«

Nach knapp zwei Stunden war es dann so weit: Mit viel Schweiß, Flüchen und ein bisschen Glück hatten wir endlich die Bleche unter die Räder bugsiert. Der Fahrer begann vorsichtig und langsam das Fahrzeug wieder auf festeren Boden zu bringen. Kurz vor Beginn der Dämmerung stand der Krankenwagen startklar auf der Piste.

Noch sechs Stunden Fahrtzeit lagen vor uns. Wir mussten uns also schon wieder bei Nacht über die schlechten Wege kämpfen. Zu allem Überfluss funktionierte der Scheibenwischer bei unserem Fahrzeug nur eingeschränkt. Damit wir nicht alle paar Meter stehenbleiben mussten, bewaffnete sich Gerko auf dem Beifahrersitz mit einer Wasserflasche und kippte durchs Fenster immer wieder Wasser auf die Vorderscheibe. Durch den Fahrtwind verteilte sich das Wasser sogar ganz gut und spülte den ganzen Dreck runter. Im Stillen verfluchte ich die unseligen Toyota-Jeeps und alle, die damit zu tun hatten: die Konstrukteure, Auto-Monteure, Importeure und unsere Führung, die diese Krücken angemietet hatten – alle bekamen sie ihr Fett weg. Wir waren restlos bedient.

Nach zwei Stunden ließen wir das gebirgige Gebiet hinter uns. André seufzte erleichtert auf.»Na endlich. Wurde auch Zeit, dass mal wieder so etwas wie Wege kommen.« Wir hielten nur noch kurz, um die Autos per Kanister zu betanken, und fuhren ansonsten durch. Nach weiteren fünf Stunden erreichten wir die Außengebiete von Kundus. Das Flugfeld lag bereits rechts vor uns, so dass es sich nur noch um Minuten handeln konnte, bis wir im Camp ankämen. Über Funk meldeten wir uns an und waren froh, dass die OPZ nun durchgängig besetzt zu sein schien. In der Anfangsphase war das leider nicht immer der Fall gewesen. Ein paar Mal hatten wir – und das auch noch nachts – keinerlei Ansprechpartner per Funk bekommen. Hätte es zu diesem Zeitpunkt einen Zwischenfall gegeben, wir wären verraten und verkauft gewesen.

Die OPZ teilte den afghanischen Wachen unsere baldige Ankunft mit. Dies erleichterte allen Beteiligten die Situation, reagierten diese Männer doch gerade nachts sehr nervös und nahmen schnell ihre Waffen in Anschlag, was sich nicht wirklich gut anfühlte, wenn man derjenige war, auf den gezielt wurde.

Alle freuten sich auf »zu Hause«, die Stimmung im Wagen stieg spürbar. »Endlich wieder eine Dusche und ein richtiges Klo«, seufzte Gerko. Außerdem war es immer wieder schön zurückzukommen, da das Lager ja täglich anwuchs und somit immer wieder neues Personal hinzukam.

Gegen vier Uhr morgens fuhr unser Konvoi endlich durch das Lagertor. Wir schleppten unsere Ausrüstung zum Container und wurden bereits auf halbem Weg freudig von Snoopy begrüßt. Alle mussten über seine enthusiastische Wiedersehensfreude lachen. »Guckt euch den verrückten Hund an«, meinte ich. »Ich wünschte, meine Freundin würde mich so freudig begrüßen, wenn wir uns mal drei Tage nicht gesehen haben.« Das Gelächter wurde noch lauter, und Nils schnappte sich Snoopy, um ihm seine zustehenden Krauleinheiten zu verpassen. Snoopy tat uns allen einfach gut. Er konnte uns zwar nicht die Freundin oder Ehefrau ersetzen, aber er war doch ein zuwendungsbedürftiges, liebes Wesen, das wir alle ins Herz geschlossen hatten. Schnell erledigten wir das Nötigste und fielen in unsere Feldbetten. Durch meinen hohen Konsum an Kohletabletten hatte ich seit Mittag einigermaßen Ruhe vor meinem Magen und fiel in einen tiefen, traumlosen Schlaf.

Kling Glöckchen klingeling – Neues vom Geheimdienst, ein Fehlalarm und Weihnachten im Camp

Am nächsten Tag hatten wir keine Aufträge auf unserer Agenda. Wir machten uns also daran, Waffen und Ausrüstung zu reinigen. Die erste Möglichkeit und die gebräuchlichste: die Uniform trocknen lassen und dann den ganzen Schlamm mit einer Schuhbürste ausbürsten. Zweite Möglichkeit: Du gehst mit deiner Uniform duschen und wäschst den Schlamm von deiner angezogenen Uniform herunter. Später kam noch eine dritte Variante dazu: Man gab seine Uniform in einem mit einer Nummer markierten Wäschenetz ab, das dann nach Kabul geflogen und dort in einer Großwäscherei gewaschen wurde. Diesen Betrieb hatte ein findiger Deutscher eröffnet, der auch Dixi-Klos an die Bundeswehr vermietete und pro Wäschesack sechs Euro kassierte. Kein schlechter Verdienst, bei den geringen Personalkosten in Afghanistan. Dafür wurde dann die frisch gewaschene Uniform sogar hygienisch eingeschweißt im Netz mit der entsprechenden Nummer zurückgeliefert.

Gerko und Gebauer saßen über dem Report zusammen, und der Mechaniker kümmerte sich um die ganzen Fahrzeuge, die arg in Mitleidenschaft gezogen waren. Er rief immer wieder »O Gott, o Gott« und schlug seine Hände vors Gesicht. Aufgrund der Mangelwirtschaft improvisierte und bastelte er die abenteuerlichsten Konstruktionen, um schadhafte Teile austauschen zu können. Ich musste grinsen, wie ich ihn so werkeln und eine Behelfslösung nach der anderen aus dem Hut zaubern sah. Wären dem Technischen Offizier zu meiner Kabuler Zeit diese Krücken untergekommen, er hätte vermutlich das Feuer auf uns eröffnet und danach diese Fahrzeuge in die Luft gejagt. Auch waren uns in Kabul technisch einwandfreie und bitter benötigte

Fahrzeuge wegen fehlender Abgas-Sonderuntersuchungen gesperrt worden. Ich war gespannt, wann sich auch hier in Kundus dieser bürokratische Irrsinn breitmachen würde, hoffte aber, dass das nach meiner Zeit wäre.

Wir hatten schon genug mit anderen Unzulänglichkeiten zu kämpfen. Obwohl wir inzwischen über sechs Wochen im Land waren und wiederholt darauf hingewiesen hatten, hatten wir noch immer keine Munition zum Anschießen der Waffen erhalten. Uns waren zwar am Anfang jedem 300 Schuss ausgehändigt worden, aber die konnten wir schlecht fürs Anschießen nehmen, so knapp wie wir gehalten wurden. Das Anschießen der Waffen ist aber extrem wichtig, da ich ja im Ernstfall auch die Person treffen möchte, die ich anvisiere, und nicht eine, die zufällig danebensteht. Somit konnten wir nicht überprüfen, ob die Waffe auch dorthin schießt, wo sie hinschießen soll, ob also der »Haltepunkt« stimmt. Wie bereits in Kabul seufzte ich, wie bereits im Kosovo seufzte André, und so seufzten wir alle.

Immerhin gab es einen Trost. Es war zwei Tage vor Weihnachten, und es trudelten verstärkt unsere Päckchen, Pakete und Briefe aus Deutschland ein. Das war irre wichtig und schön für uns, so ein heimatliches Carepaket gehörte zu den absoluten Highlights im meist öden Alltag. Meine Familie und Anja hatten mir jede Menge Päckchen geschickt, die ich aber erst am Heiligabend öffnen wollte.

Allerdings hatte die Päckchenflut auch einen unschönen Nebenaspekt: Besonders bei den Familienvätern machte sich nun eine ausgewachsene Feiertagsdepression breit, wie in den Betreuungseinrichtungen zu beobachten war. Missmutig dreinblickende Soldaten saßen überall und redeten über ihre Familien, die ihnen bitter fehlten und die ein erstes Mal Weihnachten ohne sie feiern mussten. Es gab kaum ein anderes Gesprächsthema. Sogar diejenigen, die noch einigermaßen Abstand von den trüben Gedanken wahren wollten, wurden unerbittlich mit hineingezogen. Wie eine ansteckende Krankheit verbreitete sich die gedrückte Stimmung von Container zu Container.

Im Camp tauchten in diesen Tagen aus dem Nichts zwei zusätzliche Soldaten auf, ein Major und ein Hauptmann, wie an den Schulterklappen zu erkennen war. Ich hatte keine Ahnung, zu welcher Einheit sie gehörten. Zwei einzelne Soldaten waren sehr ungewöhnlich. Das galt auch für ihre Bewaffnung, die mir sofort auffiel.

Der eine hatte eine MP7, das Neueste, was der Bundeswehr zur Verfügung stand. Diese Waffe hat eine extreme Durchschlagskraft und war noch nicht allgemein im Einsatz. Ich kannte diese Waffe aber schon aus einigen Vorführungen sowie Besuchen bei Kameraden vom KSK in Calw. Der andere hatte ein Sturmgewehr G36 Commando, eine Weiterentwicklung unseres bereits sehr modernen G36K. Diese Waffe war noch kürzer als unsere Version und eigentlich nur beim Kommando Spezialkräfte anzutreffen. Ich konnte mir zunächst keinen Reim auf die beiden und ihre Bewaffnung machen. Wie Kommando- oder typische Elitesoldaten sahen sie mir jedenfalls nicht aus.

Etwas später wurde ich von Carlo, meinem Freund und Chef der Infanteriekräfte, in seinen Container gerufen, wo die beiden sonderbaren Offiziere ihr Quartier bekommen hatten. Die beiden saßen auf ihren Betten und schauten mich interessiert an. »Achim, darf ich dir vorstellen«, meinte Carlo. »Das sind Hauptmann Buske und Major Kretschmer.« Aha, dachte ich, und was soll ich jetzt mit den beiden? Mir kam es allerdings so vor, als wüssten die beiden ziemlich genau, was sie von mir wollten. Und ich hatte so ein dumpfes Gefühl, dass sie eine Menge über mich wussten.

Sie begannen mir mit viel Brimborium ihre Waffen zu zeigen, was ich als reinen Vorwand wertete. »Sind Sie selbst mit ähnlichen Waffen vertraut?«, wollte der eine von mir wissen. »Ja«, gab ich zurück. »Während meines Einsatzes in Kabul, letztes Jahr, war ich zum niederländischen KCT abkommandiert. Die hatten P90 und M4 Commando«, beides sind Waffen für Spezialeinheiten. Die Info über meine Zeit als niederländischer Kommandosoldat schien ihnen nicht neu zu sein, jedenfalls zeigten sie keine Reaktion. Gespannt wartete ich, wie es nun weiterginge. Irgendwas mussten die beiden doch von mir wollen.

Wozu sonst hätten sie mich zu ihnen in den Container rufen lassen?

Als von den beiden nichts mehr kam, erwähnte ich, dass ich zu meinen Kabul-Zeiten auch einige Aufträge für die Abteilung 2, also die Militärische Sicherheit, durchgeführt hatte. Das entlockte ihnen ein Lächeln, aber damit war das Gespräch auch schon beendet und ich trollte mich. Mir war schleierhaft, was die beiden sich von diesem Gespräch versprochen hatten. Aber es begann bei mir zu klingeln, was es mit den beiden auf sich haben könnte.

Schon eine halbe Stunde später drehte ich mit Carlo einen Rundgang durchs Lager. Wir trafen uns oft, um uns unter vier Augen auszutauschen, manchmal fragte mich Carlo auch um Rat. Ich wollte die Gelegenheit nutzen, um ihn ungestört auf die seltsame Begebenheit vom Morgen ansprechen zu können. »Die zwei Knaben in deinem Container«, sagte ich ihm auf den Kopf zu, »die waren doch garantiert von den Diensten.« Carlo grinste. »Stimmt, das hast du gut erkannt. Kretschmer und Buske sind vom MAD.« Mit dem Militärischen Abschirmdienst hatte ich bereits in Kabul so meine Erfahrungen gemacht. Zwei Offiziere dieses Bundeswehr-Geheimdienstes hatten mich im Hotel Interconti in Kabul angesprochen und offensichtlich anwerben wollen. Mein Buddy Alex hatte mich damals gewarnt, mich nicht darauf einzulassen. »Lass bloß die Finger davon«, hatte er gesagt. »Bei den Diensten wird es meist sehr schnell sehr dreckig.«

Eine Geheimdienst-Operation in Kabul kam mir wieder in den Sinn. Damals, 2002, machten in der afghanischen Hauptstadt Gerüchte die Runde, dass es vor Ort zwei von Westlern betriebene oder zumindest von ihnen besuchte Bordelle gäbe. Angehörige unserer Abteilung 2, Militärische Sicherheit, schauten sich daraufhin die Örtlichkeiten an und kamen mit der Gewissheit zurück: Ja, dort ist ein Bordell, gefüllt mit überwiegend osteuropäischen Frauen. Die Frage war nun: Wer hatte diese Frauen ins Land gebracht? Die internationalen Flugverbindungen nach Kabul waren noch sehr eingeschränkt, und es wäre aufgefallen, wenn in einer Zivilmaschine so viele Frauen – noch dazu alleine – ins Land gekommen wären. In einem streng islamischen Land war das schon ungewöhnlich, und die am Flughafen eingesetzten Soldaten hätten vermutlich eine Meldung darüber abgefasst.

Nachforschungen im Vorfeld hatten bisher ergeben, dass in den wenigen Zivilmaschinen keine große Frauengruppe nach Kabul gekommen war. Da nachts ausschließlich die Militärmaschinen der Koalitionstruppen landeten, gab es fast nur eine Möglichkeit: Die Prostituierten mussten von einer der ISAF-Nationen eingeflogen worden sein. Die Sache kam dann schleunigst in der großen Lagebesprechung auf den Tisch. Der türkische General, damals Oberkommandierender der »Leading Nation«, warf dem deutschen General Schlenker unterschwellig vor, die Deutschen seien dafür verantwortlich. Schließlich waren sie bis vor kurzem Leading Nation gewesen. Das wollte Schlenker natürlich nicht auf sich sitzen lassen und ordnete eine Überprüfung an.

Die dafür zuständige Abteilung 2 erteilte dem MAD den Auftrag, sich darum zu kümmern. Pikant war daran, dass dafür ISAF-Teile, also Verbündete, bespitzelt werden mussten. Und richtig interessant wurde es, als ich zusammen mit einem deutschen Fernspähtrupp für diese Aufgabe ausgesucht wurde – was wohl daran lag, dass wir vier damals dem niederländischen KCT unterstanden und schon einige Spezialoperationen hinter uns hatten. Wolle, Pit, Walter und ich sollten einen verdeckten Observationspunkt am Flughafen einrichten, um herauszubekommen, wer die Frauen wann in Transportmaschinen ins Land bringt.

Ganz wohl war uns allen nicht, das ISAF-Territorium am Flughafen zu infiltrieren und zu beobachten. Wir wussten ganz genau, dass dort Fußstreifen unterwegs waren, und dachten mit Grausen an eine mögliche Enttarnung unsererseits durch diese Soldaten. Was würde passieren, wenn diese Patrouille plötzlich, bei Nacht, Bewegungen erkennen würde? Würden sie sofort das Feuer auf uns eröffnen? Wir hatten keine Ahnung, wie wir in so einer Situation reagieren sollten, und fühlten uns alles andere als wohl in unserer Haut.

Zusätzlich zu unserer vorhandenen Ausrüstung erhielten wir noch Fotoapparate und Videokameras zur Dokumentation. So machten wir uns mit unseren neuen Ausrüstungsteilen vertraut und brüteten in gedrückter Stimmung vor uns hin. Nach ein paar Tagen Vorbereitung war es dann so weit. Die Feldjäger sollten uns so nah und unauffällig wie möglich am Flughafen absetzen. Gesagt getan, der angemeldete Konvoi fuhr los, wir befanden uns in einem der hinteren Fahrzeuge versteckt auf der Ladefläche. Nah an unserem Zielort sollte dann eines der vorderen Fahrzeuge mit viel Tamtam, Licht und Bewegung einen technischen Defekt vortäuschen. Wir hofften, dass wir während des Ablenkungsmanövers unbemerkt von der Ladefläche gleiten und ungesehen vom Weg kommen könnten.

Bald darauf stoppte unser Konvoi, und vor uns wurde es ziemlich laut. Nach einer Minute, die »Show« vorne war im vollen Gange, öffneten wir die Plane an der Seite und glitten vorsichtig an der Bordwand hinunter. Es dauerte etwa wieder eine Minute, bis wir alle draußen waren, unsere Rucksäcke aufgenommen und begonnen hatten, uns so tief, kontrolliert und langsam wie möglich von der Straße wegzubewegen. Schon bald hatten wir einen guten Abstand und begannen, unsere Umgebung zu inspizieren. Auf gar keinen Fall wollten wir riskieren, durch Unachtsamkeit einer ISAF-Patrouille aufzufallen und plötzlich vor einer Gewehrmündung zu stehen. Die Operation war als geheim eingestuft, und niemand wusste, dass wir hier lagen und beobachteten.

Im Vorfeld dieses Einsatzes hatten wir uns verständigt, auf gar keinen Fall unsere Waffen zu benutzen. Falls wir entdeckt würden, wollten wir uns durch Rufen oder Lichtsignale zu erkennen geben. Keine Ahnung, ob der Plan aufgehen würde. Jedenfalls war für uns klar, dass wir nicht auf Kameraden schießen, wenn sie uns entdeckten. Langsam, sehr langsam, kamen wir voran und beobachteten immer wieder unsere Umgebung durch unsere Nachtsehbrillen. Feste Posten waren in diesem Bereich nicht stationiert, dafür waren wir noch zu weit vom Flugfeld und den Gebäuden entfernt. Aber zum Beobachten und Dokumentieren war dieser Bereich völlig ausreichend. Die Entfernung zu den landenden und startenden Maschinen konnten wir mit dem Zoom der Kameras gut überbrücken.

Als wir eine gute Position hatten, teilten wir uns in zwei Teams auf. Wolle und Pit bewegten sich etwas weiter vor, um Beobachtung und Dokumentation zu übernehmen. Bald meldete sich Wolle per Funk, dass sie eine gute und gedeckte Position erreicht hätten: »Wir beginnen jetzt mit der Observation.« Walter und ich sahen uns in unserem Nahbereich um und entdeckten einen alten, zerstörten hellblauen VW-Bus, der nur ein paar Meter links von uns lag. Das war ein guter Ort für uns, um die Lage im Blick zu behalten und Wolle und Pit zu decken. Wir robbten zu der Bus-Ruine und richteten uns in dem Wrack ein.

Von der Abteilung 2 hatten wir eine Liste mit den erwarteten Maschinen erhalten und wussten somit grob, wann welches Flugzeug eintreffen würde. Wir mussten nicht lange warten, da setzte der erste Flieger zur Landung an. Nachdem er auf den Abstellplatz gerollt war, wurde die Laderampe geöffnet – ein spannender Moment. Und tatsächlich verließen nicht nur Männer den Flieger, sondern auch einige Frauen. Unserer Liste zufolge handelte es sich um einen Versorgungsflug eines ISAF-Partners. Allein die vielen Passagiere waren verdächtig, denn normalerweise werden in solchen Maschinen bloß Waren und Ausrüstung transportiert. Gedanklich pfiff ich durch die Zähne, ich musste meine Überraschung im Zaum halten, dass womöglich gleich die erste Landung ein Volltreffer war.

Plötzlich fuhren Militärfahrzeuge vor, und die Frauen stiegen ein. Wolle und Pit machten jede Menge Fotos und Filmmeter, und natürlich gaben wir unsere Beobachtungen gleich über Funk weiter. In der OPZ der Abteilung 2 wurde entschieden, uns nach diesem Fund noch nachts wieder herauszuholen, um eine nachträgliche Entdeckung bei Tageslicht zu vermeiden. So begannen wir nur wenige Stunden nach dem Beginn unserer Mission, uns vorsichtig und langsam zurück zur Straße zu bewegen. Dafür brauchten wir gut eine Stunde, und nach unserem Funkspruch dauerte es nicht lange, bis das Knattern von Motoren zu hören war. Es war unser Konvoi, der sich nach dem verabredeten Signal verlangsamte, anhielt und uns aufnahm. Noch in derselben Nacht übergaben wir das Material an die Abteilung 2 und gingen schlafen.

Etwas später erzählte mir ein guter Freund aus der Abteilung, wie die Geschichte weitergegangen war: General Schlenker legte in einer Lagebesprechung die Beweisfotos auf den Tisch. Alle waren betroffen, dass tatsächlich eine ISAF-Nation die Frauen ins Land schmuggelte und ein eigenes Bordell betrieb. Ganz eindeutig, das war organisierte Kriminalität! Zu einer konsequenten strafrechtlichen Verfolgung dieser Sache kam es jedoch nicht. Das schien damals wohl nicht opportun zu sein. Uns kam das sehr merkwürdig vor. Da bespitzelten wir im höchsten Auftrag eine andere ISAF-Nation, förderten belastbares Material zu Tage, und dann verlief die Angelegenheit im Sande. Wie ein Versteckspiel für Erwachsene, nur dass die eingesetzten Fernspäher und ich die Leidtragenden gewesen wären, wenn etwas in diesem »Spiel« schiefgelaufen wäre.

Das alles ging mir durch den Kopf, als ich mit Carlo in einer abgelegenen Ecke des Camps stand und mir meine Erfahrungen mit den Nachrichtendiensten durch den Kopf schwirrten. Ich verspürte nicht das geringste Bedürfnis, die Bekanntschaft mit dem MAD oder seinen Offizieren Buske und Kretschmer zu vertiefen oder gar bei diesem Verein anzuheuern. Bei Carlo sah das ganz anders aus. Seine Augen funkelten geradezu bei dem Thema. Ich hatte ihm bereits nach Kabul einiges von meiner Erfahrung mit den Diensten erzählt, und er hatte mir immer sehr neugierig und aufmerksam zugehört. Die Sache interessierte ihn. Die Tatsache, dass zwei MAD-Angehörige nach Kundus kamen und mit ihm im gleichen Container wohnten, förderte sein Bestreben, sich für die Nachrichtendienste zu bewerben. Vermutlich schmierten ihm Buske und Kretschmer noch ordentlich Honig um den Bart, nach dem Motto: »Männer wie Sie können wir gut gebrauchen.«

»Das ist kein Spaß, Carlo«, warnte ich ihn. »Das macht dich nur kaputt.« Carlo guckte ein bisschen skeptisch, versprach mir aber, nichts Unbedachtes zu tun. Was ihn allerdings sehr nachdenklich stimmte, war, dass ich ihm teilweise wortwörtlich vorhersagte, was die Herren vom Nachrichtendienst ihm am nächsten Tag sagen würden. Die Bewerbungsgespräche liefen anscheinend noch genauso ab wie zu meiner Zeit in Kabul.

Am Nachmittag sah ich Buske und Kretschmer wieder. Sie gaben eine Einweisung für den Chef der Infanterie, die Scharfschützen und uns vom Spezialzug. Sie stellten sich nun selbst als Angehörige der Nachrichtendienste vor und begannen mit ihrem Vortrag über die ortsansässigen Führer und vor allem deren politische Einordnung und Bewaffnung. Ein für uns undurchdringliches Geflecht breitete sich vor uns aus, das Buske und Kretschmer mit allerhand Diagrammen und Merkzetteln zu bündeln versuchten. Wer mit wem zusammenarbeitet, wer mit wem verfeindet ist und wer die kommenden Männer in dieser Region sein werden – darüber hörten wir nun einen mehrstündigen Vortrag.

General Daud war in und um Kundus die Nummer eins. Zwar hatte er zum damaligen Zeitpunkt kein politisches Amt inne, aber er hatte die Waffen und die Männer, um einen wesentlichen Machtfaktor darzustellen. Davon abgesehen befanden wir uns in einem Hochgebiet des Drogenanbaus. Aufgrund der Jahreszeit war davon allerdings nicht viel zu sehen, die vielen Felder waren alle schneebedeckt. Wir erhielten auch gleich die Anordnung, in gar keinem Fall gegen die Mohnbauern oder deren Abnehmer vorzugehen. Man wollte sich nicht auf ein Kräftemessen einlassen, war unser kleines PRT der Feuerkraft der Gegenseite doch hoffnungslos unterlegen.

Bei diesem Vortrag zog sich mir der Magen zusammen, gerade wegen der Drogen. Mir war unbegreiflich, dass wir nicht gegen eines der Hauptprobleme dieses Landes vorgehen durften. Zum Wiederaufbau gehörte das für mich mit dazu. Wie soll man einem Land helfen, wenn eine kleine einflussreiche Gruppe macht, was sie will, und immer dagegenhält? Es gab

Warlords und korrupte Provinzgouverneure, die jährlich Millionen mit der Lieferung von Rohopium an die weltweit operierenden Kartelle verdienten, während die große Mehrzahl der Menschen in bitterer Armut lebte und kaum ihre Kinder ernähren konnte.

Afghanistan ist das Land, das international am meisten Mohn produziert: etwa 93 Prozent der weltweit verfügbaren Ernte, aus der Heroin gewonnen wird, stammt von hier und tötet eine große Anzahl Menschen in Deutschland, Europa, ja der ganzen Welt – Tendenz steigend. Und natürlich füllten die Geschäfte die Kriegskasse derer, die an einer starken und souveränen Regierung in Kabul null Interesse hatten. Denn dann wäre es mit der lokalen Macht und den Drogengeschäften vorbei. Hier lag das Problem offen vor uns. Wir aber mussten tatenlos zusehen, weil unsere Mittel eingeschränkt waren. Ich hätte kotzen können, wenn ich daran dachte, dass sich hier eine kleine Gruppe von Menschen die Taschen mit Geld füllte und es zur Destabilisierung des eigenen Landes einsetzte. Warum sind wir dann überhaupt in Afghanistan?, fragte ich mich. Um diesen Leuten ihren unredlich erworbenen Reichtum zu schützen? Damit in Deutschland weiterhin die Drogenkonsumenten an ihren Stoff gelangten?

In mir brodelte es, und das tut es auch jetzt noch, wenn ich unsere deutschen Politiker über Wiederaufbau und Errichtung eines Staates reden höre. Was hier aufgebaut wird, ist ein florierendes weltweites Drogengeschäft. Das verhindert die Bundeswehr nicht. Auch die NATO schaut mittlerweile machtlos zu, weil jedes Vorgehen gegen den Drogenanbau Minuspunkte in der Bevölkerung bringt. Schließlich leben die Leute davon und haben kaum andere Möglichkeiten, für ihr Auskommen zu sorgen. Solange dieses Problem nicht angepackt wird, so lange wird es weiterhin rivalisierende Banden geben, die um ein noch größeres Stück des Drogenkuchens Kämpfe führen und ihr Land in Armut und Abhängigkeit halten.

Im Süden des Landes, so erzählten die beiden Nachrichtendienstler, wurden die Mohnfelder mittlerweile von den Taliban gesichert. Gegen einen kleinen Obolus selbstverständlich, wodurch sie zu einer weiteren Geldquelle für ihren Kampf gegen die NATO-Truppen kamen. Mir war das alles zu hoch: die vielen afghanischen Clans und Profiteure, die Machtlosigkeit der alliierten Friedenskräfte und auch der gewählten Regierung im Land, das Drogenproblem. Das alles kam nicht nur mir unentwirrbar vor. Die neuen Informationen versetzten uns einen ordentlichen Dämpfer und ließen uns noch mehr an der Sinnhaftigkeit dieses Einsatzes zweifeln.

Nach dem sehr informativen, wenn auch frustrierenden Vortrag wurden wir noch über eine kommende Operation unterrichtet: Für Anfang Januar sei eine mehrtägige Fahrt nach Tadschikistan geplant. Dort wollten die beiden Nachrichtendienstler und Carlo als Infanteriechef mit den ortsansässigen Behörden diverse Absprachen halten.

Wir alle sahen uns etwas konsterniert an. Mit Bewaffnung über die Grenze? In ein souveränes, vom Afghanistan-Konflikt unabhängiges Land? Wie sollte das denn gehen? Ob das vom ISAF-Mandat abgedeckt ist?, dachte ich. Wobei ich zu Kabul-Zeiten erlebt hatte, dass es damit ohnehin nicht so genau genommen wurde. Zu oft war ich mit den Niederländern außerhalb des Mandatsgebiets unterwegs gewesen – und zwar mit Wissen des deutschen Generals. Der Spezialzug sollte bei dieser Tour die Sicherung übernehmen, zusammen mit den Scharfschützen, Feldjägern und einem Krankenwagen. Der ganze Begleittross sollte bis zur Grenze mitkommen, danach würden nur die Nachrichtendienstler und der Chef der Infanterie weiterfahren, hieß es. Ich war gespannt, was aus der Sache werden würde.

Abends, einen Tag vor Heiligabend, saß fast das gesamte Camp in der Drop Zone, wo sich eine kleine Vorweihnachtsfeier entwickelte. Bis übermorgen sollte kein Flug mehr hereinkommen, und auch wir hatten keine Aufklärungstouren zu absolvieren. Gerko und ich belagerten den frisch eingeflogenen Flipper-Automaten. Wir veranstalteten ein richtiges Turnier, und das eine oder andere Bier wurde ebenfalls vernichtet. Außerdem quatschte ich mit den Fallschirmjägern, schließlich kannte ich viele von ihnen. Leider entwickelte sich dabei ein kleines Streitgespräch, was den schönen Abend etwas trübte.

Die Fallis verstanden nicht, dass nur wir vom Spezialzug – allesamt Fallschirmjäger wie sie – die größeren Aufklärungsfahrten durchführten und sie den langweiligen Job am Flugfeld zu machen hatten. Meinem alten Kumpel Torsten war die Enttäuschung richtig anzusehen: »Mensch, das ist doch total bescheuert. Ich wäre echt scharf darauf, euch bei den Touren zu unterstützen. Den ganzen Tag am Flugplatz in der Sicherung stehen – wenn überhaupt mal ein Flieger ankommt – ist echt nicht mein Ding.« Ich nickte, konnte ich ihn doch nur zu gut verstehen. »Und vor allem«, fuhr Torsten fort, »wäre das mal eine Entlastung für euren und den anderen Trupp. Wenn ihr schon aus dem eigenen Zug nicht gescheit unterstützt werdet …« Damit spielte er auf die internen Zwistigkeiten zwischen uns und den ELGlern an, die sich im ganzen Lager herumgesprochen hatten.

»Du hast ja recht«, sagte ich. »Ich weiß auch, dass ihr den Job genauso gut machen könntet, von der Ausbildung her. Keine Ahnung, warum das so festgelegt wurde.« Mit dieser Antwort konnte Torsten nicht zufrieden sein, und er brummte sich unwirsch was in seinen Bart. Ansonsten verlief der Abend aber ruhig und gesittet, und wir alle konnten etwas abspannen. Nicht gerade früh gingen wir ins Bett, guckten noch ein bisschen deutsches Fernsehen, wir waren ja nur zwei Stunden vor der mitteleuropäischen Zeit. Wir sahen uns die irre lustige Sitcom »King of Queens« an. Gerko bekam dabei immer einen derartigen Lachflash, dass wir nicht wussten, worüber wir mehr lachen sollten: über das, was im Fernseher lief, oder das, was sich bei uns im Container abspielte.

Plötzlich wurde die Tür aufgestoßen und Zorn schrie von außen herein: »Alarm, Alarm!« Wir hatten nichts mitbekommen und fragten nach: »Bist du sicher? Wir haben nichts gehört.« »Doch«, meinte er. »Habt ihr nicht gehört, wie eben die Alarmsirene losgegangen ist? Die anderen sind schon auf dem Weg in ihre Alarmstellung!« Wir packten unsere Ausrüstung und Waffen und beeilten uns, an die individuell vereinbarten Stellungen zu gelangen. Gerko und ich waren nicht mehr ganz nüchtern, genauso wie ein Großteil des gesamten Kontingents. Scheiße, dachte ich nur. Wenn ich ausnahmsweise ein bisschen mehr trinke, passiert prompt so was. Ich konnte nur hoffen, dass es nicht zu einer wilden Schießerei kommt, in dieser völlig ungeklärten Lage mit einigen betrunkenen Soldaten.

Gerkos und meine Stellung lag auf einer kleinen Lehmhütte, die als Gerümpelkammer diente. Um aufs Dach zu kommen, mussten wir einen kleinen, schmalen Treppengang hinauf, was nicht leicht war mit unserer ganzen Ausrüstung. Auf dem Lehmdach angekommen, sahen wir das reinste Tohuwabohu unter uns, alle rannten wild durcheinander, um in ihre Stellungen zu kommen. Halbangezogene Soldaten hinkten, weil sie noch im Laufen ihre Schuhe anzogen, an uns vorbei. Fast musste ich lachen bei diesem Anblick, und auch Gerko hatte ein leichtes Grinsen im Gesicht angesichts des Chaos um uns herum. Einige Kameraden hatten rote Infrarot-Lightsticks angeheftet, andere blaue Lightsticks. Das konnte im Eifer eines Gefechts üble Folgen haben, denn mit Hilfe dieser Markierungen sollte man eigene von fremden Teilen unterscheiden und seine Leute auch im Dunkeln sicher identifizieren.

Trotz des Gewimmels am Boden richteten wir uns schnell auf dem Dach ein. Darauf lagen schon eine Menge Sandsäcke, hinter denen wir uns verbarrikadierten. Ich misstraute der gesamten Flachdach-Konstruktion zutiefst und bezweifelte stark, dass das Dach unser zusätzliches Gewicht plus Ausrüstung aushielt. Vorsichtig tasteten wir uns voran, und in meinem Kopf lief immerzu ein Film ab, in dem Gerko und ich mit vollem Karacho durch das Dach brachen, was mich zum Kichern brachte.

Mist, immer wenn es eigentlich ernst wird, passiert mir so etwas. Ärgerlich versuchte ich, diese albernen Bilder wie aus einem Slapstick-Film aus meinem Kopf zu verbannen, aber es half alles nichts und ich begann zu lachen. Gerko machte es nicht besser, er fragte andauernd: »Was'n los? Was'n los?« Verdammt, vielleicht werden wir hier gerade angegriffen und ich bekomme einen Lachflash! Ich musste mich wirklich zusammenreißen.

Über Funk war auch keine genauere Information zu bekommen. Es wurde zwar wild hin- und hergefunkt, was das Zeug hielt, aber die anderen waren anscheinend genauso ahnungslos wie wir. So lagen wir ein paar Minuten regungslos da und beobachteten die Gegend, als es plötzlich verdächtig zu knirschen begann. Und schon merkte ich, wie das Dach unter mir leicht nachgab. Gerko hatte das Mantra des Abends gefunden. »Was'n los?«, wiederholte er in schöner Regelmäßigkeit, dabei war sonnenklar, was als Nächstes passieren würde: Es krachte ordentlich – und dann brachen wir bis zu den Knien in das Dach ein. Damit war alles vorbei. Gerko und ich fingen schallend an zu lachen und konnten gar nicht mehr aufhören.

Das Lachen verging uns allerdings. Wir hatten nämlich die größten Probleme, aus der misslichen Lage wieder herauszukommen. Die ganze Ausrüstung behinderte uns, und wenn wir einen Fuß herauszogen, brachen wir mit dem nächsten noch etwas tiefer ein. Während wir wie die Akrobaten versuchten, uns selbst zu befreien, wurde über Funk endlich die alles entscheidende Frage gestellt: Wer hatte den Alarm überhaupt ausgelöst? Doch so schnell gab es keine Antwort auf diese einfache Frage. Nach zehn Minuten hatten wir uns so weit befreit, dass wir einsatzfähig waren und unsere Umgebung absuchen konnten. Allerdings waren nirgendwo verdächtige Bewegungen auszumachen, alles war ruhig.

Nach einer halben Stunde dann die Entwarnung über Funk: Jemand hatte die Werkssirene der nahegelegenen Mehlfabrik irrtümlich für unsere Alarmsirene gehalten, und dann war eine Kettenreaktion losgebrochen. Einige waren extrem sauer auf den Spezialzug. Gerko und ich waren einfach nur froh, dass es kein echter Alarm gewesen war und wir einigermaßen heil von unserem Flachdach heruntergekommen waren. Langsam, aber sicher beruhigte sich die Lage im Camp wieder. Auch wir waren ziemlich ernüchtert, das Lachen war nun auch uns vergangen. Am nächsten Tag konnten wir uns schon das Gelächter ausmalen und den Spott, den wir zu ertragen hatten. Der Spezialzug hatte jetzt erst recht keinen guten Stand mehr, nach dieser Aktion.

Die vermeintlichen Alarmauslöser wurden am nächsten Tag dazu vernommen, ebenso wie Gerko und Gebauer in ihrer Funktion als Teamführer. Der ganze Vorfall wurde dann intern als Missverständnis kommuniziert, was es ja auch war. Außerdem war Heiligabend, und die Führung wollte sich großzügig geben.

Wir verbrachten einen angenehmen Tag im Lager und bereiteten den Besuch von Generalleutnant Riechmann vor. Er war Chef des Einsatzführungskommandos in Potsdam, von wo aus alle weltweiten Bundeswehreinsätze koordiniert und geführt wurden. Weihnachten war nicht der einzige Grund des hohen Besuchs: An diesem Tag sollte auch die feierliche Übergabe des PRT Kundus von den Amerikanern an das deutsche Kontingent erfolgen. Die Feldjäger übernahmen das Kommando zur Sicherung des Generalleutnants und teilten die benötigten Kräfte ein. Gegen neun Uhr früh fuhren wir zum Flugfeld und nahmen Riechmann auf. Nach der Übergabe sollte es noch ein gemeinsames Abendessen mit dem General geben, und danach würde er zurück nach Deutschland fliegen.

So ein hoher Besuch band immer viele Kräfte. Der Spezialzug war für die Sicherung des Konvois eingeteilt. Die Fallschirmjäger übernahmen wie gehabt die Flugfeldsicherung, die Feldjäger den direkten Personenschutz für den General. Auf der Strecke vom Flugfeld zum Camp wurden Scharfschützen-Teams postiert. Der Führer des PRT, Oberst Weigand, und sein amerikanisches Pendant Oberstleutnant Tawes fuhren als Begrüßungskomitee ebenfalls mit zum Flugfeld. Das Fahrzeug mit dem deutschen Oberst und dem amerikanischen Oberstleutnant war ein gepanzerter Wolf, der von den Feldjägern eingerahmt wurde. In diesem sollte auch der General in das Lager Kundus gebracht werden. Landung, Begrüßung und Fahrt zum Lager verliefen ohne Zwischenfälle. Im kleinen Rahmen, nur die Offiziere des Stabes und eingeteilten Führer der restlichen

Einheiten waren anwesend, fand dann in der OPZ die Übergabe statt.

Auch im und um das Camp wurden verstärkte Sicherungsmaßnahmen getroffen. Wir waren neben einem Zelt in der Nähe der OPZ eingesetzt und sicherten den nördlichen Zugang zu dem Platz vor unserer Operationszentrale. Hinter uns stand ein Gabelstapler bereit, der bei einem Anschlag auf das Haupttor einfach die Mauer durchbrechen könnte, um so einen zweiten Ausgang zu schaffen. Diese Option zur Evakuierung wurde nur speziell für diesen Besuch eingerichtet. Dem Kontingent stand nach wie vor nur das Haupttor als Ein- und Ausgang zur Verfügung. Die Übergabe zog sich ganz schön hin. Nach fast drei Stunden, der General bekam noch einen Vortrag zur Lage gehalten, verließ die Führungsgruppe die OPZ, und wir begaben uns zum gemeinsamen Mittagessen.

Das Lager glänzte und war herausgeputzt. Gerko grinste: »Nur gut, dass er nicht schon gestern gekommen ist!« Den Fehlalarm der vorigen Nacht vor Augen, nickte ich grinsend. Danach gab es ein kleines Mittagessen, bei dem der General auch ein paar Worte an alle richtete. »Sie schreiben Geschichte, darüber sollten Sie sich im Klaren sein«, mahnte er. Aber er dankte uns auch für unsere »Hingabe«. Er konnte ja schlecht wissen, wie tief die Stimmung und Moral inzwischen bei einigen gesunken waren.

Dann verließ der General schon wieder das Lager in Richtung Flugfeld. Kurze Verabschiedung, und schon war die Maschine auf dem Rollfeld und hob ab. Nun hatten wir also offiziell das Kommando hier in Kundus übernommen. Ich hoffte, dass die Amerikaner noch etwas blieben, waren sie doch die Gewähr für einen möglichen Lufteinsatz, wenn wir in eine Krisensituation geraten würden. Wir beeilten uns, schnell zurück ins Lager zu kommen, um das Weihnachtsessen nicht zu verpassen. Ich freute mich besonders darauf, endlich die Pakete von meiner Familie und von Anja auszupacken. Es war ein ziemlich komisches Gefühl, Weihnachten und Neujahr ohne meine Familie und Freundin zu verbringen. Ich vermisste Anja und ihre kleine Lena sehr, aber so ging es allen hier – jeder hatte zu Hause die Partnerin und die Familie zurückgelassen.

Als wir zurück ins Camp kamen, sah ich auch den Arzt und die Krankenschwester von Cap Anamur. Sie standen entspannt in der Betreuungseinrichtung, plauderten mit ein paar Leuten aus der Führung und ließen es sich gutgehen. Kein Wunder. Hier gab es eine gescheite Dusche, genügend Menschen zum Reden und gleich ein leckeres, deutsches Weihnachtsessen.

Gegen achtzehn Uhr war es dann so weit: Das feierliche Weihnachtsessen begann. Im Verpflegungszelt war alles schön hergerichtet, mit weißen Tischdecken und Weihnachtsdekoration. Sogar ein Tannenbaum war eingeflogen und mit Lametta und Weihnachtskugeln geschmückt worden. Nach den obligatorischen Ansprachen durch den Kommandeur und den Kompaniefeldwebel wurden die Geschenke verteilt. In der Box, die jeder überreicht bekam, waren ein ISAF-Feuerzeug sowie ein Kaffeebecher, auf dem der Name des Soldaten und der Einsatzort eingraviert waren.

Das Essen war hervorragend: Es gab Gans, Rotkohl und Kartoffeln sowie Kartoffelklöße. Mit jedem Bissen bedauerte ich, dass nicht jeden Tag ein so köstliches Menü aufgetischt wurde. Als das ganze Kontingent mit vollen Bäuchen dasaß, machte sich eine gewisse Unruhe breit. Alle hofften, dass der offizielle Teil bald vorüberginge, da jeder in Ruhe und ungestört seine Geschenke von zu Hause auspacken und dort anrufen wollte. In Gedanken war ich bei Anja und ihrer Tochter. Wie sie wohl den Heiligabend verbrachten? Ich hoffte, dass Anja sich nicht zu viele Sorgen machte und ein schönes Fest erlebte.

Nach zwei Stunden war es dann so weit, die Tafel wurde aufgehoben. Viele verließen schnurstracks das Zelt, um zu Hause anzurufen. Ich ging mit Gerko erst mal zur Betreuungseinrichtung, um erneut den Flipperautomaten zu bearbeiten. Als sich die Drop Zone füllte, verdrückten wir uns in den Container, um Geschenke auszupacken. Von meinen Eltern bekam ich ein Fresspaket, das es in sich hatte, mit Salamis und anderen Leckereien. Trotz meines kugelrunden Bauchs bekam ich sofort wieder Hunger. Auch meine Truppkameraden packten ähnliche Geschenke aus, und wir alle freuten uns schon auf das gemeinsame Schmausen. Wenn wir alles zusammenlegten und tauschten, hätten wir Vorräte wie in einem Delikatessengeschäft.

Wir hatten uns bereits ein Regal gebaut, in das jeder seine Sachen legte, damit wir alle etwas davon hatten. Tonnenweise Schokolade stapelte sich schon dort, die sich durch einige Pakete in der Vorweihnachtszeit angesammelt hatte. Es sah schon fast wie ein Warenregal in einem Supermarkt aus. Was die Nahrungsversorgung anging, waren wir fast autark. Nils witzelte: »Guckt euch diesen Überfluss an. Damit würden wir glatt eine wochenlange Belagerung aushalten!« Da wir die viele Schokolade alleine nicht in den Griff bekamen, gingen wir großzügig damit um. Wenn wir mit dem Zugtrupp in der Freizeit Rommé-Turniere machten, bedienten sich immer alle aus dem Regal, bis keiner mehr Schokolade sehen konnte.

Als ich das Geschenk von Anja auspackte, erlitt ich fast einen Herzinfarkt. Sie hatte mir einen Weihnachtsstollen gebacken, auf dem in Zuckerguss geschrieben stand: »Willst du mich heiraten?« Ich war völlig platt, und meine Gefühle fuhren mit mir Achterbahn. »Guckt mal hier, was ich von Anja bekommen habe«, sagte ich etwas hilflos und deutete auf den Stollen. André, Nils und Gerko brachen in Jubel aus und riefen »Herzlichen Glückwunsch!«. Ich wusste nicht, ob ich mich freuen sollte, dieser Antrag kam doch ziemlich plötzlich und überraschend für mich. Unter aufmunterndem Schulterklopfen und natürlich diversen dummen Sprüchen über den Verlust der persönlichen Freiheit musste ich erst mal frische Luft schnappen und meine Gedanken ordnen.

Ich tigerte eine Weile durchs Lager und dachte nach. Einerseits war ich total happy, andererseits war mir das alles zu viel. Mir ging auch durch den Kopf, dass ich auf dem Papier ja noch verheiratet war. Meine Ehe war vor meinem Kabul-Einsatz in die Brüche gegangen. Sosehr mich Anjas Frage aufbaute und mir ein gutes Gefühl gab, genauso machte sie mir Angst. So oder so würde ich unsere gemeinsame Zukunft nicht in diesem Moment klären können. Wichtig war es jetzt aber, Anja anzurufen, sie wartete sicher schon.

Fast nach dem ersten Klingeln ging sie ans Telefon. Ich hatte ihr noch nicht schöne Weihnachten gewünscht, da fragte sie schon: »Hast du mein Geschenk schon ausgepackt?« Allerdings, das hatte ich. Es entstand eine kleine Pause, dann hörte ich ein »und …?«. Jetzt blieb mir nichts anderes übrig, als »Ja« zu sagen, aber ich hatte dabei ein mulmiges Gefühl im Bauch. Am anderen Ende der Leitung war ein Jauchzen zu hören, und ich musste mir vor Rührung eine Freudenträne wegwischen. Im Hintergrund waren auch Anjas Eltern zu hören, die nun lautstark ihre Tochter beglückwünschten. Sogar Lena jauchzte vor Freude. Wie gerne wäre ich jetzt bei ihnen gewesen! Sehr viel länger redeten wir dann nicht mehr, und so ging ich noch ein paar Meter alleine durch das Lager und malte mir unsere gemeinsame Zukunft aus. Komisch, eigentlich bin ich gar nicht der Typ für so etwas, aber Weihnachten und die Entfernung voneinander ließen mich ziemlich gefühlsduselig werden.

Im Container wurde ich bereits erwartet, unser Team wollte nämlich noch zusammen in die Drop Zone, um eine eigene Weihnachtsfeier zu veranstalten. Die Kanadier waren bereits da und auch die Amerikaner, die zwischen Weihnachten und Neujahr abrücken sollten. So wurde es gleichzeitig ein Abschied von unseren amerikanischen Kameraden. Ich saß etwas abseits in der Ecke und sah mir den Trubel und die gute Laune der anderen an. In den letzten Jahren hatte ich kein einziges Weihnachtsfest gefeiert – und nun saß ich hier: fett, faul, zufrieden und feierte mit den anderen.

Die Trennung von der Familie in so einem Einsatz lässt einen ganz anders reagieren als in Deutschland. Kleinigkeiten werden plötzlich enorm wichtig, und man lernt sein Leben wieder zu schätzen. Im deutschen Alltag drängen sich sehr schnell Probleme in den Vordergrund, die eigentlich gar keine sind. Ob man den Urlaub auf Mallorca oder auf Ibiza verbringen soll oder welche neue Waschmaschine die richtige ist. Hier aber, im tiefsten Afghanistan, sah man die Dinge ganz anders. Diesen Vorgang hatte ich bereits in Kabul an mir beobachten können und hatte ihn schätzen gelernt. Ich war hier sehr viel dankbarer für mein Leben, das ich in westlichem Wohlstand führen durfte. So wurde dieser Abend in der Drop Zone zu einem unvergesslichen Weihnachtsfest für mich: Es kommt schließlich nicht oft vor, dass man Weihnachten mit seiner »Ersatzfamilie« im Einsatz verbringt und in Gedanken dennoch in der Heimat ist.

Erst am 26. Dezember ging es weiter mit dem Alltag im Camp. Nach dem Frühstück – die Salami hatten wir bereits fast komplett vertilgt – holten wir Informationen darüber ein, was als Nächstes anstand. Das Hauptproblem war immer noch, dass wir unsere Waffen nicht justieren konnten. Nach sechs Wochen im Einsatz war es allerhöchste Zeit, sich darum zu kümmern. Wir hatten uns inzwischen Munition von den Amerikanern fürs Anschießen besorgt. Wir hatten ja nur 300 Schuss, und die wollten wir nicht für Übungszwecke vergeuden. Als wir dann eigenmächtig für den Folgetag einen Schießtag ansetzten, konnten wir der Führung tatsächlich noch ein bisschen Munition aus dem Kreuz leiern.

Einen Ort zum Anschießen fanden wir ziemlich schnell. In der Nähe des Flugfelds lag ein kleines Tal, das geeignet schien. Die EOD-Kräfte mussten lediglich vorab überprüfen, ob das Gelände minenfrei war. Dann stand unserem Vorhaben nichts mehr im Wege. Einige Kameraden waren nicht so begeistert, den nächsten Tag außerhalb des Lagers auf einer Schießbahn zu verbringen. Vor allem Zorn und Hoppke waren nölig. »Wozu sollen wir unsere Waffen justieren?«, meinte einer der beiden. »Falls wir angegriffen werden, sind ja die Fallschirmjäger da, um uns zu verteidigen. Das ist deren Job.« Ich fragte mich manchmal, warum sie eigentlich die Uniform trugen, zu der ja auch der Dienst an der Waffe gehörte. Die zwei waren wirklich sehr gute Soldaten – aber durch solche Aussagen begann ich, der ich die beiden jahrelang anders kannte und schätzte, daran zu zweifeln.

Schon in Kabul hatte ich einige Kameraden kennengelernt,

deren Motivation mir seltsam vorkam. Sie hatten mir unverhohlen ins Gesicht gesagt: »Ich bin eh nur wegen des zusätzlichen Geldes hier.« Und dann gab es ja noch die Spezies, die lediglich auf eine Einsatzmedaille scharf war, die sogenannten »30-Tages-Offiziere«. Sie ließen sich für dreißig Tage in irgendeinen Einsatz schicken, um danach eine Einsatzmedaille der Bundeswehr zu bekommen. Es gab Soldaten, die hatten vier oder fünf solcher Schmalspur-Einsätze hinter sich gebracht, jeweils mit der geringsten Einsatzdauer. Vom Papier her waren sie »sehr einsatzerfahren«, aber tatsächlich konnten sie einem Soldaten, der mehrere Monate am Stück im Einsatz war, nichts entgegensetzen. Gut waren diese Einsätze in erster Linie für die Karriere. Diese Drückebergerei stellt die Bundeswehr vor ein großes Problem.

Außerdem gibt es immer weniger Berufs- und Zeitsoldaten, der Nachwuchs bricht weg, seit die Gefährdungslage in Afghanistan von Tag zu Tag zunimmt. Früher war die Bundeswehr ein sicherer und gefährdungsfreier Arbeitgeber, der einem sogar eine gute Ausbildung oder ein Studium finanzierte. Aber in Zeiten der globalen Krisenherde ist die Wahrscheinlichkeit sehr hoch, während seiner Dienstzeit in irgendeinen Auslandseinsatz geschickt zu werden. Das ist für viele natürlich sehr unangenehm. Ich habe selbst vor kurzem einen Zeitsoldaten getroffen, mit einer Verpflichtungszeit von zwölf Jahren. Dieser Soldat ist jetzt in seinem neunten Dienstjahr und hat es geschafft, sich um jeden Auslandseinsatz zu drücken. Er hat ganz einfach immer wieder irgendwelche Fort- und Weiterbildungsseminare so taktisch klug beantragt, dass er niemals zu einem Auslandseinsatz herangezogen werden konnte.

Dabei war es damals, 2003, im Norden Afghanistans noch relativ sicher. Nur im Süden, im Gebiet der Amerikaner, Engländer, Holländer und vereinzelt Kanadier, operierten bereits wieder kleinere Gruppen der Taliban und verübten Anschläge auf die dort eingesetzten Truppen der Operation Enduring Freedom. Bis heute hat sich die Lage dramatisch verändert. Nicht mehr kleinere Gruppen der Aufständischen, sondern größere

Einheiten operieren mittlerweile auch in den nördlichen Provinzen.

Erstmals waren von 1. bis 7. November 2007 auch deutsche Einheiten an einer großangelegten militärischen Operation beteiligt, um die Aufständischen niederzukämpfen. Diese Mission »Harekate Yolo II« stellt eine Zäsur in der Geschichte der ISAF dar. Zum ersten Mal wurde durch die ISAF aggressiv gegen Aufständische vorgegangen. Kriminelle, mit den Taliban verbandelte Gruppen hatten weite Teile der nordwestlich gelegenen Provinzen Faryab und Badghis unter ihre Kontrolle gebracht. Die Taliban hatten dort ein Schattenregime errichtet und die Kontrolle über die sogenannte Ring Road gewonnen, eine strategisch wichtige Straße zwischen den im Norden gelegenen Provinzen Herat und Masar-i Scharif, die nahezu alle wichtigen Städte des Landes miteinander verbindet. Aufgeklärt wurden die Bewegungen der Taliban durch deutsche Drohnen und Aufklärungsflugzeuge.

Die norwegische QRF, die »Quick Reaction Force«, stellte mit 260 Mann den Führungsverband für »Harekate Yolo II«, allerdings hatte der deutsche Brigadegeneral Dieter Warnecke als Kommandeur der Nordprovinz das Sagen. Ihm unterstanden auch bis zu 900 afghanische Soldaten und Polizisten inklusive ihrer deutschen ISAF-Ausbilder, die an vorderster Front kämpften, um der Mission ein »afghanisches Gesicht« zu geben. Dazu kamen etwa 300 weitere deutsche Soldaten, bestehend aus circa 160 deutschen Fallschirmjägern zur Unterstützung der Norweger sowie deutschen Aufklärungs-, Logistik- und Sanitätskräften im Hintergrund. Kleinere Kontingente wurden gestellt von Italien, Lettland, Spanien und Ungarn.

Im Verlauf der Mission kam es zu mehrstündigen Feuergefechten. Als die Norweger ausweichen mussten, beantragte Brigadegeneral Warnecke bei den Amerikanern »Close Air Support«, also nahe Luftunterstützung, die von deutschen Spezialisten koordiniert wurde. Durch die anschließenden Luftschläge kamen vierzehn Aufständische ums Leben, darunter soll ein hochrangiger Talibanführer gewesen sein. Außerdem wurde eine unbekannte Zahl Gefangener gemacht. In der Presse hieß es nach der Operation, seit dem Zweiten Weltkrieg seien norwegische Soldaten nicht mehr in solch schwere Kämpfe verwickelt gewesen. Entsprechend wurden Norweger durch die US-Armee mit Medaillen geehrt, der sogenannten »Army Recommendation Medal«, einem bronzenen Adler an einem grünen Band mit weißen Streifen.

Trotz all der Erfolge wurde hinterher Kritik laut: Die Norweger beklagten sich über die zu späte und nicht ausreichende Luftunterstützung durch die Deutschen. Die einsatznah stationierten deutschen Hubschrauber, die für Truppentransporte in und aus der Kampfzone sowie die Evakuierung von Verletzten zuständig waren, konnten im Gelände ohne entsprechendes Gerät nicht gewartet werden und mussten dafür immer zurück nach Masar-i Scharif fliegen, weshalb die Gefechte bei Einbruch der Dunkelheit unterbrochen werden mussten. Ganz davon abgesehen sind die deutschen CH53-Hubschrauber nicht nachtkampffähig. Die britische »Sunday Times« betitelte einen bissigen Bericht dazu mit der Schlagzeile: »For us ze war is over by tea time« – »Für uns endet der Krieg zur Teestunde«.

Auch wenn 2003 die Sicherheitslage im Norden noch vergleichsweise gut war, so hätten sich doch jederzeit feindliche Kämpfer formieren und uns überrennen können – so schlecht, wie wir damals in Kundus ausgestattet waren. Zwar hatten wir eine Granatpistole, adaptierbar unter unserem Sturmgewehr, aber wir hatten nicht einen einzigen Schuss Munition dafür. Bei den Amerikanern hatten wir uns auf eigene Initiative hin wenigstens Markierungsmunition besorgt, damit niemand erkennen konnte, dass das Rohr dieser Waffe leer war. Wenn wir hin und wieder nachfragten, wann wir endlich die dazugehörige Munition bekämen, hieß es: »Wozu braucht ihr die denn?«

Wenn ich von Vorgesetzten diese Frage hörte, verging mir jegliche Freude an meinem Beruf. Ich muss doch wenigstens für die Mehrzahl der möglichen Vorkommnisse gerüstet sein! Ich muss doch auch das sogenannte »Worst case«-Szenario durchspielen und kann mich nicht auf die Freundlichkeit der Afghanen im

Allgemeinen verlassen! Das gilt im Besonderen, wenn es bekanntermaßen Volksgruppen gibt, die mit unserem Engagement in diesem Land nicht einverstanden sind – um es einmal freundlich auszudrücken. Woher konnte die Führung wissen, wie sich die Lage entwickelte? Und wie konnte sie es verantworten, uns im isolierten Norden solchen Risiken auszusetzen?

Am nächsten Tag war es dann so weit: Der gesamte Spezialzug und noch ein paar einzelne Soldaten fuhren zum Schießplatz, auf dem die EODler bereits einen Korridor festgelegt hatten, auf dem wir uns gefahrlos bewegen konnten. Endlich konnten wir unsere Waffen justieren! Sehnsüchtig erinnerte ich mich an die Zeit mit meinen niederländischen Kameraden. Damals hatte ich erlebt, welch großer Wert auf das Schießtraining gelegt wurde. Ich denke, in diesen vier Monaten habe ich mehr geschossen als zu Hause in Deutschland in einem ganzen Jahr. Aus gutem Grund: Mit meinem Hauptarbeitsgerät muss ich zwingend sehr viel trainieren.

Das hatten die sehr viel einsatzerfahreneren Niederländer verstanden und gelebt und sich auch keine Beschränkungen bei der sehr teuren Munition auferlegt. Das Schießen aus dem Stand, das Schießen aus dem Fahrzeug, das Vorgehen im Trupp – all das wurde bei der Bundeswehr kaum trainiert. Dabei waren das Standardsituationen, die uns im Einsatz tagtäglich hätten widerfahren können. Da es solche Schießvorschriften nur für Feldjäger und das KSK gibt, waren wir vom Spezialzug nicht dafür zugelassen, obwohl wir oft das Lager verließen und in eine gefährliche Situation geraten könnten, bei der wir beispielsweise aus dem fahrenden Fahrzeug feuern mussten. Für uns alle wäre es das erste Mal gewesen. Das ist ziemlich übel – denn ich kann nur etwas verinnerlichen, wenn ich es trainiert habe. So verging dieser Tag mit dem Nachjustieren der Waffen, und zu Beginn der Dämmerung fuhren wir zurück ins Camp.

Brenzlige Pfade – Trip nach Tadschikistan, Monkey Show fürs Fernsehen und »vergiftete« Schokolade

Im Lager bekamen wir unseren Auftrag für den nächsten Tag mitgeteilt. Wir sollten die beiden Geheimdienstler und Carlo zur Grenze nach Tadschikistan eskortieren. Was diese dann in Tadschikistan genau machen und mit wem sie Absprachen halten wollten, bekamen wir nicht zu hören. Bei der Besprechung wurde auch gesagt, welche Aufträge demnächst noch anstanden: Wir sollten Faisabad erkunden, aber erst im neuen Jahr. Außerdem wollten wir im Großraum Kundus eigentlich noch ein paar Fußpatrouillen machen. Allerdings zeichnete sich langsam ab, dass dies zu gefährlich war. Einige Gruppierungen hatten wohl Anschlagsdrohungen gegen ISAF-Truppen ausgesprochen. Das sagten uns die beiden Geheimdienstoffiziere, und deshalb hatten sie dem Kommandeur von weiteren Fußpatrouillen abgeraten, um den Aufständischen möglichst kein Ziel zu bieten.

Auf meine Anregung hin führte der Truppenarzt, Oberstabsarzt Kemmerer, am Abend für die eingeteilten Medics, also für mich und Jeff vom Team 2, eine Weiterbildung durch. Da wir demnächst weiter draußen unterwegs wären, wollte ich, dass wir noch mal trainieren und auf den neuesten Stand gebracht werden – schließlich konnte es lebenswichtig sein, dass wir fit in unserem Job waren.

Dabei präsentierte uns Kemmerer wie nebenbei folgende Info: »Die Ärzte werden im Lager gebraucht oder sind bei anderen Fahrten gebunden.« Warum bei normalen Fahrten zum Flugplatz oder für Touren durch Kundus ein Arzt dabei sein musste, war mir schleierhaft. Immerhin hatte ich gehört, dass bald diverse Fahrten zu verschiedenen Hilfsorganisationen anstanden.

»Ab sofort fällt bei Ihnen im Spezialzug also der BAT weg«, brachte der Truppenarzt dann den Knaller. »Sie beide haben ja eine Ausbildung zum Medic, da kann eigentlich nichts passieren«, argumentierte er.

Ich dachte, ich höre nicht recht! Jeff und ich sollten künftig einen Arzttrupp ersetzen? Weder hatte ich die dafür nötige Ausstattung noch die Spezialkenntnisse eines studierten Arztes wie Tim. Ich war zwar wesentlich besser ausgebildet als die meisten Soldaten, wenn es um die Wundversorgung und Stabilisierung eines Verletzten ging. Aber mit einem Arzt konnte ich mich selbstverständlich nicht messen. Unsere Fähigkeiten wurden in diesem Fall völlig überschätzt. Und abgesehen davon: Was wäre denn, wenn ich selbst verletzt würde? Wer würde mir helfen? Schon bei einem stinknormalen Autounfall konnten schlimme offene Oberschenkelbrüche auftreten, bei denen das Blut nur so spritzte. Solche arteriellen Verletzungen mit starkem Blutverlust waren lebensbedrohlich. Eine halbe, maximal eine ganze Stunde konnte ich jemanden mit einer solchen Verletzung einigermaßen am Leben erhalten.

Ich versuchte, die Nachricht zu verdauen und die Folgen abzuschätzen. Wir hatten ja ein warnendes Beispiel mit unserem noch glimpflich abgelaufenen Unfall gemacht. Bei einem Unfall mit Personenschaden hätten wir zwei Medics gerade mal Material für knapp zwanzig Minuten gehabt, um einen Schwerverletzten zu stabilisieren. Danach musste dieser Verletzte schnellstmöglich in die Hände von Ärzten und Sanitätspersonal, um eine gute Überlebenschance zu haben.

Dafür war mindestens ein Beweglicher Arzttrupp mit einem eigenen Sanitätsfahrzeug notwendig. Wir konnten ja nicht damit rechnen, evakuiert zu werden. Erstens hatten wir nicht immer Funkverbindung zum Lager, und zweitens gab es theoretisch nur sechs Bundeswehr-Hubschrauber für ganz Afghanistan, die damals noch auf Termez und Kabul verteilt waren. In Kundus hatten wir keinen einzigen Hubschrauber, und das war in absehbarer Zeit auch nicht geplant. Falls ein Zwischenfall passierte, müssten wir stundenlang auf den Hubschrauber warten – wenn er denn überhaupt käme. Ein Krankenwagen mit Sanitätspersonal und einem Arzt könnte in so einem Szenario das Zünglein an der Waage darstellen. Ich begriff diese Entscheidung nicht. Mit unserem Leben wird fahrlässig umgegangen, aufgrund von Personal- und Fahrzeugmangel, dachte ich wütend, das darf doch nicht sein! Ich versuchte, mich zu fassen, und meldete mich zu Wort. »Das ist ja schön und gut, was Sie uns da erzählen. Aber das funktioniert so in der Praxis nicht.« Der Truppenarzt guckte mich fragend an, und ich erklärte ihm wortreich meine Bedenken. Er hörte sich zwar alles an, meinte aber zum Schluss: »Befehl ist Befehl. Sie führen die Aufträge künftig so aus, wie ich es gesagt habe.« Diese Verantwortung wollte, ja konnte ich nicht tragen, und so kam es zu einem Streitgespräch. »Okay. Aber dann will ich eine unterschriebene Aktennotiz, in der alles drinsteht: dass wir keinen Arzttrupp bekommen und welche Einwände wir dagegen erhoben haben. Alles andere geht gar nicht.« Der Truppenarzt guckte ganz perplex und wusste offenbar nicht, was er sagen sollte. Typisch, dachte ich. Der Befehl war schnell mündlich gegeben. Aber eine beweisbare, auch später noch nachvollziehbare Verantwortung wollte im Stab keiner übernehmen.

Der Truppenarzt fing sich schnell, fand in seine Rolle zurück und rief: »Was bilden Sie sich denn ein?« – das war noch das Netteste, was wir zu hören bekamen. Auch Jeff unterstützte mich nach Kräften, aber ein schriftlicher Befehl und eine Aktennotiz mit unserem Einwand wurden uns verweigert, obwohl wir immer wieder unsere schriftlichen Eingaben machten. Die Standardantwort, die wir zu hören bekamen: »Es wird schon nichts passieren. Vermutlich braucht ihr überhaupt keine Evakuierung.«

Toll. So kann man auch nur denken und reden, wenn man an einem Schreibtisch im relativ sicheren Camp sitzt!, dachte ich. Es war ein Kreuz mit diesen laxen Sicherheitsvorkehrungen. Nur wenn etwas Schlimmes passierte oder ganz hoher Besuch anstand, wurde reagiert. Das war schon in Kabul so gewesen und wurde nun in Kundus weiter so gehandhabt. Nicht nur Jeff und ich, wir alle vom Spezialzug fühlten uns im Stich gelassen. Frustriert bereiteten wir uns auf die Fahrt zur tadschikischen Grenze vor.

Nach der Befehlsausgabe fuhren wir am nächsten Morgen den Konvoi auf dem Vorplatz vor dem Tor auf. Dabei waren wir und Team II, außerdem zwei Jeeps mit Feldjägern, sowie auf drei Fahrzeuge verteilt Carlo, Buske und Kretschmer vom Nachrichtendienst sowie zwei Scharfschützen. Außerdem hatte mein Gequengel am Vorabend wohl doch gefruchtet. Der BAT war zwar nach wie vor gestrichen, aber immerhin durfte uns Tim begleiten – allerdings ohne eigenes Sanitätsfahrzeug mit Material.

Die Strecke war relativ übersichtlich, ragte doch der angepeilte Grenzübergang wie ein Zipfel etwas nach Afghanistan hinein. Er lag bei der Stadt Emam Salib, knapp sechzig Kilometer Luftlinie von Kundus entfernt. Da wir die Straßenverhältnisse bereits kannten, schätzten wir, die Stadt binnen zwei Stunden erreichen zu können. Von früheren Fahrten wussten wir, dass es an diesem Grenzort eine kleine Fähre gab, die mehrmals am Tag nach Tadschikistan übersetzte. Diese war unser Ziel.

Die Wege, die direkt nach Norden führten, waren in einem besseren Zustand als jene nach Kabul oder östlich Richtung Faisabad. Das lag daran, dass eine Menge Waren aus den Grenzregionen transportiert wurden. Kundus mit seinen fast 100 000 Einwohnern war ein beliebtes Ziel dieser Händler. Fast schnurgerade führte unsere Strecke zur Grenze, durch eine sehr wüstenähnliche Landschaft. Zügig kamen wir voran. Mehrere halsbrecherische Überholmanöver von Einheimischen ließen uns zusammenzucken, trotz der besseren Straßenverhältnisse. Ansonsten passierte nicht allzu viel, und so hatten wir Zeit, über den Sinn und Zweck der Mission zu spekulieren.

Die Geheimdienstler und Carlo hatten sich absolut bedeckt gehalten, was sie konkret in Tadschikistan vorhatten. Den entscheidenden Schritt über die Grenze wollten sie alleine, nur gesichert durch einen Trupp Scharfschützen und Feldjäger machen. Da Soldaten von Natur aus neugierig sind, hatten wir mehrmals nachgebohrt, worum es denn ginge. Aber herausgekommen war dabei nichts. Schnell erreichten wir ohne Zwischenfälle die Fähre. Dort wurden noch ein paar Absprachen getroffen, bald darauf trennten wir uns. Wir und Team 2 fuhren zurück nach Kundus, während Carlo mit den beiden Geheimdienstlern und dem restlichen Begleitpersonal nach Tadschikistan übersetzte. Zu einer bestimmten Uhrzeit am späten Abend sollten wir sie dann wieder aufnehmen.

Mir kam das Ganze sehr schleierhaft vor, und auf der Rückfahrt stellten wir die wildesten Vermutungen an, was dort für Absprachen getroffen werden sollten. Vielleicht gab es ja Infos, was die Struktur und den Drogenverkauf der örtlichen Warlords betraf. Trotzdem war der ganze Vorgang seltsam. Es war höchst unüblich, mit bewaffneten Soldaten ohne große Vorankündigung in ein fremdes Land zu gehen. Normalerweise sind solche Besuche hochoffiziell, und das Gastland schickt eine Delegation, um die Besucher zu empfangen. Aber es waren keine Offiziellen oder Sicherheitskräfte auf der anderen Seite zu erkennen gewesen. So fuhren wir alsbald schweigend weiter, jeder seinen eigenen Gedanken nachhängend.

Draußen zog die karge Wüstenlandschaft am Fenster vorüber. Eine Menge Eselskarren sowie bis in den letzten Winkel bepackte zivile Autos und Lastwagen unterbrachen die Monotonie der Landschaft. Im Camp gönnten wir uns einen Besuch in der Drop Zone, damit die Zeit bis zur Abholtour schnell herumging. Nach wenigen Stunden also die gleiche Prozedur wie am Morgen, zurück an die Grenze, um alle wieder an der Fähre aufzunehmen. Am Grenzörtchen mussten wir noch eine knappe halbe Stunde warten, bis wir das Fahrzeug auf den Fluss zuhalten sahen. Sie setzten über, gliederten sich nach kurzer Absprache in den Konvoi ein, die Rückfahrt begann.

Im Camp ging ich auf Carlo zu: »Jetzt erzähl mal, Carlo. Was habt ihr eigentlich da drüben gemacht?« »Nur ein paar Gespräche geführt, sonst nichts«, gab er wortkarg zurück. Diese Verschlossenheit kannte ich von mir selber aus Kabul. Wenn mich irgendein anderer Kamerad auf meine geheimnisvolle Arbeit bei den Niederländern oder meine tollen Waffen ansprach, habe ich immer abgeblockt und ihn auflaufen lassen, ohne ein Wort zu erzählen. Also ließ ich Carlo in Ruhe und drang nicht weiter in ihn, es hätte eh nichts gebracht. Etwas später erfuhr ich von dem Führer der Scharfschützen, mit dem ich mich aufgrund meiner eigenen Scharfschützen-Vergangenheit gut verstand, dass Carlo, Buske und Kretschmer an einer Botschaft in Duschanbe haltgemacht und dort ein paar Stunden verbracht hatten. Der Scharfschützentrupp und die anderen hatten sich währenddessen eine Moschee angesehen und den Markt besucht.

Im Lager gab es Neuigkeiten: Ein Fernspähtrupp sollte im nächsten Jahr, also sehr bald, nach Kundus kommen, um den Flugplatz zu betreiben. Wir alle waren gespannt, ob dann der ELG-Trupp zu unserer Entlastung beitragen würde. Schließlich wären sie dann ja quasi arbeitslos. Gerko und ich brachten das Thema abends im Container zur Sprache. Hauptfeldwebel Zorn ließ sich überhaupt nicht darauf ein und meinte nur: »Aufklärungsfahrten fallen nicht in unseren Aufgabenbereich«, und wandte sich wieder seinem Laptop zu. Auch Hoppke lehnte es kategorisch ab, uns bei den Fahrten zu begleiten. Erstaunlich, wie stur und unbeweglich die beiden waren. Und das sogar, wenn sich die Situation völlig änderte. Ich war sehr gespannt, wie unser Zugführer künftig die Aufgabenverteilung, sprich: baldige Arbeitslosigkeit der ELG, lösen wollte. Aber so viel war schon abzusehen: Es stand uns garantiert neuer Ärger ins Haus.

Über die Weihnachtstage kam eine Menge Alkohol ins Einsatzland, nicht nur aus den Geschenkpaketen. Die Piloten der von der Bundeswehr gecharterten Antonow-Maschinen hatten nichts gegen ein paar Extradollar einzuwenden, weshalb sie sich nebenher als fliegende Händler betätigten. Unser Kontaktmann zu den russischsprachigen Piloten war Anatoli vom ELG-Trupp aus dem anderen Container, der gebürtiger Russe ist. Er fädelte es ein, dass die Piloten uns mit in Tetra-Packs eingeschweißtem Wodka versorgten, stilecht nach der Landung aus dem Fenster geworfen. Im Gegenzug schmiss Anatoli Steine, um die er Dollars gewickelt hatte, ins Cockpit-Fenster. Das Zeug schmeckte Wodka-untypisch heftig nach Alkohol, hatte aber den Vorteil, dass schnell eine hohe Drehzahl erreicht war. Einige Soldaten waren in der Folge fast täglich sternhagelvoll. Langeweile, gepaart mit etwas Angst vor Anschlägen – das war die fatale Mischung, die viele den Alkohol maßlos in sich hineinschütten ließ.

Die Folgen hatten alle zu tragen: Das Gefüge im Zug wurde von Tag zu Tag schlechter. Selbst Carlo, der Chef der Infanterie, sprach mich darauf an. »Achim, was ist denn bloß bei euch los? Die schlechte Stimmung ist ja zehn Meter gegen den Wind zu spüren.« Ich konnte nur mit den Schultern zucken. Keine Ahnung, wie man das Verhältnis wieder verbessern konnte. Auch unser Zugführer suchte das Gespräch mit allen aus dem Container und nahm uns einzeln zur Seite. Mittlerweile schaltete sich sogar Oberst Weigand, der Kommandeur, ein. Er suchte immer wieder das persönliche Gespräch zu nahezu jedem Soldaten des Spezialzugs, aber hauptsächlich zu den dort eingeteilten Führern.

All das brachte aber nichts. Es wurde weiter gejammert: »Wann dürfen wir endlich nach Hause? Wir werden hier doch sowieso nicht mehr gebraucht.« Wie eine kaputte Schallplatte leierten Zorn und Hoppke diese Nummer herunter. Und sie schafften es sogar, dass auch Gebauer, der Führer von Team 2, von Zeit zu Zeit mit einstimmte. Ich konnte es nicht mehr hören. Die Kameraden wirkten wie quengelige, kleine Kinder auf mich, die vor lauter Heimweh vergingen.

Natürlich ist ein erstes Kontingent niemals schön oder sehr angenehm, aber das ewige Gemaule war erwachsener Männer unwürdig und nicht mehr auszuhalten. Auch der Oberst hatte die Faxen dicke und war zu einer ungewöhnlichen Entscheidung gekommen, wie mir Carlo eines Abends steckte: Bevor der Spezialzug weiterhin das ganze Klima vergiftete, wollte er uns komplett aus dem Kontingent herauslösen und nach Hause schicken. Ich war bodenlos enttäuscht, als ich das hörte. So hatte ich mir meinen zweiten Einsatz in Afghanistan nicht vorgestellt. Ich hoffte nur, dass sich die Gemüter etwas abkühlen und wir weiter einen vernünftigen Job machen würden, so dass Weigand es sich noch mal anders überlegte. Aber die Reibereien nahmen zu, je näher das Datum rückte, an denen der Fernspähtrupp ins Land kommen sollte.

Silvester stand vor der Tür. Wir sollten nur kleinere Patrouillenfahrten in und um Kundus durchführen, gleichzeitig wurden die letzten amerikanischen US-Einheiten aus dem PRT Kundus ausgeflogen. Eine Herkules-Transportmaschine landete, die Heckrampe öffnete sich, und die Luftwaffensicherungskräfte übernahmen die Sicherung. Vermutlich hatten sie dabei Munition in ihren Waffen. Die für den Lufttransport vorbereiteten Fahrzeuge der Amerikaner fuhren zügig hinein, wurden festgezurrt, und ein paar Minuten später wurden die Sicherer hereingerufen. Die Maschine rollte auf das Startfeld – und weg war sie. Kurz danach landete eine weitere Herkules, in der die restlichen Amerikaner ausgeflogen wurden.

Ich hatte das Gefühl, gerade eine Lebensversicherung zu verlieren, und starrte ihnen düster hinterher. Nun waren wir komplett auf uns alleine gestellt. Nachdenklich fuhren wir zurück ins Camp. Dort war vor kurzem ein dreiköpfiges RTL-Team eingetroffen, um ein paar Aufnahmen zu machen. Die Reporterin Jutta Bielig versuchte mit jedem, den sie greifen konnte, ein Gespräch anzufangen. Das wurde aber immer wieder durch die Presseoffiziere der Bundeswehr unterbunden.

Am nächsten Morgen starteten wir zu einer Erkundungsfahrt. Als wir noch müde zu unseren Fahrzeugen gingen, standen der Kameramann und der Tontechniker bereit und schnitten mit. Offensichtlich war dem Team unsere ungewöhnliche Bewaffnung und Ausrüstung im Vergleich zu den Infanteriekräften aufgefallen. Wir hatten sehr viel mehr persönliche Ausrüstung am Mann, modernere Waffen und stets schwarze Sonnenbrillen und schwarze Mützen auf. Dadurch machte sich wohl der Eindruck breit, dass wir für speziellere Aufträge zuständig waren. Da aber offiziell keine Spezialkräfte oder spezialisierten Kräfte hier sein durften, wurden wir natürlich sehr interessiert beäugt und gefilmt.

Abends fand im Verpflegungszelt eine Vorführung des Rohschnitts statt, bei der auch zwei Presseoffiziere anwesend waren. Als die Bilder vom Morgen mit uns und Team 2 zu sehen waren und der Kommentator von spezialisierten Kräften sprach, schritt einer der Presseoffiziere ein und verlangte insistierend: »Diese Szene dürfen Sie nicht verwenden.« Jutta Bielig blieb ruhig. Was blieb ihr auch groß übrig? Sie war ja bei ihren weiteren Berichten über die Bundeswehr auf den guten Willen der Presseoffiziere angewiesen.

Diese Zensur wiederholte sich noch bei einigen anderen Sequenzen. Als spät in der Nacht der Beitrag auf RTL lief und wir gespannt vorm Fernseher saßen, kam bald die Ernüchterung. Gezeigt wurden die obligatorische Brunneneinweihung mit lachenden Kindern und vielem Händeschütteln von örtlichen Würdenträgern mit deutschen Soldaten. Ich grinste schief, als ich das sah. Von dem ursprünglichen Bericht war so gut wie nichts übriggeblieben.

Waren wir zu martialisch anzusehen? Würden die Zuschauer zu Hause Angst bekommen, wenn sie uns mit Waffen in der Hand und voller Ausrüstung zu Gesicht bekämen? Offensichtlich fuhr die Bundeswehr mit ihrer Strategie fort, sich als Technisches Hilfswerk in Flecktarn darzustellen, um die Zustimmung zu dem Einsatz nicht zu gefährden. Schon aus Kabul waren damals nur friedliche Bilder aus unserem Bereich gesendet worden. Dass dort auch schwerbewaffnete Soldaten ihren Dienst versahen und auch damals schon Schusswechsel und kleinere Gefechte stattfanden, wurde weitgehend ausgeblendet oder besser: für die Öffentlichkeit zensiert. Die Monkey Show funktionierte also im abgelegenen Norden genauso gut wie in der Hauptstadt.

Bei den folgenden Tagestouren im Großraum Kundus schafften wir es fast, die letzten weißen Flecken auf der Karte zu beseitigen. So konnten wir unser Kartenmaterial für die Umgebung optimieren. Auch die EOD-Kräfte arbeiteten mit Hochdruck daran, die Minenkarten zu ergänzen. Als wir einen Blick auf ihr Werk warfen, wurde uns allen doch ganz schön mulmig zumute.

Sie hatten jede Menge Gebiete markiert, in denen wir uns bereits mehrfach aufgehalten hatten.

Die größte Sorge in dieser Zeit kurz vor dem Jahreswechsel machte uns Gerko. Er hatte mittlerweile massive Rückenprobleme. Durch die schlechten Straßen- und Wegeverhältnisse hatten wir alle, zumindest zeitweise, Rückenschmerzen. Aber bei Gerko gehörte es mittlerweile zum Normalzustand. Mit gequältem Gesichtsausdruck setzte er sich vorsichtig in den Jeep, und bei jedem der ungezählten Schlaglöcher verzog er schmerzhaft das Gesicht. Irgendwann begannen wir zu meutern: »Gerko, setz doch mal eine Tour aus. Da kannst du deinen Rücken wenigstens ein bisschen schonen.« Aber er wollte nicht. »Auf gar keinen Fall«, meinte er. Stur, wie er war, ging er auch nicht zum Arzt deswegen, sondern ließ sich von mir mit ABC-Pflastern und Salben versorgen.

Aber seit ein paar Tagen war Gerkos Zustand so schlimm geworden, dass ich das nicht mehr mittragen konnte. Ich schnappte ihn mir und versuchte, ihn zur Vernunft zu bringen: »Pass auf, Gerko, ich hab mit dem Arzt gesprochen. Wenn du nicht das machst, was ich dir als dein Medic sage, dann sagt Tim es dir noch mal persönlich: Du brauchst dringend Schonung für deinen Rücken. Die nächste Fahrt ist also für dich gestrichen.« Gerko schnappte nach Luft und fing an zu protestieren: »Wieso denn? Das bekomme ich schon hin! Ich lasse euch doch nicht im Stich.« »Vergiss es Gerko«, schüttelte ich den Kopf. »Und wenn du nicht spurst, wird Tim dich offiziell für ein paar Tage krankschreiben – und das wollen wir doch alle nicht.« Gerko guckte ein bisschen gequält, aber nickte dann. Erleichtert sagte ich: »Na also, geht doch! Du weißt doch: Mein Job ist es, auf deinen Hintern aufzupassen.« Er lachte und sagte: »Ja, Papa. Du hast ja recht.«

Bei den Briefings und Befehlsausgaben waren in letzter Zeit nur noch die eingeteilten Führer anwesend und nicht mehr alle Soldaten des Spezialzugs. Das war dem Umstand geschuldet, dass der Ärger innerhalb des Zuges sehr weite Kreise gezogen hatte und die ewigen Streitereien und Sticheleien nicht mehr vor allen ausgetragen werden sollten. Für uns war das schlecht, denn so gingen wichtige Informationen verloren oder wurden verfälscht, weil sie bei uns aus zweiter Hand ankamen. Auch konnten Nachfragen nicht mehr unmittelbar und direkt im persönlichen Dialog geklärt werden, sondern wurden über Bande gespielt: Offene Fragen mussten von uns aufgeschrieben und später von unserem Truppführer mit dem Zugführer abgeklärt werden.

Ich fand diese Verfahrensweise total schwachsinnig. Erstens kostete das umständlich Zeit, und zweitens wurden manchmal die gleichen Fragen von den verschiedenen Trupps gestellt, was natürlich auch den Zugführer nervte. Mir ging das ziemlich auf den Keks, aber machen konnte ich nichts dagegen. Gerko tat mir dabei immer am meisten leid, stand er doch immer zwischen den Fronten und musste unsere Fragen weiterleiten und sich die genervten Antworten des Zugführers anhören. Eine nicht gerade angenehme Situation.

Wegen der bevorstehenden Silvesterparty machten im Lager die wildesten Gerüchte die Runde. Eines besagte, dass eine Girl-Group eingeflogen und abends vor uns spielen würde. So wenig ich dagegen einzuwenden hätte, bezweifelte ich das. Schließlich waren wir nicht die US-Army, wo die Truppenbetreuung ganz anders aussah und viele Prominente es als ihre patriotische Pflicht ansahen, vor Soldaten aufzutreten. Bruce Springsteen zum Beispiel oder der altehrwürdige Komiker Bob Hope, der schon in Vietnam aufgetreten war. Sogar Marilyn Monroe hatte die US-Soldaten in Korea mit einem Besuch beglückt. Wir alle waren also sehr gespannt, was uns erwartete.

Gegen 20 Uhr sollte es dann losgehen, mit einem gemeinsamen Abendessen des Kontingents und anschließender Party. Wir duschten, zogen uns eine frische Uniform an und begaben uns zum Verpflegungszelt. Luftballons und Girlanden dekorierten ein großes Schild »Silvester 2003/2004«. Der Kommandeur dankte in seiner Rede allen Beteiligten für ihren Einsatz und die gute Zusammenarbeit. Wir sahen uns in unserem Trupp schief grinsend an, wegen unserer interner Querelen. Auch einige Kameraden des Infanterieverbands sahen zu uns herüber und mussten schmunzeln wegen dieser Aussage. Zumindest heute konnten wir darüber lachen.

Nach dem Essen – nicht ganz so toll wie an Weihnachten, aber besser als sonst – begann die Party. Ich war wirklich gespannt, was das Festkommitee, bestehend aus einigen Freiwilligen, sich hatte einfallen lassen. Plötzlich brandete von einer Zeltseite riesiges Gelächter auf und Fotoapparate blitzten ununterbrochen. Alle standen auf und verrenkten sich die Hälse, um zu sehen, was los war. Ein paar Soldaten hatten sich als »Boney M.« verkleidet: hatten sich die Gesichter schwarz angemalt. Sie hatten sich aus Lametta abgefahrene Perücken gebastelt und aus Tüchern irgendwelche Discoklamotten improvisiert. Tosender Applaus und Gejohle brandeten auf, sahen sie doch zu komisch aus in den engen Glitzerkleidern und den Stöckelschuhen. Unter viel Gelächter absolvierten sie ihre eingeübte Show zu dem Song »Daddy cool« und wurden unter donnerndem Applaus und Pfiffen verabschiedet.

Nun begannen einige Spiele. Zum Beispiel musste ein Holzbalken möglichst schnell durchgesägt oder ein Nagel eingehämmert werden. Ein Trupp trat dabei gegen einen anderen an und konnte kleine Geschenke gewinnen. Gegen elf Uhr seilte ich mich langsam ab und ging in Richtung unseres Containers. Die Feier war sehr laut, stürmisch und alkoholselig geworden. Inzwischen lagen sich alle in den Armen und waren plötzlich wieder gut Freund, zumindest für diesen Abend. Das ging mir gehörig gegen den Strich. Vielleicht war und bin ich auch etwas zu empfindlich, aber diese allgemeinen Verbrüderungsszenen für einen Abend, um sich am nächsten Tag wieder anzuschweigen oder zu streiten, konnte ich überhaupt nicht ab. Ich wollte lieber alleine sein und die Privatsphäre in unserem Container genießen. Ich trank gemütlich meinen Rotwein, und dann war es schon so weit: Mitternacht. Im Lager hatte sich die Party nach draußen verlagert, von dort waren eine Menge »Gutes Neues Jahr!«-Rufe zu hören.

Plötzlich ging die Containertür auf, und Gerko stand im Türrahmen. Er guckte ein bisschen erstaunt und meinte: »Alles in Ordnung mit dir?« »Ja ja, mach dir keine Sorgen. Alles bestens.« Er kannte mich gut genug, um zu wissen, dass mir die gezwungene und gespielte Freundlichkeit bei der Feier auf die Nerven ging. So wünschte er mir noch ein frohes neues Jahr und ging zurück zur Party.

Als es dann in Deutschland so weit war, rief ich Anja an und erreichte sie sofort. Wir wünschten uns gegenseitig ein frohes neues Jahr und redeten dann noch etwas privat. Ihre wichtigste Frage war: »Wann kommst du zurück?« »Ich weiß es auch nicht so genau, aber vermutlich etwas früher als geplant«, worüber sie sich sehr freute. Während ich als Nächstes mit meinen Eltern telefonierte, kamen die ersten Kameraden von der immer noch andauernden Party, um ihre Familien in Deutschland anzurufen. Gegen halb fünf ging der Tag für mich zu Ende – wenigstens hatten wir am nächsten Tag frei.

Der erste Tag des Jahres 2004 begann mit Aufräumarbeiten. Viele mürrisch dreinblickende Gesichter waren den ganzen Tag über zu sehen, hatten die meisten doch einen ausgewachsenen Kater von der gestrigen Feier mitgebracht. Mir ging es sehr gut, da ich kaum etwas getrunken hatte. Und so war ich derjenige, der heute seinen Spaß hatte. Belustigt sah ich mir die vorsichtigen Bewegungen meiner Kameraden an und musste jedes Mal lachen, wenn einer unter Stöhnen etwas aufsammelte oder sich beim Bücken an den Kopf fasste.

Am nächsten Tag sollte dann der bereits angekündigte Fernspähtrupp ins Land kommen. Ich war sehr gespannt, wie sich das auf unseren internen Zwist auswirken würde. Von den Neuankömmlingen würden wir wohl erst am Abend etwas zu sehen bekommen, weil wir auf Erkundungsfahrt gehen wollten. Bei unserer Tour an die tadschikische Grenze waren uns zwei Dörfer aufgefallen, die wir noch einmal besuchen wollten, um Gesprächsaufklärung zu betreiben. Schneeverhangene Wolken hingen über den Bergketten, und die Wege waren garantiert nicht besser befahrbar als vorher, eher schlechter.

Bevor wir am nächsten Tag starten wollten, besserten wir

noch unsere Ausrüstung aus, die ganz schön gelitten hatte. An den Jacken waren Taschen abgerissen, Klettverschlüsse lösten sich ab. In einer der von uns bisher unangetasteten Boxpaletten hatte ich mein Nähzeug und meine Nähmaschine verpackt, für genau diesen Fall. Außerdem konnte ich beim Nähen immer gut entspannen, und mir machte es Spaß, bei Kleidungsstücken etwas zu verbessern oder sogar selbst welche zu entwerfen. Da vieles in unserer Ausrüstung privat beschafft war, war es schwierig, das Schadmaterial auszutauschen.

Ich ging also zum x-ten Mal zum TVB und fragte: »Darf ich endlich an unsere Paletten ran?« Aber mir wurde, ebenfalls zum x-ten Mal, der Zugriff verweigert. Der TVB sagte: »Es ist doch viel einfacher, die Paletten im geschlossenen und versiegelten Zustand zu übernehmen und später wieder zu übergeben. Dann muss man nicht erst alles auspacken, um die Vollzähligkeit des Materials sicherzustellen.« Man sparte also Zeit und Arbeit. Der TVB meinte dann noch: »Ihr verlasst ja eh in absehbarer Zeit das Land.«

Fast alle im Spezialzug regten sich seit Beginn unseres Einsatzes über diese Bürokratiehuberei auf. Vor einem Jahr in Kabul hätte ich sicherlich dazugehört. Aber mittlerweile war ich ziemlich desillusioniert und hatte keine Lust mehr, mich über so etwas aufzuregen. Mir ging es auf Deutsch gesagt am A… vorbei. Es interessierte mich nicht mehr, ändern konnte ich eh nichts. Sich aufzuregen brachte erst recht keine Verbesserung, und so begann ich, immer stärker zu resignieren, was ich am Anfang gar nicht richtig bemerkte. In der restlichen Zeit des Einsatzes sollte dieser Umstand schlimmer und schlimmer werden. So nahm ich also mein kleines dienstlich geliefertes Nähzeug zur Hand und besserte mühselig die vorhandenen Schäden aus.

Am 2. Januar fuhr der Spezialzug nochmals in Richtung tadschikischer Grenze. Gerko war diesmal nicht dabei, um seinen Rücken zu schonen. Unser Auftrag war es, alternative Routen zur tadschikischen Grenze zu erkunden. Dazu verließen wir bald die uns bekannten, relativ gut befestigten Wege und versuchten über Umwege und unbefestigte Straßen, eine weitere mögliche Route aufzuklären. Theoretisch hätten wir jederzeit in die Luft fliegen können, wenn wir über eine Mine gefahren wären, aber Gott sei Dank ging alles gut. Trotzdem kamen wir nicht weit. Es dauerte nicht lange, bis das erste Fahrzeug bis zur Unterkante des Kotflügels im Schlamm versank. Mit den beiden anderen Wagen versuchten wir, das Fahrzeug zu bergen, und schafften es auch. Dabei fuhr sich aber unser zweites Auto fest. Das ging eine ganze Zeit so weiter, bis wir mit viel Mühe endlich alle drei Jeeps geborgen hatten. Und das war nur ein kleiner Vorgeschmack auf das, was noch kommen sollte. Im Stillen beneidete ich Gerko schon jetzt, dass er sich dieser Tortur nicht aussetzen musste.

Mehrere Flussläufe kreuzten unseren Weg. Es blieb uns kaum etwas anderes übrig, als die Gewässer zu durchqueren. Da wir die Wassertiefe weder kannten noch schätzen konnten, befragten wir Ortsansässige, die zufällig des Weges kamen. Die uns angegebenen Tiefen unterschieden sich ganz schön stark und sehr oft von der tatsächlichen Tiefe, da sich der Wasserpegel ständig hob oder senkte. Einmal wurde uns versichert, dass der Fluss an dieser Stelle maximal knietief sei. Das erste Fahrzeug wagte den Übergang und versank prompt bis fast zur Windschutzscheibe im Wasser. Etliche Helfer, darunter auch Einheimische, und mehrere Anläufe waren nötig, um den Jeep zu bergen. Danach waren alle tropfnass und klapperten vor Kälte.

So kamen wir nur sehr, sehr langsam voran. Niemals würden wir mit einem größeren Konvoi diese Ausweichroute benutzen können. Bei unserem Jeep war ja bereits vor Wochen der Allradantrieb ausgefallen. Dadurch hatten wir bereits bei gerader Strecke die größten Probleme, nicht links oder rechts in den Graben zu rutschen. André fluchte, was das Zeug hielt, und saß bald vollkommen verschwitzt hinter dem Lenkrad, während Nils und ich klappernd und frierend sehnsüchtig nach der Heizung schielten, die uns einfach nicht genug powerte. So kämpften wir uns Stunde um Stunde voran und legten dabei eine lächerlich geringe Strecke zurück.

Das nächste Problem waren die Blindgänger rechts und links

des Weges. Eine zusätzliche und ziemlich unangenehme Gefährdung auf unserem Weg nach Norden. Wir hofften, mit unserem Wagen nicht noch einmal umzukippen. Wer wusste schon, ob wir ein zweites Mal so viel Glück hätten. Genauso gut konnten wir in die Luft fliegen, wenn wir bloß leicht vom Weg abkamen. Im Laufe des späten Nachmittags erspähten wir am Horizont eine Straße, die schnurgerade Richtung Norden führte. Das war unsere Rettung! Wir sahen dann noch links etwa 200 Meter entfernt ein Dorf liegen und freuten uns schon auf die gut ausgebaute Piste, als unsere im Abstand von jeweils hundert Meter fahrenden Jeeps plötzlich fast zeitgleich stehenblieben. Verdammt, alle hatten sich wie auf Kommando festgefahren.

Die Kraftfahrer versuchten noch zurückzustoßen, aber es half alles nichts. Wir kannten das Spiel schon und stiegen genervt aus. Jetzt hieß es buddeln, mit Spaten und auch Händen. Sobald wir ein Loch gegraben hatten, lief der Schlamm sofort wieder hinein und machte unsere Arbeit zunichte. Langsam begann die Dämmerung, und wir machten uns Sorgen, ob wir ohne fremde Hilfe überhaupt hier herauskommen würden. Plötzlich strömten aus dem Dorf wie auf ein geheimes Kommando hin Afghanen auf uns zu. Fast dreißig Männer und Kinder zählte ich. Da Nils, André und ich das erste Fahrzeug hatten, liefen sie direkt auf uns zu.

Wie unpraktisch, dass sich unser afghanischer Sprachmittler Fadi am Ende des Konvois, bei unserem Zugführer, befand. Ohne ihn wäre es schwierig, mit den Einheimischen zu kommunizieren. Also funkte ich Fadi an und bat ihn, den Afghanen zu erklären, wer wir waren, woher wir kamen und ob die Möglichkeit bestünde, Hilfe zu bekommen. Dann hielt ich einem Afghanen den Hörer hin. Verdutzt nahm er ihn in die Hand und lauschte gespannt den Erklärungen unseres Sprachmittlers. Mehrmals sah er dabei irritiert den Hörer an, als ob er die Person suchen würde, dessen Stimme gerade erklingt. Ich schätze, er hatte das erste Mal ein Funkgerät in der Hand. Deswegen sprach er wohl auch in den Hörer, ohne die Sprechtaste zu drücken. Ich versuchte ihm irgendwie klarzumachen, dass er vorher die Handtaste betätigen muss, damit die Gegenstelle ihn hören kann. Das Ganze dauerte natürlich seine Zeit.

Einige der Einheimischen hatten wohl beobachtet, dass wir ein Problem hatten, und bereits ihr Werkzeug mitgebracht, um uns zu helfen. Mir fiel sofort auf, dass keinerlei Metallgegenstände dabei waren. Auch die Spatenblätter waren aus Holz gefertigt. Die Afghanen verteilten sich auf die festgefahrenen Jeeps und halfen uns, die Fahrzeuge freizubuddeln. Selbst mit so vielen Helfern hatten wir unsere liebe Not und benötigten noch fast zwei Stunden, um jedes Auto auf einigermaßen festen Untergrund zu bekommen.

Mittlerweile war die Nacht eingebrochen, weshalb wir unsere Taschenlampen und Lightsticks benutzten. Ehrfürchtig rückten die Afghanen zurück, als sie diese Leuchtstäbe sahen, und beäugten sie misstrauisch. Anhand dieser kleinen Begebenheit wurde mir wieder klar, was für eine große Diskrepanz zwischen den beiden Kulturen herrschte. Sieben Flugstunden von Deutschland entfernt, herrschte in einigen ländlichen Gegenden fast Mittelalter, während wir uns im Wohlstand suhlten und trotzdem darüber klagten, wie schlecht es uns angeblich geht. Im Vergleich zu diesem Land leben wir wie im Paradies auf Erden, dachte ich nur.

Als Dankeschön begann ich, meine Zigarettenvorräte zu verteilen. Immerhin das war international, und so nahmen sie die Zigaretten dankbar an. Mittlerweile war auch Fadi bei uns vorne, so dass sich ein Gespräch mit den Männern entwickelte. Sie wollten wissen, aus welchem Land wir kamen und was wir hier machten. Wir erklärten ihnen alles, aber sie konnten nicht allzu viel damit anfangen. Von einer ISAF-Mission hatten sie noch nichts gehört. Sie waren einfach nur froh, dass die Kämpfe in ihrem Gebiet irgendwann aufgehört hatten.

Wir waren so dankbar für die großartige Hilfe, dass wir nun auch noch begannen, Schokolade zu verteilen. Doch aus heiterem Himmel schlug die Stimmung um, ein großes Geschrei begann. Wir hatten alle Hände voll zu tun, dass die Situation nicht in einer wüsten Schlägerei endete. Ratlos schaute ich Fadi an, der uns schließlich aufklärte: »Sie denken, ihr wollt sie damit vergiften.« Wie bitte, dachte ich, mit Schokolade? Fadi erklärte weiter: »Das ist neu für sie, sie kennen keine Schokolade.« Bestürzt sahen wir uns gegenseitig an und baten Fadi, den Sachverhalt aufzuklären. Um die Lage zu beruhigen und ihn zu unterstützen, aßen wir selbst von der angebotenen und verteilten Schokolade, um zu demonstrieren, wie harmlos dieses Nahrungsmittel war. Trotzdem wurden wir weiter skeptisch beäugt, aber die Situation hatte sich wieder einigermaßen beruhigt. Zum Glück hatten wir noch die Kurve bekommen.

Zur weiteren Deeskalation schenkte ich den Männern ein paar Einwegfeuerzeuge und auch ein paar der Lichtstäbe, die während der Arbeit schon so bewundert worden waren. Wie die kleinen Kinder drängelten sie sich um die Leuchtstäbe, während ich ihnen zeigte, wie diese funktionierten. Langsam, aber sicher wurden wir nun wieder wohlwollender angesehen, und unser Missgeschick mit der Schokolade wurde uns offenbar vergeben. Unter viel Schulterklopfe und Gewinke verabschiedeten wir uns und fuhren weiter. Erleichtert saßen wir im Jeep, und Nils meinte nur: »Mannomann, diese verdammte Schokolade hätte uns fast den Kopf gekostet! Das glaubt uns zu Hause niemand!« Wir beschlossen, künftig etwas vorsichtiger zu sein, wenn wir uns erkenntlich zeigen wollten.

Dies demonstrierte uns aber auch wieder, dass wir tagtäglich eine Gratwanderung vollführen mussten. Nicht alle Menschen hatten die gleiche Einschätzung oder Erfahrung, was gut für sie ist und was nicht. Die kulturellen und religiösen Unterschiede zwischen unseren Völkern sind unglaublich groß und so vielfältig, dass man trotz aller Sensibilität hin und wieder in ein Fettnäpfchen trat. Wobei wir von Glück sagen konnten, dass dieser Fettnapf sich nicht als versteckte Tretmine entpuppte. Es gab auch wenige Faustregeln, was die Sache erschwerte. Bei der Großstadtbevölkerung von Kabul waren andere Verhaltensweisen erforderlich als hier auf dem Land. Jedenfalls konnte sich an diesem Abend jeder davon überzeugen, wie schnell eine vermeintlich gute Stimmung kippen konnte. So fuhren wir alle sehr still weiter und bahnten uns unseren Weg durch die Nacht und den tiefen Schlamm.

Glücklicherweise beschloss der Zugführer bald, abzubrechen und umzudrehen. Nach fast vier Stunden erreichten wir wieder die Hauptstraße und konnten uns nun zügiger bewegen. Es gab nur eine geringe Anzahl von einigermaßen befestigten Straßen, die durch einen Militärkonvoi nutzbar waren. Es machte uns natürlich angreifbarer gegenüber möglichen Anschlägen, wenn wir zwangsweise nur ein paar Wege benutzen konnten. Wenn wir ausgespäht wurden – wovon auszugehen war –, wäre es ein Leichtes, diese Straßen bei Nacht zu verminen oder eine Sprengfalle aufzustellen. Etwas, das mittlerweile leider zur gängigen Praxis geworden ist und schon einige deutsche Soldaten und Polizisten das Leben gekostet hat. Uns allen war nicht wohl bei dem Gedanken, auf die wenigen brauchbaren Wege angewiesen zu sein. Das machte uns angreifbar.

Wir alle atmeten auf, als endlich der Flugplatz vor uns auftauchte und wir so in den Dunstkreis von Kundus gelangten. Im Camp fuhren wir auf unseren Parkplatz, wo ich zwei bärtige deutsche Soldaten an zwei Fahrzeugen herumwerkeln sah. Weder die Soldaten noch die Fahrzeuge kamen mir bekannt vor. Genauso neugierig, wie wir sie beäugten, sahen sie uns an. Da es schon spät und ich geschafft war, hatte ich keinen Ehrgeiz mehr herauszufinden, wer die beiden waren. Jetzt wollte ich bloß noch etwas zu futtern bekommen und dann ab ins Bett. Vorher wollten wir noch ein Dienstabschlussbier in der Drop Zone trinken.

Kaum stand ich im Betreuungszelt, ging ein großes Hallo los, und Wolle, ein alter Kamerad, kam auf mich zu. Er war heute mit dem Fernspähtrupp angekommen. Ich kannte ihn aus Kabul und freute mich tierisch darüber, ihn zu sehen. In Kabul waren wir gleichzeitig ans niederländische KCT abkommandiert gewesen und hatten einige brisante Operationen zusammen durchgeführt. Nun dämmerte mir schlagartig, wer die beiden Bärtigen auf dem Parkplatz waren: Das mussten ebenfalls Fernspäher sein. Wolle stellte mir ein Bier hin und fing an, mich vollzutexten: »Und, was hast du so die letzte Zeit erlebt? Ist ja ne Weile her seit Kabul ...« Und so fingen wir an zu klönen.

Die beiden bärtigen Offiziere der Fernspäher, erzählte mir Wolle, saßen bereits bei den beiden Hauptfeldwebeln unserer ELG und trafen wohl schon Absprachen über den Ablauf am Flugfeld, den die Fernspäher übernehmen sollten. Wir unterhielten uns noch lange über unsere gemeinsamen Operationen in und um Kabul und lachten viel dabei. Es war einfach eine geile, spannende Zeit gewesen. Ganz anders als hier, wo es ständig Zoff gab. Ich erzählte ihm über unsere internen Streitereien mit der ELG. »Aha«, meinte er. »Als wir vorhin mit denen gesprochen haben, kamen so komische Sprüche, die wir nicht einordnen konnten. Aber jetzt geht mir ein Licht auf.« Ich wollte gar nicht wissen, was das für Sprüche gewesen waren. Es reichte mir, selber ständig welche zu kassieren. Ich holte uns noch eine Runde Bier und beschloss, diesen Abend mit Wolle und den vielen alten Geschichten und Anekdoten zu genießen.

Die ELG sollte am nächsten Tag mit dem Fernspähtrupp zum Flugfeld fahren, um dort die Fernspäher vor Ort einzuweisen. Wir fuhren tanken und danach zu einer »Autowaschanlage«. Sie bestand aus einer einfachen Betonrampe, auf die man drauffahren und somit sein Fahrzeug von allen Seiten mit einem Schlauch säubern konnte – was die Kisten bitter nötig hatten. Nachdem wir mit der Nachbereitung unserer Tour fertig waren, gingen Gerko und ich in die Drop Zone, um einen gemütlichen Abend zu verbringen. Wir spielten Flipper, Playstation und sahen noch etwas fern.

Zurück in unserem Container, waren unsere beiden Hauptfeldwebel der ELG bereits da. Gerko fragte sie, wie die Übergabe gelaufen sei. »Alles in Ordnung«, meinte Hoppke. »In den nächsten Tagen wird das Ganze abgeschlossen sein.« Und dann folgte der Satz, der mich aufblicken ließ: »Wenn wir mit der Übergabe fertig sind, können wir ja zurück nach Deutschland.« Ich wusste, dass auch Gerko diese Aussage total daneben fand. Aber er ließ sich nichts anmerken und meinte ganz ruhig und gelassen: »Es gibt auch noch eine andere Möglichkeit. Ihr könntet zum Beispiel uns und den anderen Trupp bei den Aufklärungsfahrten unterstützen. Was haltet ihr davon?«

Einen kurzen Moment herrschte eisiges Schweigen – und dann platzte die Bombe: »Wir haben euch schon x-mal gesagt, dass wir als ELG hier nur einen einzigen Auftrag haben, und zwar den Flugplatz zu betreiben. Da ist nix mit Aufklärung oder so.« Hoppke schnaubte verächtlich durch die Nase und fuhr dann fort: »Und wenn ihr euren Job alleine nicht hinbekommt, dann solltet ihr vielleicht auch das Land verlassen.« Das saß! Gerko und ich wären den beiden am liebsten mit dem nackten Hintern ins Gesicht gesprungen. Ich stand nur da und hörte mir an, wie sich zwischen Gerko und den beiden anderen ein heftiges Wortgefecht entwickelte.

Ich war mit meinem Latein am Ende, ich konnte und wollte zu der Sache nichts mehr sagen. Zorn und Hoppke waren Bestandteil des Spezialzugs. Wenn sie uns nicht helfen wollten oder konnten, dann war das eben so. Ich ließ mir keine grauen Haare mehr wachsen wegen unkameradschaftlichen Verhaltens, der Käse war gegessen. Noch eine ganze Zeitlang flogen die Fetzen zwischen Gerko und den beiden. Ich hatte von dieser Seifenoper und den teilweise hanebüchenen Ausführungen der beiden Hauptfeldwebel echt die Nase voll und rief dazwischen: »Also, ich gehe jetzt in die Drop Zone.« Dann schlich ich mich.

Nach einer halben Stunde kam Gerko in die Drop Zone und setzte sich, sichtlich frustriert, neben mich. Ich schob ihm ein Bier hin. »Trink erst mal 'nen Schluck. Lohnt sich echt nicht, sich über diese Idioten aufzuregen.« Von unserem Zugführer wurde kein Machtwort gesprochen. Anscheinend wollte er sich nicht gegen zwei Hauptfeldwebel stellen. Tagtäglich bombardierten sie ihn, dass der Spezialzug nun doch überflüssig sei und wir das Land verlassen sollten. Carlo redete immer öfter mit mir über diesen nicht hinnehmbaren Zustand und saß auch an der Quelle, was die Reaktionen im Stab dazu anging. »Oberst Weigand verliert langsam, aber sicher die Nerven wegen diesem ganzen Hickhack bei euch im Zug, Achim«, warnte er mich. »Ist ja klar, dass er eine motivierte Truppe braucht, damit die Aufträge alle zur Zufriedenheit erfüllt werden.«»Tja«, meinte ich, »mit der Motivation ist es halt so eine Sache bei den ELGlern. Kann ja sein, dass sie ihren Job auf dem Flugplatz spitzenmäßig machen. Aber das alleine reicht halt nicht, wenn die größte Motivation darin besteht, möglichst schnell zurück nach Deutschland zu kommen.«

Dass auch Weigand schon die Hutschnur platzte, sollte schon etwas heißen, hatten wir ihn doch als sehr ruhigen und beherrschten Menschen kennengelernt. Außerdem bemerkte ich mit Sorge, wie die Querelen inzwischen auch mein Verhältnis zu Carlo zu belasten begannen. Persönlich stand er natürlich auf meiner Seite. Aber als Chef der Infanterie mit vielen motivierten Soldaten, die geradezu nach unserem Job lechzten, war er ein natürlicher Gegenspieler des Spezialzugs. Bis jetzt hatte er sich absolut loyal mir und dem Spezialzug gegenüber verhalten. Ich hoffte sehr, dass dies so blieb.

Auch meine Motivation schwand von Tag zu Tag. Aufgrund der ständigen Streitereien betrat ich unseren Wohncontainer nur noch ungern. Mit Zorn und Hoppke sprach ich so gut wie gar nicht mehr und antwortete auch nicht mehr, wenn sie mich etwas fragten. Von der Gefühlslage schwankte ich zwischen »Ist mir eh alles egal hier, dann komme ich halt früher nach Hause zu Anja« bis zu »Diese Vollidioten versauen uns den ganzen Einsatz und schaffen es noch, dass wir früher abgezogen werden«. Wut und Gleichgültigkeit wechselten in schöner Regelmäßigkeit.

Während die ELGler durch die Übergabe an die Fernspäher bald überflüssig wurden, hatten die beiden Spezialtrupps definitiv genug Aufträge zu erfüllen. Wir hätten die vier zusätzlichen Soldaten der ELG wirklich gut gebrauchen können. Immerhin hatten sie die gleiche Ausbildung wie wir, nur mit anderer Spezialisierung – aber das entband sie meiner Meinung nach nicht davon, im Einsatz ihren Mann zu stehen. Dafür waren wir ausgebildet, und dafür wurden wir bezahlt. Nach getaner Arbeit die restliche Zeit abzusitzen, um eine Einsatzmedaille zu bekommen, dafür hatte ich kein Verständnis. Und wie sollte das alles werden, wenn wir zurück in Deutschland wären und wieder in der Kaserne zusammen Dienst schoben? Sollten wir tun, als wäre nichts geschehen? Mit Magenschmerzen dachte ich schon an diese Zeit.

Abschied auf Raten – Pessimismus in Faisabad, ein merkwürdiger Beschuss und ein frustrierendes Finale

In der dritten Januarwoche bekamen wir endlich den Auftrag für die Aufklärung nach Faisabad. Ich war mehr als froh, das Camp verlassen zu können, und hoffte geradezu, dass wir längere Zeit draußen bleiben würden. Die Hauptaufgabe war, herauszufinden, ob in Faisabad überhaupt ein PRT installiert werden konnte. Vom reinen Kartenstudium konnten wir das schon jetzt verneinen, da Faisabad in einem Talkessel liegt und nur durch eine Straße erreichbar war. Das war natürlich sehr heikel, nicht nur wegen der Straßenverhältnisse, mit denen wir ja schon so manche üble Erfahrung gemacht hatten.

Gefährlich war so eine geographische Lage deshalb, weil es mit den Bergen im Rücken und zur Seite nicht die geringste Ausweichmöglichkeit gab, wenn die Straße wegen des Wetters unpassierbar wäre oder Angreifer diese Straße belagerten. Im schlimmsten Fall könnten die Soldaten in so einem Kessel komplett von der Versorgung abgeschnitten und damit ausgehungert werden. Da unserer Erkundung wohl hohe Priorität zukam, sollten zwei Offiziere aus der OPZ mitfahren, um unsere Erfahrungen und Erkenntnisse zu dokumentieren. So stand der Konvoi morgens um vier Uhr bereit. Ich tätschelte noch kurz Snoopy den Kopf. Dann fuhren wir unter dem wolkenverhangenen Himmel hinaus in Richtung Osten.

Mit dem Abschied von Snoopy hatte es etwas Besonderes auf sich: Kurz vor dieser Tour hatten wir nämlich ein Scharmützel um unseren lieb gewonnenen Begleiter zu bestehen gehabt. Einigen Soldaten ging es wohl auf die Nerven, dass Snoopy sich stets vor unserem Wohncontainer aufhielt und natürlich auch seine Touren durch das Lager machte. Irgendjemand hatte sich in der OPZ beschwert und damit bewirkt, dass vom Veterinär überprüft werden sollte, ob Snoopy möglicherweise Krankheiten übertrug. Nun war aber der Tierarzt noch nicht im Land, was die Sache aber nicht besser machte. Denn bis zu dieser Untersuchung – so lautete die Konsequenz – sollte Snoopy aus dem Lager verbannt werden.

Ich dachte, ich höre nicht recht, als uns Gerko diese schlechte Nachricht überbrachte. »Bei denen piept's wohl«, schnaufte ich entrüstet. »Was denn für Krankheiten? So einen gepflegten Hund wie Snoopy gibt es in ganz Afghanistan nicht! Wir hätten uns doch alle längst angesteckt, wenn er nicht sauber wäre. Oder gibt's hier komische Krankheiten, die so 'ne lange Inkubationszeit haben, dass sie erst zehn Wochen später ausbrechen?« Mir war schleierhaft, wie man sich über diesen lieben, sauberen und überhaupt nicht aggressiven Hund beschweren konnte. Entsprechend setzten wir alle Hebel in Bewegung. »Geht der Hund, gehen wir auch«, drohten wir. Wir wollten auf unser Maskottchen nicht verzichten, den bestimmt 90 Prozent der Soldaten ins Herz geschlossen hatten. Snoopy tat uns einfach gut, wenn wir eine kleine Kuschel- und Streicheleinheit brauchten. So erreichten wir, dass er bleiben durfte, zum Glück.

Die Frage war, ob unsere Zeit mit Snoopy nicht aus anderen Gründen schneller zu Ende ging, als uns lieb war. Vielleicht ist das schon unsere letzte Tour, dachte ich, als wir die Stadtgrenzen hinter uns ließen. Es mehrten sich die Signale, dass der Oberst den Spezialzug eher früher als später loswerden und nach Hause schicken wollte. So schaukelten wir mit unseren trüben Gedanken im Kopf Richtung Faisabad. Das Wetter spielte heute einigermaßen mit, es war zwar eisig kalt und wolkenverhangen, aber zumindest war es trocken, in den letzten Tagen hatte es weder geschneit noch geregnet. So hofften wir, dass die Wege passierbar waren. Wir hatten immerhin knapp 160 Kilometer zu bewältigen.

Doch wir kamen ziemlich gut voran. Nachdem wir kurz vor der Ortschaft Taloqan einen Fluss überqueren mussten, wurde das Gelände deutlich gebirgiger, unsere Geschwindigkeit sank.

Bis zu diesem Punkt waren wir bereits bei unserer Fahrt zu den Leuten von Cap Anamur gekommen. Von nun an sahen wir eine graubraune, schlammige, felsige Landschaft, durchzogen von vereinzelten Bäumen und Büschen. Je höher wir kamen, desto mehr Schnee lag und desto weniger Menschen sahen wir in den kleinen Dörfern. Nach knapp sieben Stunden waren wir am Ziel: Nach einer Wegbiegung lag, in einem Talkessel, die Stadt Faisabad vor uns. Von den mächtigen schneeverhangenen Bergen eingerahmt, war diese Mausefalle nur durch den von uns befahrenen Weg – Straße wäre eine glatte Übertreibung – zu erreichen.

»Das sieht ja sehr beeindruckend aus, mit den ganzen Bergen drum herum«, meinte Gerko. »Aber ehrlich gesagt bin ich ganz schön froh, dass unser Camp in Kundus ist und nicht hier.« Wir alle nickten. Selbst unsere exponierte Lage mitten in Kundus, einsehbar von allen Seiten, erschien uns besser, als hier in diesem Kessel festzusitzen.

Die Fahrt vor die Stadt hatte uns die Augen geöffnet. Mit unserem kleinen Konvoi waren wir zwar recht gut vorangekommen. Aber sollte nur ein einziges Fahrzeug ausfallen, versperrte es den einzigen und schmalen Weg in diesen Kessel vollkommen. Außerdem waren die Berghänge ideale Positionen für einen Hinterhalt. Man musste die Granaten nur fallenlassen und konnte von oben gemütlich zusehen, wie der Konvoi in Flammen aufginge. Dies hatten die afghanischen Widerstandskämpfer bereits bei den Sowjets so praktiziert. Die Mudschaheddin wussten, dass die Sowjetpanzer ihre Kanonenrohre nur bis zu einem bestimmten Winkel aufrichten und zurückfeuern konnten. So suchten sie sich einen Platz an einem Berg, der den Einsatz der Kanone vom Winkel her unmöglich machte, und ließen dann ihre Granaten einfach fallen.

Wer von der Bundeswehr hierher nach Faisabad geschickt wurde, war wirklich nicht zu beneiden. Die Idee, das ISAF-Engagement weiter in die Fläche des Landes auszuweiten, war in der Sache gut und richtig. Aber in diesem Fall ging das eindeutig zu Lasten der Sicherheit der eingesetzten Soldatinnen und

Soldaten. Bis zum heutigen Tag hat es in Faisabad bereits mehrere Raketenangriffe und Sprengstoffanschläge auf das Camp und auch Schusswechsel gegeben, wovon die deutsche Öffentlichkeit wenig erfahren hat. Die Lage des Camps macht den Auftrag bis heute nicht gerade angenehm.

Falls es hier zu einem größeren Angriff, wie im Süden mittlerweile üblich, kommen sollte, würde jede Hilfe für die dort stationierten Soldatinnen und Soldaten zu spät kommen. Auch die seit Juli 2007 eingesetzte deutsche QRF, also die schnelle Eingreiftruppe mit angeblich mehr Waffenkraft, wäre dann machtlos, weil sie vom etwa 300 Kilometer entfernten Masar-i Scharif eine halbe Ewigkeit brauchen würde, bis sie mit den Hubschraubern vor Ort wäre. Schnell wäre diese Eingreiftruppe jedenfalls nicht.

Ich habe nach »Endstation Kabul« viele Leserbriefe von in Faisabad stationierten Kameraden erhalten, dass die Lage seit Einrichtung und Betreiben des PRT tatsächlich so schlecht sei, wie es damals von uns erkannt wurde. Eine der in diesem Buch vorkommenden Personen hat 2007 während einer Patrouille in Faisabad einen Schusswechsel mit afghanischen Kämpfern erlebt. Daraufhin wurde über Funk deutsche Luftunterstützung angefordert. Aber erst sage und schreibe dreißig Minuten später zeigten sich zwei amerikanische Kampfjets am Himmel. Diese kamen nicht etwa zu spät, sondern wurden wegen des Kompetenzgerangels in der deutschen OPZ erst viel zu spät angefordert. Allerdings waren die Angreifer zu diesem Zeitpunkt schon in den Bergen verschwunden. Der Kamerad und einige andere Betroffene waren nach diesem Erlebnis so frustriert, dass sie den Status des Berufssoldaten abgaben und aus der Bundeswehr ausschieden.

Die Unterstützung käme also erstens zu spät, und zweitens boten die umliegenden Berge genug Fluchtwege für die Angreifer. In dreißig Minuten kann eine Menge passieren, ja sogar ein Gefecht verloren werden. Außerdem haben die Amerikaner nicht immer die Möglichkeit, ihren Partnern zu Hilfe zu eilen, weil sie selbst genügend um die Ohren haben. Sich in eine geographisch so schwierige Lage zu begeben und sich auf die Hilfe der Verbündeten zu verlassen ist für die dort eingesetzten Truppen enorm frustrierend und gefährlich. Auch die beiden Offiziere der OPZ, die auf der Tour dabei waren, bestätigten unseren ersten negativen Eindruck vollständig.

Wir ruckelten weiter die Passstraße entlang, die direkt in den Talkessel und somit in die Stadt hineinführte. Schließlich war die Aufklärung des Fahrtwegs nur ein Teil unserer Aufgaben. Nun standen jede Menge weitere offene Fragen auf unserer Agenda: Gibt es irgendwelche afghanischen Militäreinrichtungen in der Stadt? Wie reagiert die Bevölkerung auf uns? Gibt es geeignete Flächen, wo ein deutsches PRT installiert werden könnte? Wie ist es um das Flugfeld bestellt, das in der Karte eingezeichnet war? Wir hatten also eine ganz schöne Liste abzuarbeiten.

Wie in Kundus lag auch in Faisabad das Rollfeld des »Flughafens« vor der Stadt. Neben dem Rollfeld standen ein paar verlassene, runtergekommene und zerstörte Gebäude. Ein roter Windsack dümpelte schlaff im Wind vor sich hin. Nachdem wir an den ersten Gebäuden vorbeigefahren waren, sahen wir zu den Abhängen um uns herum auf. Für einen Piloten ist das ganz sicher kein angenehmer Auftrag, hier zu landen, dachte ich. Die Berge waren so hoch, dass man im Sinkflug das Rollfeld anpeilen und dann binnen kürzester Zeit zum Stehen kommen musste, denn die Rollbahn war ganz schön kurz – kein Vergleich zu unserer in Kundus.

Die zuständigen Kameraden stiegen aus und begannen die Rollbahn zu überprüfen. Viel Kopfschütteln war bei ihnen zu sehen. Die Piste war in einem sehr schlechten Zustand und mit Löchern übersät. Einer der Offiziere kam zurück und sagte: »Diese Landebahn ist wohl nicht für Starts und Landungen der Bundeswehr-Transall« und deutete auf die hohen Berge, die sehr nah am Rollfeld lagen. Den Bestimmungen zufolge muss eine Maschine in der Lage sein, mit der Hälfte der zur Verfügung stehenden Triebwerke beim Start über ein Hindernis zu kommen. Hier lagen die Berge aber verdammt nah.« Ich glaube nicht, dass die Transall das mit nur einem Triebwerk schafft«, meinte der Offizier. Wie sich etwas später herausstellte, hatten die Spezialisten absolut recht mit ihrer Einschätzung vor Ort, da bis heute keine einzige Transall der Bundeswehr dieses Rollfeld angeflogen hat. Der gesamte Lufttransport zu diesem PRT wird durch amerikanische und englische Maschinen des Typs C-130 Herkules durchgeführt. Diese haben vier Turbopropmotoren im Gegensatz zur Transall mit nur zwei.

Der per Kartenstudium vorab erkundete Platz für das Camp Faisabad lag zwischen dem Rollfeld und der Stadt auf einer Freifläche – sehr gut einsehbar von den Berghängen. Der einzige Vorteil hierbei war, dass das PRT direkt neben der Landebahn liegen würde. Ein Vorteil, den wir in Kundus schmerzlich vermissten. Allerdings wurde seit mehreren Tagen in der Führung endlich darüber nachgedacht, das Camp Kundus in Richtung des Flugplatzes zu verlegen. Was ja dann später auch geschah, nachdem eine Panzerfaustgranate die OPZ getroffen hatte. Diese wurde von einem der umliegenden Häuser abgefeuert, von denen man fast das gesamte Lager einsehen konnte. Typisch, erst musste wieder etwas passieren, bevor reagiert wurde. Dass man sich dabei als Soldat sehr unwohl fühlt, kann wohl jeder nachvollziehen.

Nachdem wir das Rollfeld mit wenig ermutigenden Ergebnissen zu Ende erkundet hatten, fuhren wir zu dieser Freifläche auf halbem Weg zwischen Stadt und Flugfeld. Die Offiziere filmten den Bereich, die Wege und die Berghänge. Dort draußen machten wir noch eine kurze Mittagspause und verpflegten uns mit den Notrationen, während die Offiziere mit Einheimischen sprachen, die sich mittlerweile eingefunden hatten. Nachdenklich kaute ich mein Essen und sah mich dabei aufmerksam um. Irgendwie hatte ich immerzu das Gefühl, unter Beobachtung zu stehen, und zwar wegen der um uns herum liegenden Berge. Ich fühlte mich wie auf dem Präsentierteller und war froh, als der Befehl zum Weiterfahren gegeben wurde. Nach nunmehr acht Stunden fuhren wir in die Stadt Faisabad ein.

Der Ort war nicht einmal mit Kundus zu vergleichen, geschweige denn mit Kabul. Deutlich ärmer und irgendwie schmuddeliger war der erste Eindruck, den wir von dieser knapp 14 000 Einwohner zählenden Stadt bekamen. Da unsere Tour als Tagesfahrt geplant war, wurde bald darauf der Befehl zur Rückfahrt gegeben. Wollten wir doch vor Beginn der Dunkelheit in den Großraum Kundus zurückgelangen. Also blieb keine Zeit mehr, weiter Gesprächsaufklärung zu betreiben.

Wir hatten heute wenig Erfreuliches gesehen, und so machten wir uns frustriert auf den Rückweg. Immerhin kam unser Konvoi zügig voran. Wir kannten inzwischen die Furten und mussten uns nicht erst durchfragen wie beim ersten Mal.

Auf halber Strecke zwischen Faisabad und Kundus geschah dann etwas, das uns alle den Kopf hätten kosten können. Unser Team fuhr voraus, zur Nahaufklärung. Im Bereich Gazestan, ein an einem kleinen Fluss gelegenes Dorf, war die Dämmerung bereits eingetreten, es wurde nun schnell ganz dunkel.

Um das Dorf zu passieren, mussten wir von einer Anhöhe in eine Senke hineinfahren, von wo auch die Hauptverbindungsstraße nach Kundus abzweigte. Wir waren gerade im Dorf angekommen, da knallte es plötzlich vor uns, und ein Mündungsblitz aus einem Gewehr war zu sehen. Schlagartig war ich hellwach. Keine Frage, wir wurden gerade beschossen! Sofort wurde es hektisch im Fahrzeug. Gerko griff zum Funkgerät und meldete den Beschuss an den gesamten Konvoi: »Hier Team 1, wir wurden vermutlich beschossen.« André bremste das Auto scharf ab, und schon sprangen wir in voller Montur heraus und verschanzten uns hinter dem Jeep, um die Lage zu sondieren. André hatte es sogar noch geschafft, das Fahrlicht des Wagens zu löschen, und so standen wir in völliger Dunkelheit da und warteten mit zum Reißen gespannten Nerven, was passierte. Doch nach diesen zwei, drei abgefeuerten Schuss war nichts mehr zu sehen und zu hören. Zu viert standen wir in der Sicherung und lauschten auf die Geräusche vor uns. Gespenstisch ruhig war es nun, und die Zeit stand still. Wir hatten keine Ahnung, ob sich der Angreifer verzogen hatte oder nur darauf wartete, dass wir wieder zurück in unser Fahrzeug gingen und dann ein treffliches Ziel abgaben.

Nun standen wir da und warteten, dass die anderen zur Unterstützung herbeikamen, um gemeinsam vorzugehen und die Lage zu klären. Schließlich mussten wir dafür sorgen, dass der komplette Konvoi unbeschadet durch dieses Dorf fahren konnte. Wir warteten und warteten, aber nichts geschah. Nils war extra etwas nach hinten in Richtung der restlichen Fahrzeuge ausgewichen, um die anderen Jungs aufzunehmen, aber da kam nichts. Nach drei, vier endlosen Minuten flüsterte Gerko in sein Funkgerät: »Was ist los bei euch? Wir warten auf eure Unterstützung!« Es knisterte kurz, dann kam die niederschmetternde Antwort, für alle gut hörbar: »Seht erst einmal nach, was da vorne los ist. Wir überwachen euer Vorgehen von hier.«

Wir guckten uns etwas ratlos an. Wir standen hier nur zu viert in einer völlig ungeklärten Lage und sollten alleine das Gebäude aufklären, aus dem vermutlich die Schüsse gekommen waren? »Ich glaub's ja nicht«, zischte André zu Gerko. »Sag denen da oben auf ihrer sicheren Anhöhe, sie sollen endlich ihren Arsch hier runterbewegen, um uns zu unterstützen!« Gerko schüttelte den Kopf. »Das bringt doch nichts. Hast ja selbst gehört!« Nachdem wir das Gebäude knapp fünf Minuten beobachtet hatten, wagten wir uns aus der Deckung. Gerko gab ein Zeichen, woraufhin jeweils zwei Mann hintereinander losrannten. Gerko und ich postierten uns links, Nils und André rechts an dem Gebäude. Ich war enorm angespannt und hatte dazu eine gehörige Wut im Bauch, dass uns keine Unterstützung geschickt wurde. Mit voller Konzentration tasteten wir uns an das Gebäude heran bis zur Tür. Wir gingen rechts herum und versuchten, auch in das Gebäude zu gelangen, die Tür war aber blockiert. Auf der Rückseite angekommen, waren etwa hundert Meter entfernt deutlich Bewegungen auszumachen, aber wie es aussah, hatten die Leute keine Waffen dabei. Durch die Fenster spähten wir auch vorsichtig ins Innere des Hauses, aber es war offensichtlich niemand drin. Puh, so langsam konnten wir durchatmen.

Gerko schnappte sich das Funkgerät und gab durch: »Alles okay. Gebäude ist aufgeklärt und keiner mehr vor Ort.« Damit war unser Job erledigt. Keinesfalls wollten wir den weglaufenden Personen hinterherjagen. Erstens wussten wir nicht, ob sie möglicherweise die eine oder andere Überraschung in Form von Minen eingesetzt hatten, um ihren Rückzug zu decken. Und zweitens wollten wir schon gar nicht mit lediglich vier Mann in unbekanntem Gelände und ohne jegliche Rückendeckung tätig werden. Alles, was wir wollten, war: So schnell wie möglich zurück zu unserem Jeep – und dann weg aus diesem ungemütlichen Kaff! Der Rest des Konvois war inzwischen bis zu unserem Fahrzeug aufgefahren, und wir rannten unter gegenseitiger Deckung zu unserem Wagen und fuhren los, damit wir so schnell wie möglich wegkamen.

Im Wagen löste sich die Anspannung der letzten Viertelstunde, und wir begannen wild herumzuschimpfen. Wir waren ziemlich sauer auf unseren Zugführer, dass er uns in dieser heiklen Situation im Stich gelassen hatte. »Das gibt's doch nicht«, wetterte Gerko, »in Deutschland haben wir solche Vorkommnisse bis zum Erbrechen geübt. Immer sind dann Verstärkungskräfte geschickt worden – und jetzt lassen die uns hier einfach so hängen!«

Ein zweiter Trupp wäre bei einem heftigen Schusswechsel, der ja durchaus im Bereich des Möglichen lag, lebenswichtig gewesen. Damit der Feind in Deckung gezwungen wird und wir hätten ausweichen können, musste von anderen Teilen sogenanntes Deckungsfeuer geschossen werden. Das funktioniert wie folgt: Während ein Trupp massiv in die Richtung schießt, aus der die Gefahr kommt, können die anderen währenddessen ausweichen, weil diejenigen, die vermutlich auf uns schießen würden, automatisch sich selber in Deckung begeben. Man nennt das auch Feuer und Bewegung. Das alles war ein ganz normaler Vorgang und hundertmal geübt.

Wie wir später erfuhren, hatte Tatze aus dem Zugtrupp den Zugführer um Freigabe gebeten, uns zu unterstützen, was ihm aber von diesem verweigert worden war. Obwohl wir mit vier Mann auf uns allein gestellt waren, hatte unser Zugführer befohlen, zunächst die Situation zu beobachten und uns noch nicht zu unterstützen. Das war ein echter Hammer! Geradezu brodelnd vor Wut fuhren wir weiter gen Westen und konnten es nicht fassen. Entsprechend zischten die übelsten Flüche durch das Fahrzeug, mussten wir uns doch alle abreagieren und den Adrenalinschub hinter uns lassen.

Im Lager packten wir wortlos unsere Sachen und Rucksäcke und gingen grußlos zu unserem Container. Das wenige Vertrauen, das im Zug noch übrig gewesen war, war nun völlig zerstört. Einige Kameraden, darunter Tatze, waren aufgrund dieses Vorfalls nun auch überzeugt, dass der Spezialzug das Land verlassen sollte. Nicht ganz zu unrecht meinten sie, bei einem so schlechten internen Verhältnis wären Hopfen und Malz verloren, ja sogar der Auftrag gefährdet.

Mir war mittlerweile alles egal. Hätte es nicht den starken Zusammenhalt mit Gerko, Nils und André gegeben, ich wäre ohne mit der Wimper zu zucken vor der Zeit zurück in den Flieger nach Deutschland gestiegen. Andererseits war ich extrem sauer und geladen. Wenn meine Jungs mich nicht immer wieder beruhigt hätten, wäre ich wohl explodiert. Wobei wir uns eigentlich alle gegenseitig wieder runterholten und es so schafften, dass unser Ärger sich nicht unmittelbar an unserem Zugführer entlud, dem wir wohl so manches an den Kopf geworfen hätten. Zumindest hatten wir die Gewissheit, dass unser Trupp funktionierte und wir uns aufeinander verlassen konnten. Mit Wut im Bauch schlief ich ein.

Am nächsten Morgen wollten wir uns an die Nachbereitung machen und unsere Ausrüstung und Waffen reinigen, als Hoppke beiläufig meinte: »Ihr müsst euch übrigens nicht mehr großartig um euer Gerät sorgen, wir werden eh bald ausgeflogen.« Diese Unkenrufe waren nichts Neues, aber Hoppke hatte so einen spöttischen Zug um die Lippen, der mich aufmerken ließ. Auch Nils guckte irritiert und fragte: »Wieso? Im Ernst?« Hoppke nickte. »Ausflugtermin ist der 27. Januar, hat der Oberst gesagt«, sagte er und verschwand nach draußen.

Verflixt, dachte ich, Weigand ist es wohl endgültig zu viel geworden mit uns. Und jetzt hatten wir den Salat. Resigniert, dass es so weit gekommen war, saßen wir auf unseren Betten im Container und ließen das Ganze erst mal sacken. »So'n Scheiß. Da rödeln wir hier wochenlang rum und bauen unsere Kontakte und Kenntnisse aus«, meinte André wütend, »und dann machen uns Typen wie Zorn und Hoppke alles zunichte.« Offiziell hörten wir dann etwas später, dass wir unseren Auftrag erfüllt hätten, man wollte uns also »herausloben«. Die Menge an Aufklärungsfahrten, die immer noch durchgeführt werden sollten, legte eine andere Begründung nahe: Unser Zug hatte sich schlicht als nicht mehr tragbar erwiesen – deshalb sollten wir gehen.

»Wenn ich ehrlich bin«, meinte mein Fallschirmjäger-Kumpel Torsten abends in der Drop Zone zu mir, »bin ich froh, dass ihr bald weg seid.« Ich muss ihn ziemlich entsetzt angeguckt haben, doch er fuhr ganz unverblümt fort: »Bei euch gab's doch eh nur noch Zoff, das war doch kein Arbeiten mehr! Und die miese Stimmung hat auf alle anderen im Camp abgefärbt. Weigand konnte gar nicht anders«, schloss Torsten seine Analyse ab.

Einerseits verstand ich seinen Blick aus der Vogelperspektive, andererseits steckte ich selbst mittendrin und war betroffen davon, wie sich unsere Kameraden bei dem gestrigen Vorfall, aber vor allem Zorn und Hoppke von der ELG schon die ganze Zeit verhalten hatten. Das waren allesamt gut ausgebildete und eigentlich hochmotivierte Soldaten unseres Spezialzugs. Zorn und Hoppke waren ebenso zur Tiefenaufklärung fähig wie wir, aber einfach zu bequem. Ich konnte nicht verstehen, dass militärisch hervorragend ausgebildete und fähige Soldaten mit Erfahrungen so einen Dauerhänger hatten.

Zur Ehrenrettung des ELG-Teams muss ich aber sagen, dass die beiden anderen, Gerd und Anatoli, liebend gerne mit uns herausfahren würden, weil das Lagerleben und das Herumstehen auf dem Flugfeld sie anödeten. Ein neues, gut ausgebildetes Element wie der Spezialzug hatte in meinen Augen schlichtweg versagt. Nicht fachlich, aber auf jeden Fall charakterlich. Meines Erachtens wurde der erste Fehler bereits bei der Personalauswahl gemacht. Weil sich bestimmte Seilschaften durchgesetzt hatten, mussten gute Leute zu Hause bleiben. Dazu fällt mir der Spruch eines Kommandeurs ein, der auch eine Spezialeinheit unter sich hatte. Der hatte gesagt: »Handwerk und körperliche Fitness bringe ich jedem bei. Charakter muss er selbst mitbringen!«

Auch Gerko, André und Nils schüttelten nur den Kopf zu dieser aktuellen Entwicklung. Wir waren ziemlich am Boden und frustriert. Kameraden, die wir aus Deutschland ganz anders kannten, hatten sich in kürzester Zeit um 180 Grad gedreht und fielen uns nun in den Rücken. So kam es mir vor, und es enttäuschte mich zutiefst. Ich ging daraufhin zu Carlo, hatte er doch auch einen guten Draht zum Oberst, und fragte nach: »Stimmt das, Ausflugtermin 27. Januar?« Schweigend nickte er nur. »Kennst du auch die Begründung?«, fragte ich ihn.

»Welche willst du hören«, meinte er, »die offizielle oder die inoffizielle?«

Natürlich wollte ich beide hören. »Also, offiziell habt ihr euren Auftrag erfüllt und sollt für Folgeaufträge in Deutschland bereitstehen.« Die inoffizielle Begründung war genau das, was wir uns alle schon gedacht hatten: Dem gesamten Camp und der Führung gingen unsere internen Probleme mächtig auf den Senkel. So gut ausgebildet wir waren, waren doch auch zu viele Diven unter uns im Spezialzug. Diese Kameraden hatten es geschafft, dass wir dastanden wie dumme, unmotivierte Wochenendsoldaten. Ich fasste es nicht. Sollte so mein zweiter Einsatz in Afghanistan enden, auf den ich mich so gefreut hatte?

Genervt saß ich rauchend vor unserem Container, als meine Truppkameraden ankamen. »Was hast du bei Carlo herausgefunden?«, fragte André. »Stimmt der Termin?« Leider musste ich alles bestätigen. Und so saßen wir gemeinsam niedergeschlagen vor unserem Container und hingen unseren düsteren Gedanken nach. Im Laufe des Tages erhielten wir dann noch die hochoffizielle Mitteilung über unseren Flugtermin von unserem Zugführer Rumpf. Auch er sah ziemlich bedröppelt aus und wirkte, als hätte er Magen- oder Zahnschmerzen. Kein Wunder, schließlich ließ das Scheitern seiner Leute seine Führungsqualitäten nicht unbedingt im besten Licht dastehen.

Fast musste ich lachen, als Rumpf uns mit ernstem Gesicht für die gute Erfüllung unseres Auftrags dankte. Hier wurde sich schön in die eigene Tasche gelogen. Gute Ausübung des Auftrags mochte ja noch angehen, aber erfüllt war er meines Erachtens noch lange nicht, so viel, wie wir eigentlich noch zu tun hatten. Mit Grausen dachte ich schon an die offizielle Verabschiedung vor den angetretenen Soldaten und die Lobesreden, die vermutlich gehalten werden würden. Wusste doch das ganze Camp über die wahren Hintergründe Bescheid und würde sich bei dieser Monkey Show ins Fäustchen lachen. Ich hörte Rumpfs Ausführungen regungslos zu und starrte ins Leere. Ich rief auch nicht zu Hause an, sondern beschloss, Anja zu überraschen. Davon abgesehen war mir auch nicht zum Reden zumute.

In einer Woche war also alles vorbei. Von manchen Kameraden bekamen wir noch aufmunternde Worte zu hören, aber ich gab mich keinen Illusionen hin, dass sie nicht in Wirklichkeit froh waren, die Quengeltruppe endlich vom Hals zu haben. Später in Deutschland erzählte mir Carlo, wie hinter den Kulissen die Fäden für den vorzeitigen Abbruch gezogen worden waren, damit der ganze Zug das Land verlässt und nicht nur einige, so dass kein schlechtes Licht auf diese wenigen fällt. Nach dem Motto: »Wie sieht es denn aus, wenn die körperlich nicht besonders belasteten ELGler ausgetauscht werden und der Rest, der tagtäglich unterwegs ist, weiter Dienst schiebt?«, meinte Carlo dazu.

Pikanterweise kam mir noch in Kundus zu Ohren, dass auch Carlo sich für den Abflug des Spezialzugs ausgesprochen hatte. Ich war bitter enttäuscht, dass er mich, seinen alten Freund, im Stich gelassen hatte. »Ich hätte nicht von dir gedacht, dass du mit deiner Beförderung zum Hauptmann und aus egoistischen Karrieregründen einen Blutgruppenwechsel machst«, konfrontierte ich ihn mit meinen Erkenntnissen. Einen solchen »Blutgruppenwechsel«, sprich absoluten Sinneswandel, durchlaufen viele Soldaten und vor allem Offiziere, wenn sie die Karriereleiter eine Stufe höher klettern können. Carlo verteidigte sich nicht weiter. Musste er auch nicht. Er war Chef einer Kompanie – und ich war nun mal lediglich Stabsunteroffizier. Das wurde mir nun richtig bewusst. Ich sagte mir immer wieder: Achim, das ist die Bundeswehr, nicht die niederländische Armee! Hier geht es nicht nach Fähigkeiten, hier geht es nach Dienstgrad und danach, wer in der richtigen Seilschaft ist. Carlo war wirklich ein guter Soldat, und er war ein guter Freund. Im Nachhinein muss ich sagen, er hat diese Entscheidung als Soldat und Chef gefällt. Und das war vollkommen richtig.

Trotz der Enttäuschung beschloss unser Trupp, sich nicht unterkriegen zu lassen und das Land zumindest mit Anstand zu verlassen. Dazu gehörte auch ein Abschiedsessen unseres Zuges. Unser Zugführer wollte uns alle ins »Deutsche Haus« einladen. Das war ein Restaurant, betrieben von einem deutschen ehemaligen Soldaten, mitten in Kundus. Mein ganzes Leben hab' ich keine blöderen Ausreden gehört, warum Person A oder B angeblich nicht daran teilnehmen konnte. Es hieß dann: »Ich habe keine Zeit, weil ich mich noch um meine Wäsche kümmern muss.« Oder: »Geht nicht, ich bin schon mit Sowieso zum Abschluss-Bier verabredet.« Wir waren also an dem Punkt, dass wir uns nicht einmal zusammen an einen Tisch setzen und gemeinsam essen konnten. Wie bitter! So kamen wir überein, dort zumindest Essen zu bestellen und es dann ins Lager zu holen, um dort gemeinsam zu essen. Und so kam es dann auch. Wir saßen im Verpflegungszelt und mampften Schnitzel, afghanische Reisgerichte und Fleischspieße. Teilweise aßen die Leute das erste Mal afghanisch, der zusätzlich eingeladene Oberst mitten unter uns. Er bedankte sich für unseren Einsatz und erwähnte in einem Nebensatz, dass es halt für manche nicht angenehm im Einsatz sei und man dann besser für andere Platz machen sollte. Das erste wahre Wort und leider das einzige zu diesem Schauspiel. Wenigstens ersparte er uns so eine Verabschiedung vor dem ganzen Kontingent. So stierten wir auf unser Essen und kauten ohne Unterhaltung das wirklich exzellente Essen. Alle waren froh, als die Veranstaltung vorbei war.

Es waren nur noch drei Tage bis zum Abflug, entsprechend setzte der typisch deutsche Bürokratismus ein. Wir überprüften die Vollzähligkeit unseres Materials und arbeiteten unsere »Laufzettel« ab. Jede Abteilung musste auf diesem Zettel per Unterschrift bestätigen, dass wir zusätzlich im Land empfangenes Material abgegeben hatten. Unsere Waffen sollten im Land bleiben, um Transportkosten zu sparen und an die nachrückenden Teile übergeben zu werden. Darüber konnte ich nur den Kopf schütteln. Es gehört zu den ungeschriebenen Gesetzen, mit »seiner« Waffe in den Einsatz zu gehen. Denn man ist an diese Waffe gewöhnt, hat mit ihr trainiert und kennt ihren Haltepunkt.

Uns fiel es noch aus einem anderen Grund schwer, alle unsere Waffen abzugeben. Wir hatten nämlich bereits eine Version des Sturmgewehrs G36K, die sonst nur das KSK hatte. Diese »Luxusteile« wollten wir natürlich gerne behalten, zumal wir schon lange auf diese kürzere Version mit optimierten Zielvorrichtungen gewartet und nach persönlichen Vorlieben und Erfordernissen getuned hatten. Nils zum Beispiel hatte seine Schulterstütze zersägt, um sie auf seine Körpergröße anzupassen. Wir suchten händeringend nach einem Trick, um das G36K behalten zu können.

Nach diversen Gedankenspielen kamen wir auf die Idee, dass der Materialwart fünfzehn »normale« Sturmgewehre aus Deutschland anfordert, die dann den nach uns folgenden Kameraden des Spezialzugs zugebucht und übergeben werden. Unsere Waffen wurden zurück ins »Depot« gebucht, somit konnten wir sie mit zurücknehmen. Einfacher wäre es natürlich gewesen, wenn die neuen Truppenteile ihre eigenen Waffen mitbrächten, aber das Wort »einfach« kommt im Sprachgebrauch und erst recht im Denken der Bundeswehr nicht sehr häufig vor. Das liegt auch daran, dass meist zivile Logistiker über solche Dinge entscheiden, oft auf Basis von Kosteneinsparungen. Wenigstens hatten wir genug Ideen, um den Apparat auszutricksen, und konnten unsere G36K wieder mit nach Hause nehmen.

Einen Tag vor dem Abflug wollten wir es dann noch einmal ordentlich krachen lassen. Nur noch das Notwendigste hatten wir am Mann, der Rest war bereits komplett verpackt. Abends in der Drop Zone saßen wir alle zusammen und tauschten unsere Erlebnisse in diesem schönen, dunklen Land aus. Wie so oft, wenn es nach Hause geht, beruhigten sich die Gemüter innerhalb des Zuges und es wurde so getan, als ob nichts passiert wäre. Ich war mit meinen Gedanken bereits zu Hause bei Anja und Lena. Mein Plan stand fest: In Oldenburg angekommen, wollte ich nur kurz in meiner Wohnung vorbeischauen, duschen und mich dann sofort auf den Weg nach Bremen machen, um Anja zu überraschen. Ich freute mich diebisch auf ihr verdutztes Gesicht, wenn ich unverhofft vor ihrer Tür stehen würde. Aber es kam dann ganz anders.

Nachts im Container konnte ich kaum schlafen und sehnte den Morgen herbei. Schon bevor der Wecker klingelte stand ich auf, machte mich frisch und ging zum Frühstück. Kurz darauf fuhren schon die zivilen ungepanzerten Busse vor, die uns zum Flugfeld bringen sollten. Mittlerweile hatte ich komplett resigniert und reagierte gar nicht mehr auf diese Fahrlässigkeit. Keiner im Camp hatte uns so kameradschaftlich und ehrenvoll verabschiedet, wie ich es in Kabul bei den Niederländern erlebt hatte. Kein Wunder. Wahrscheinlich waren alle froh, dass die Störenfriede endlich Leine zogen.

Am Flugfeld standen bereits die Infanteriekräfte in der Sicherung. Es ergab sich noch ein kurzes Gespräch mit dem einen oder anderen Kameraden. Auch Carlo kam auf mich zu, um sich zu verabschieden. Es kam mir vor, als wüsste er, dass er in meinen Augen Scheiße gebaut hatte. Er hatte einen wässrigen Blick und deutete mit einem leichten Kopfschütteln an, dass es ihm leidtäte. Ich sagte nichts dazu, sondern klopfte ihm auf die Schulter, schüttelte seine Hand und entfernte mich, denn die Transall setzte zur Landung an. Ich stellte mich etwas abseits, um in Ruhe noch eine letzte Zigarette auf afghanischem Boden zu rauchen, bevor wir uns auf den Weg zum Flugzeug machten. Nun doch etwas wehmütig blickte ich in die karge, majestätische Landschaft mit ihren schneebedeckten Bergen um uns herum und verabschiedete mich von diesem beeindruckenden Land. Gedanklich wünschte ich den zurückbleibenden und künftig hierherkommenden Soldatinnen und Soldaten alles erdenklich Gute. Mir war klar, dass ihnen keine einfache Aufgabe bevorstand.

Ich reihte mich in die kurze Schlange ein, in die sich auch ein paar Urlauber verirrt hatten, zum Beispiel unser Spieß. Die Heckrampe der Transall schloss sich, die Maschine begann Richtung Startbahn zu rumpeln. Enttäuscht von unserem zu kurz geratenen Gastspiel in Kundus saß ich einfach nur da und blickte stumpf vor mich hin. Nur knapp vier Monate nach der Landung flogen wir nun wieder hinaus. Der Pilot ging in eine Kehre, überflog den Tower und wackelte zum Abschied mit den Flügeln. Fast alle erhoben sich aus ihren Sitzen und sahen sich das Schauspiel an. Fast zum Greifen nah unter uns standen winkend und grüßend die Fallschirmjäger.

Schon bald darauf begann der Flieger, seine Nase zu senken, da er sich im Anflug auf Termez befand. Eine Nacht sollten wir in dem Luftumschlagpunkt verbringen, um dann am nächsten Tag nach Deutschland weiterzufliegen. Immer mehr wurde mir klar, dass dies mein letzter Einsatz bei der Bundeswehr gewesen war. Mein Vertrag endete in weniger als zwei Jahren, am 16. Januar 2006. Aber ich hätte praktisch sofort den aktiven Dienst beenden und in den Berufsförderungsdienst wechseln können. In diesen wurden alle Zeitsoldaten geschickt, um die Eingliederung ins zivile Berufsleben zu unterstützen. Dafür stand je nach Dienstdauer ein bestimmter Förderbetrag zu Ausbildungszwecken zur Verfügung.

In Termez begoss ich meinen Frust in der Betreuungseinrichtung. Schon komisch, dass an diesem Abend der ganze Zug vereint zusammensaß und ein Bier nach dem anderen wegsoff. Fast wirkte es, als hätte es nie Zoff zwischen uns gegeben, der ganze Ärger war in diesem Moment abgehakt. Am nächsten Morgen saß ich niedergeschlagen und mit dickem Kopf beim Frühstück. Man konnte zusehen, wie meine Stimmung immer finsterer wurde. Irgendwie hatte ich noch nicht realisiert, dass wir auf dem Weg nach Hause waren. Ich saß da und dachte die ganze Zeit: Das gibt's doch nicht, das kann doch nicht alles gewesen sein! Meine Stimmung war wirklich auf einem Tiefpunkt, dabei bin ich sonst ein ziemlich ausgeglichener Mensch. Das Einzige, was mich noch motivierte, in den Flieger zu steigen, waren Anja und ihre Tochter in Bremen. Mürrisch und schweigsam ging ich zu dem bereitstehenden Flugzeug.

Kein Luftwaffenairbus, sondern eine zivile Maschine befand sich auf dem Flugfeld. Wenigstens etwas, dachten wir alle. Das versprach ein bisschen mehr Komfort. Und die Wahrscheinlichkeit, durch zivile weibliche Stewardessen bedient zu werden, war auch sehr groß. Während der knapp sechs Stunden Flugzeit vernichteten wir sämtliche Tomatensaft-Vorräte, die sich an Bord befanden.

Total am Ende – Meine Zeit im Bundeswehr-Krankenhaus und der schwierige Start in ein neues Leben

Gegen Abend landeten wir in Köln auf dem militärischen Teil des Flughafens. Dort wartete bereits ein Reisebus, um uns nach Varel zu bringen. Unser Kommandeur stand ebenfalls am Flughafen, um uns zu begrüßen. Wir freuten uns über diese nette Geste – und zwar nicht nur, weil er ein paar Kisten Bier und diverse Whisky-Flaschen dabeihatte. Wir standen eine halbe Stunde zusammen, klönten und tranken. Einige wurden von ihren Frauen abgeholt, der Rest stieg in den Reisebus ein. Am Anfang hingen alle ihren eigenen Gedanken nach oder guckten einfach nach draußen und bestaunten die bunte, schnelle Glitzerwelt, die an unserem Fenster vorbeizog.

Ich rief noch schnell einen Kumpel vom Spezialzug in der Kaserne an. »Hallo Emil«, meldete ich mich. »Kannst du schon mal meinen Wagen testhalber anlassen?« Mein alter Passat war in der Kaserne untergestellt, und ich wollte nicht riskieren, dass er nach dem langen Winterschlaf nicht mehr ansprang. Dann legte ich mich in den Mittelgang, um ein bisschen Schlaf nachzuholen.

Gegen 1:30 Uhr kamen wir dann in Varel an und wurden erneut überrascht: Die Restteile des Spezialzugs hatten einen kleinen »Mitternachtssnack« für uns bereitgestellt. Sie hatten kalte Platten mit Schnittchen wie Thüringer Mett und Gürkchen vorbereitet und genügend Bier herangeschafft. Zwar wollten alle so schnell wie nur irgend möglich nach Hause, wollten aber auch ihre Kameraden nicht verprellen, die sich so viel Mühe gemacht hatten. Und so setzten wir uns noch eine Weile zusammen und erzählten von unseren Erlebnissen. Nach einer Stunde begannen sich die Ersten zu verabschieden – jeder verstand das.

Auch ich fuhr nach Hause. Nach einer Dusche wollte ich mich für zwei, drei Stunden aufs Ohr hauen und dann morgens nach Bremen aufbrechen, um Anja zu überraschen.

Ziemlich müde und geschafft erreichte ich Oldenburg und stand gegen halb vier morgens vor meiner Wohnungstür. Nachdem ich aufgeschlossen hatte, gingen bei mir alle Alarmsirenen los: An meiner Garderobe hing eine fremde Jacke. Dann blickte ich den Flur entlang und sah: Anja. Ich konnte es nicht fassen, war vollkommen perplex und ließ meinen Rucksack zu Boden fallen. Ich stand einfach nur da, meine Kinnlade bis zu den Knien hängend.

Anja strahlte über das ganze Gesicht und sprang mir wortlos in die Arme. Auch ich war sprachlos, konnte nur schlucken, so berührt und überrascht war ich. Nach einer sehr, sehr langen Umarmung hatte ich es kapiert: Ich war wieder zu Hause und Anja war bei mir. »Wie hast du denn rausbekommen, dass ich schon wieder da bin?«, wollte ich von ihr wissen. »Frauensolidarität«, meinte Anja verschmitzt. »Deine Mutter hat mich eingeweiht.« Ich war perplex. Ich hatte niemandem zu Hause ein Sterbenswörtchen über die verfrühte Rückkehr erzählt. Das Familienbetreuungszentrum musste meine Mutter über den Rückflugtermin informiert haben. Aber jetzt freute ich mich wahnsinnig, dass dem so war. Doch trotz aller Wiedersehensfreude wollte ich dringend unter die Dusche, ich hatte es bitter nötig. Ich versprach Anja, mich zu beeilen.

Morgens wachte ich dann sehr früh auf, ich hatte noch meine »Einsatzuhr« im Kopf. Ich machte Frühstück – Anja hatte den Kühlschrank vollgemacht – und wartete, bis sie verschlafen in die Küche getapst kam. Ich drückte ihr einen großen Pott Kaffee in die Hand. Unser Gespräch kam nur langsam in Gang. Anja war sehr neugierig, aber ich wollte am liebsten gar nichts aus Kundus erzählen, auch nicht über meine Erlebnisse oder Gefühle. Ich war in mich gekehrt und kam nicht recht aus mir heraus.

Ich rief dann meine Mutter an, dass ich gesund und munter in Oldenburg angekommen war. Danach fuhren wir nach Bremen zu Anjas Eltern, wo Lena untergekommen war. Das Wiedersehen war sehr schön: Lena strahlte über das ganze Gesicht, und Anjas Eltern umarmten mich. Es war förmlich zu spüren, wie die Anspannung der letzten Monate von allen abfiel. Obwohl Anja allen gesagt hatte, dass sie mich nicht löchern sollen, und alle rücksichtsvoll waren, merkte ich, dass mir langsam alles zu viel wurde und dass ich am liebsten allein sein wollte. Aber das ging jetzt schlecht, ich musste gute Miene zum bösen Spiel machen, es war ja alles gutgemeint. Irgendwann zogen Anja, Lena und ich dann weiter zu Anjas Wohnung, die nur eine Straße weiter lag. Aber auch dort merkte ich, wie sich mir der Hals zuschnürte. Ich musste regelrecht mit mir kämpfen, dass ich nicht flüchtete. Eigentlich wollte ich nur noch raus: raus aus dieser Wohnung, raus aus dieser Situation.

Doch meine Anspannung und meine Sehnsucht nach Ruhe und Alleinsein blieben. Das ganze Wochenende waren wir nicht eine Minute alleine: Lena war die ganze Zeit um uns, und wir pendelten ständig zwischen Anjas Eltern und ihrer Wohnung hin und her. Menschenmassen mied ich, wo es nur ging: ob beim Einkaufen, Flohmarkt oder Disko, mir waren schon zwei Menschen in einem Auto zu viel. Langsam, aber sicher bemerkte ich alte Verhaltensweisen aus der Zeit nach dem ersten Einsatz an mir. Ich kam mir vor wie in einer Zeitmaschine und ärgerte mich maßlos über diese Anzeichen. Ich war fest davon ausgegangen, dass mir die Rückkehr und die Eingewöhnung an den deutschen Alltag dieses Mal leichter fielen – aber weit gefehlt. Es gab fast gar keinen Unterschied zwischen dem Nachhausekommen nach dem ersten Einsatz und jetzt. Ich wollte nur Ruhe und meinen Frieden, hätte mich am liebsten alleine in meiner Wohnung eingeschlossen.

Anja aber wollte raus und mich unter Menschen bringen, wahrscheinlich als Gegenimpuls zu meinen Rückzugstendenzen. Außerdem wollte sie nicht den ganzen Tag mit mir und Lena, die ja Bewegung und ein bisschen Abwechslung brauchte, in ihrer Zwei-Zimmer-Wohnung herumhocken. Allein bei dem Gedanken an Verabredungen oder soziale Kontakte lief es mir heiß und kalt den Rücken runter. Ich fühlte mich fremd in dieser Welt, war überfordert von Zusammenkünften und Abläufen, die ich nicht unter Kontrolle hatte und an denen mir nichts lag. Am liebsten hätte ich Anja gesagt: »Du, ich muss schon heute zurück in den Dienst.« In Wahrheit wollte ich mich einfach nur alleine in der Kaserne oder bei mir zu Hause eingraben.

Unser überstürzter Aufbruch aus Kundus und die Umstände, die dazu geführt hatten, nagten sehr an mir, wie ich mir selbst eingestehen musste. Zum einen kratzte der gescheiterte Einsatz an meinem Ego, zum anderen fragte ich mich, wie wir jetzt im normalen Kasernenleben miteinander umgehen sollten. Schließlich würde ich Zorn und Hoppke jeden Tag sehen. Außerdem hatte ich ein schlechtes Gewissen gegenüber Anja, dass ich so abwesend war. Sie hatte mir die ganzen Monate die Treue gehalten – was nicht selbstverständlich war, wie ich bei anderen Kameraden mitbekommen hatte. Entsprechend wollte ich nun gerne auf ihre Bedürfnisse eingehen, die aber zweifelsohne mit meinen überkreuz lagen.

Das alles war zu viel für mich: Ein tiefer schwarzer Krater tat sich vor mir auf – und ich fiel. Anja bekam von diesem inneren Kampf wenig bis gar nichts mit. Ich gab mir auch alle Mühe, sie nicht zu enttäuschen oder zu verunsichern. Schließlich hatte sie all die Monate auf mich warten müssen mit einer gehörigen Portion Angst um mich. Ich war wie zerrissen zwischen den vielen Gedanken und Gefühlen und kam mir vollkommen leer und hohl vor, eine Hülle ohne Inhalt. Ich lächelte mechanisch, obwohl mir eher zum Heulen zumute war; ich ging unter Menschen, obwohl ich schweißgebadet war und alles gegeben hätte, um alleine zu sein. So verging die Zeit, in der ich mein ganz persönliches Theaterstück aufführte und mir wie ein Heuchler vorkam. Am Sonntagabend freute ich mich schon fast wieder auf den Dienstbeginn am Montag.

In der Kaserne dann meine Erlösung: altbekannte Gesichter und herrliche Routine. Hier kannte ich mich aus, hier fühlte ich mich sicher, konnte einfach funktionieren. Wir mussten unseren Satz an Wüstentarnuniformen wieder abgeben sowie das für den Einsatz zusätzlich empfangene Material. Die Stimmung im Zug war weiter angespannt, und wir redeten nur das Nötigste miteinander. Das war natürlich ätzend, und das heimelige Gefühl war schnell wieder dahin. Am liebsten wäre ich mit meinem Team sofort wieder nach Kundus geflogen.

Am Ende der Woche wurde aus jeder Teileinheit, die im Einsatz gewesen war, ein Soldat mit einer förmlichen Anerkennung geehrt. Und zwar unabhängig davon, wie dessen Leistungen im Einsatz gewesen waren – es wurden einfach die Ranghöchsten aus jedem Team genommen. Das waren Zugführer Rumpf, die Teamführer Gerko und Gebauer und zu allem Überfluss Hoppke. Mir ging das ziemlich gegen den Strich: Belobigungen auf Befehl, ohne Rücksicht auf die Leistung.

Unser Zugführer hatte beantragt, dass jeder Einzelne diese Anerkennung bekommt, aber der Kommandeur wollte da nicht mitspielen. So standen also alle dreißig Mann des Spezialzugs zu besagter Stunde vor dem Kommandeur, der je einem Soldaten pro Team seine Anerkennung »wegen vorbildlicher Leistung im Einsatz« aussprach und stellvertretend für den gesamten Trupp überreichte. Hier wurde sich wieder schön in die Tasche gelogen. Die Realität wurde ausgeblendet, um den schönen Schein zu wahren. So gut Hoppke und Zorn ihre Aufgaben als ELG auch erfüllt hatten – zu einer »vorbildlichen Leistung« gehörten meiner Meinung nach auch Werte wie Kameradschaft und Engagement. Am liebsten wäre ich zu dieser Monkey Show überhaupt nicht angetreten oder mittendrin einfach weggegangen.

Ein anderes Thema rückte für mich in den Vordergrund: Wie sollte es nach meiner Bundeswehrzeit weitergehen? Eigentlich hätte ich bereits im Januar 2004, also seit einem Monat, Anspruch auf den Berufsförderungsdienst gehabt. Ich hatte allerdings freiwillig darauf verzichtet, die Förderung zu diesem Zeitpunkt zu beanspruchen, weil ich dann nicht mit meinem Trupp nach Afghanistan hätte gehen können. Nach meinen Erfahrungen im Einsatz bereute ich das ein wenig, aber hinterher ist man ja bekanntlich immer schlauer.

Nun hielt mich aber nichts mehr auf, so schnell wie nur irgend möglich die Uniform auszuziehen, um mich auf das Zivilleben vorzubereiten. Ich hatte einfach keine Lust mehr. Elf Jahre Bundeswehr waren genug. Mein Job kam mir sinnlos vor, und die Einsätze wurden immer gefährlicher für die Soldatinnen und Soldaten. Die Ausrüstung und Ausbildung konnten mit dieser Entwicklung nur schwerlich mithalten. Der Bundeswehr mangelte es schlicht an Know-how und Erfahrung sowie der Politik an Mut und den finanziellen Zugeständnissen, die für so gefährliche Einsätze wie in Afghanistan dringend nötig sind.

Seit meinem ersten Einsatz in Kabul, von April bis Oktober 2002, hatte sich in dieser Hinsicht nichts geändert. Es wurde weitergestümpert wie bisher, die notwendigen Lehren wurden meines Erachtens und Erlebens nicht gezogen. Wenn man die gleichen Fehler immer und immer wieder machte – wenn man nicht ausreichend für die Sicherheit seiner Soldaten sorgte und sie schlecht ausstattete, wenn Bürokratie und Naivität den Einsatz erschwerten –, war es dann ein Wunder, wenn man vor die Wand fuhr? Immer musste erst etwas passieren, bis reagiert wurde und nötige Ausrüstung in das Land gebracht wurde. Das ging natürlich auf Kosten der Soldatinnen und Soldaten. Nach zwei Einsätzen, in denen ich viel erlebt und gesehen und auch so manche brenzlige Situation überstanden hatte, war ich nicht mehr bereit, mir das anzutun.

Dabei war ich jedes Mal hochmotiviert in diese Einsätze gegangen – um jedoch sehr schnell auf den Boden der Tatsachen zurückgeholt zu werden. Wenig bis gar keine Rückendeckung durch die Politik und die hohen Militärs hatte ich gespürt. Im Gegenteil. Bei den Politikerbesuchen in Kabul war es mir manchmal vorgekommen, als ob wir Soldaten die Schmuddelkinder seien und der Politiker lieber nicht angereist wäre. Ein Pflichttermin halt. Wenn ich dann noch die leeren Phrasen zum angeblichen »Friedenseinsatz« im Fernsehen hörte und in der Realität erlebte, was von dem Gesagten tatsächlich umgesetzt wurde, konnte ich schier verzweifeln. Es passierte praktisch nichts! Erst wenn ein oder mehrere mit deutschen Flaggen bedeckte Särge in Deutschland landeten, wurden die Sicherheitsvorkehrungen im Einsatz etwas besser. Ansonsten war es nur leeres Gerede, publikumswirksam in Szene gesetzt, hemdsärmelig vor den Containern gefilmt.

Wenn man noch nicht einmal von denjenigen Rückendeckung erhielt, die einen per Bundestagsmandat in den Einsatz geschickt hatten, woher sollte man dann noch seine Motivation beziehen? Im Besonderen, wenn die Bevölkerung zu Hause zwischen höflichem Desinteresse und Ablehnung gegenüber diesem Einsatz schwankt. Ich hatte genug, war demotiviert und ernüchtert. Ich wollte raus aus dem Laden, und zwar schnell. Ich hatte noch eine Menge Urlaub auf meinem Konto, den ich so schnell wie möglich nehmen wollte. Anschließend würde ich in den Berufsförderungsdienst gehen. Am Freitag, nach einer Woche Dienst, reichte ich einen Teil meines Resturlaubs ein, vier Wochen. Ich hatte nun viel Zeit, die ich vor allem mit Anja verbrachte. Bei einem Spaziergang kamen wir an einem leerstehenden Haus in einer kleinen Siedlung an einem Jachthafen vorbei. »Wow, ein superschönes Haus«, sagte ich, »lass uns mal gucken.« Wir kletterten über den Zaun und strichen um das Haus herum, das aus der Nähe einen noch besseren Eindruck machte. »Meinst du, das Haus ist noch zu haben?« Anja zuckte mit den Schultern. »Was hältst du eigentlich davon, wenn wir zusammenziehen?«, frage ich sie dann – vielleicht ein bisschen zu spontan. Aber ich hatte das Gefühl, ihr das schuldig zu sein. Anja freute sich sehr, es war das erste Mal, dass unsere gemeinsame Zukunft konkret wurde. Über die Sache mit der Hochzeit hatte nach meiner Rückkehr ein Tabu gelegen.

Wir klingelten bei den Nachbarn, die uns die Kontaktdaten des Vermieters gaben. Wir vereinbarten einen Besichtigungstermin, und schon ein paar Tage später unterschrieben wir den Mietvertrag und begannen mit den Umzugsvorbereitungen. Plötzlich hatte ich eine Familie. Um das Glück perfekt zu machen, schafften wir uns auch noch einen Hund an. Es war ein portugiesischer Wasserhund, wie der Hund von Barack Obama. Plötzlich kam ich mir vor wie ein fünfzigjähriger Familienvater.

Nachts wachte ich sehr oft auf und hatte den Impuls, einfach in mein Auto zu steigen und weit, weit wegzufahren. Alles hinter mir zu lassen und irgendwo neu anzufangen, ganz alleine. Ich nahm nun meinen ganzen Resturlaub, weitere acht Wochen, um am Haus herumzuwerkeln. Meine Überforderung hatte wohl auch mit der vielen Freizeit zu tun. Ich war es gewohnt, immer im Dienst zu sein und mich zu hundert Prozent reinzuhängen. Lange Zeit hatte ich ja in der Kaserne gelebt und war auch oft außerhalb meiner Dienstzeit eingesprungen, wenn etwas anstand. Außerdem wurde mir erst jetzt so richtig bewusst, dass ich im Grunde ein Einzelgänger bin. Und nun hatte ich Verantwortung für Frau, Kind, Haus und Hund.

Schon bald darauf begannen unsere Probleme. Ich konnte keine Nacht mehr ruhig schlafen, wachte immer wieder auf und schlug im Traum manchmal sogar um mich. Der Umstand, dass ich eh ein sehr verschlossenes Kerlchen bin, machte es Anja natürlich nicht einfacher, zu mir durchzudringen. Sie versuchte immer wieder, meine Veränderung zu thematisieren. Versuchte es mit Gesprächen, mit Gesten, doch vergebens. Ich schottete mich immer weiter ab, zog mich immer weiter in mein Schneckenhaus zurück, ließ nichts und niemanden mehr an mich heran. Emotional hatte ich mich längst von allem verabschiedet: von meinem Leben als Soldat, von meinem Leben als Familienvater, von meiner Zukunft.

Ich steckte fest in diesem tiefen, schwarzen Loch. Es war noch schlimmer als damals nach meinem ersten Einsatz. Hilfe von außen war nicht in Sicht, wobei ich sie zu diesem Zeitpunkt wohl auch nicht angenommen hätte. Anja versuchte immer wieder mit mir zu reden, während ich immer wieder blockte und behauptete: »Ist doch alles in Ordnung, mach dir keine Sorgen.« Die meiste Energie verwendete ich darauf, meine innere Zerrissenheit zu überspielen. Einerseits hatte ich kapiert, dass ich so nicht leben wollte, andererseits wünschte ich Anja ein sorgenfreies Leben und bemühte mich, alles aufrechtzuerhalten. So tief war meine Krise, dass ich nicht mal darüber nachdachte, wie ich meine Situation ändern könnte.

Zwölf Wochen ging das so, dann war mein Urlaub vorbei und ich fuhr zum Dienst zurück. Es war mittlerweile etwa Ende Juni, Anfang Juli, und die meisten Kameraden waren im Urlaub, so dass die Kaserne wie ausgestorben wirkte. Da ein Wachhabender fehlte, meldete ich mich freiwillig. Früher wäre mir dieser Job zu langweilig gewesen, aber jetzt passte er sehr gut zu meiner Verfassung. Also saß ich in den Nachtstunden in der Hauptwache und fühlte mich völlig ausgebrannt und leer. Ein ganz komisches Gefühl, unbeschreiblich. Den Kugelschreiber zu heben, um etwas ins Wachbuch einzutragen, erschien mir wie eine Herkulesaufgabe. So saß ich da, starrte mein Spiegelbild in der Scheibe vor mir an und nahm sonst nichts wahr um mich herum.

Der stellvertretende Wachhabende war 2002 ebenfalls in Afghanistan gewesen, und dieser Kamerad holte mich aus meiner Lethargie zurück. »Was ist denn los mit dir? Du wirkst so abwesend«, sagte Nico. »Stimmt«, gab ich zu. »Ich denke an meine Zeit in Kabul. Da hab ich hochspezialisierte Aufträge bekommen und richtig was erlebt. Und jetzt sitze ich hier und passe auf 'ne leere Kaserne auf.« Nico nickte: »Hm, kommt mir bekannt vor. So ähnlich fühle ich mich auch.« Ich horchte auf. War da jemand, der mich verstand? Der in der gleichen Scheiße steckte? Offenbar war Nico jemand, dem ich mich anvertrauen konnte. »Weißt du«, sagte ich. »ich habe keinen Bock mehr, auf nix und niemanden. Am liebsten würde ich wieder zurück nach Afghanistan. Da weiß ich wenigstens, wo ich hingehöre und was ich zu tun habe.«

Die ganze Nacht hindurch redeten wir über unsere Erfahrungen und Schwierigkeiten nach einem Einsatz. Mann, tat das gut! Beruhigt stellte ich fest, dass ich nicht der Einzige war, dem die Eingewöhnung sehr schwerfiel, sondern wahrscheinlich nur einer von vielen. Ein Stein fiel mir vom Herzen, und ich öffnete mich zum ersten Mal einem Gegenüber.

Nico hatte mir jedoch eine Erfahrung voraus: Er hatte sich helfen lassen. Er erzählte mir, dass er nach seinem Einsatz eine Regenerationsphase im Bundeswehrkrankenhaus mitgemacht hatte. Davon hatte ich noch nie gehört.« Und wie läuft das so?«, wollte ich wissen. »Ach, ganz locker«, meinte Nico. »Hat mehr was von einer Kur: viel Schlafen, Schwimmen und jede Menge andere Sportarten, wenn du willst. Und wer will, kann an Gesprächskreisen mit anderen Soldaten teilnehmen. Ist aber alles freiwillig.« Das klang gut. Ich hatte nämlich keine Lust, für verrückt erklärt zu werden oder mein Seelenleben diversen Therapeuten ausbreiten zu müssen. »Melde dich an«, sagte Nico, »aber frühzeitig. Du glaubst gar nicht, wie viel dort los ist. Du gehst einfach zum Truppenarzt hier im Standort, der regelt alles Weitere, du musst dich um nichts kümmern.«

Dieses Gespräch war wie eine Offenbarung für mich. Endlich sah ich ein Licht am Ende des Tunnels. Ich beschloss, diese Chance auf Regeneration so schnell wie möglich zu ergreifen. Einfach abschalten und wenn gewünscht mit anderen Kameraden, die Ähnliches erlebt hatten, sprechen – das klang verdammt gut. Gleich nach meinem Wachdienst ging ich zu unserem Standortarzt und sagte ihm, dass ich Probleme habe, klarzukommen.

»Dann erzählen Sie mal, Wohlgethan«, meinte er und schaute mich ganz offen an.

»Also«, begann ich, »eigentlich habe ich nur noch Afghanistan im Kopf. Ich kann keine Nacht mehr durchschlafen, deshalb trinke ich im Moment ziemlich viel Alkohol, um wenigstens einschlafen zu können.« Der Arzt guckte mich an, als hätte er sich schon so was gedacht. »Ich werde immer verschlossener und aggressiver. So kenne ich mich gar nicht, und so will ich auch nicht sein.« Der Arzt nickte und sagte: »Stimmt, eigentlich sind Sie doch ein ganz ruhiger, ausgeglichener Mensch.« Ich sagte ihm dann, ich hätte von dem Krankenhaus in Hamburg gehört, ob das nicht was für mich wäre. Das bestätigte er und versprach mir, sich darum zu kümmern. Er griff zum Telefon und rief direkt in Hamburg an. Er beschrieb kurz den Fall und fragte, ob ein Bett frei wäre. »Es sieht gut aus, Wohlgethan. Sie könnten quasi sofort dorthin.«

Zu Hause erzählte ich Anja von meiner neuen Perspektive. Sie hörte sich meine Schilderungen ruhig an und meinte dann:

»Das ist sicher eine gute Idee, Achim. Auch wenn ich dich natürlich lieber hier bei mir hätte.« Bereits am nächsten Tag fuhr ich nach Hamburg ins Bundeswehrkrankenhaus. Auf der Fahrt gingen mir jede Menge Gedanken durch den Kopf. Die Beziehung mit Anja ging langsam, aber sicher in die Brüche, und der letzte Einsatz in Kundus hatte mich in ein tiefes Loch fallen lassen. Außerdem hatten mich die Bundeswehrbürokratie und der fehlende politische Rückhalt in die Resignation getrieben. Ich hatte einfach keine Lust mehr, mich diesem hohen Risiko auszusetzen, und war enttäuscht über militärische Vorgesetzte und die Politik. Meine Motivation, die Uniform zu tragen, war auf null, ich wollte nur noch raus aus der Bundeswehr. Die Regenerationsphase in Hamburg war ein wichtiger Schritt in diese Richtung. Skeptisch war ich und auch neugierig, was mich hier erwarten würde.

Das Bundeswehrkrankenhaus ist ein ganz normales Krankenhaus, mit Abteilungen von der Anästhesie bis zur Zahnmedizin. Nach der Anmeldeprozedur in der Neurologie bekam ich mein Bett in einem Drei-Mann-Zimmer zugewiesen und noch eine kleine Einweisungstour von einer Ärztin. Dabei erfuhr ich, dass es auf meiner Abteilung eine große Bandbreite an Patienten gab: Es waren Soldaten hier, die an einer sogenannten posttraumatischen Belastungsstörung litten. Sie hatten meistens eine lebensbedrohliche Erfahrung gemacht, in der Regel im Auslandseinsatz, und kämpften nun mit den Folgen dieser psychischen Belastung. Es gab auch Männer mit einem Burnout-Syndrom, und zwar durch alle Waffengattungen und Dienstgradgruppen. Wahnsinn, dass sich sogar kleine Mannschaftsdienstgrade so für ihren Job aufrieben, dass sie irgendwann zusammenbrachen. Außerdem gab es auch Drogenabhängige: Medikamente, Alkohol, harte Drogen – alles war dabei.

Am Anfang war ich ein bisschen schockiert darüber, dass so viele Soldatinnen und Soldaten psychische Probleme hatten. Im Kasernenalltag war dieses Thema absolut tabu, und auch auf offizieller Ebene wurde es sehr stiefmütterlich behandelt. Das gilt vor allem für das Thema posttraumatische Belastungsstörung (PTBS). Die Bundeswehr hat sehr, sehr lange ignoriert, dass Soldaten traumatisiert aus den Einsätzen zurückkommen. Dabei ist es in anderen Armeen der Welt vollkommen normal, dass Personen, die extreme Dinge gesehen oder erlebt haben, irgendwann einmal psychische Probleme bekommen. Entsprechend gibt es dort psychologische Hilfe. Die Bundeswehr steht vor dem Dilemma, sich einerseits als Friedensarmee zu verkaufen, aber andererseits immer mehr psychische Wracks zu produzieren. Entsprechend hat es ganz schön lange gedauert, bis die Problematik erkannt und entsprechende Angebote geschaffen wurden.

Inzwischen gibt es hervorragende Spezialisten in einigen Krankenhäusern der Bundeswehr, die aber selbst darüber klagen, mit der Flut der Patienten überfordert zu sein. Kein Wunder: Von 2006 auf 2008 hat sich die Zahl der PTBS-Patienten mehr als vervierfacht und stieg von 55 auf 226. Wobei gleichzeitig von einer sehr hohen Dunkelziffer auszugehen ist. Gerade in einer Männergesellschaft wie der Bundeswehr fällt es vielen Betroffenen schwer, psychologische Hilfe in Anspruch zu nehmen. Und neben den harten Fällen mit PTBS gibt es auch noch jede Menge Kameraden mit Anpassungsstörungen, die ebenfalls behandelt werden müssen, aber nach einigen Monaten meist recht gut in den Griff zu bekommen sind.

Aber auch die professionellen Helfer, die Ärzte und Sanitäter, leiden inzwischen unter Belastungsstörungen. Immer weniger Mediziner bei der Bundeswehr sind für immer mehr Patienten zuständig, da immer mehr Ärzte beim Heer kündigen. 2008 haben fast hundert Ärzte gekündigt, fast dreimal so viele wie 2007. Vor allem in der Psychiatrie gibt es große Probleme. Von 42 Posten sind derzeit bloß 21 besetzt, und nur fünf dieser Ärzte sind Spezialisten für Traumatherapie. So kommt es, dass Traumatisierte teilweise bis zu vier Wochen auf einen stationären Platz in einem der Bundeswehr-Krankenhäuser warten müssen.

So gesehen hatte ich ganz schön Glück, problemlos und zügig in Hamburg aufgenommen zu werden. Langsam, aber sicher legte ich im Verlauf des ersten Tages meine immer noch vorhandene Skepsis ab. Ich fühlte mich gut aufgehoben, im Kreise von Gleichgesinnten. Je mehr ich sah, desto mehr freute ich mich, dass ich diesen Schritt getan hatte.

Am Beginn sollte eine allgemeine medizinische Untersuchung stattfinden, ansonsten konnte ich mir meine Tage frei zusammenstellen, zum Beispiel mit Sport, Gesprächen mit Therapeuten, Bastel-Workshops, Entspannungskursen und so. Ich konnte schon immer beim Sport am besten abschalten – und das war ja das große Ziel. Zum Therapeuten ging ich vielleicht einmal die Woche, der gute Mann hatte genug mit schwereren Fällen als mir zu tun. Außerdem ließ ich mich sehr oft massieren. Dabei wurde mir erst klar, wie hart und verknöchert mein Körper war von den Strapazen der letzten Jahre. Ich hatte nun viel Zeit für mich, die irgendwie zu füllen war. Deshalb begann ich, meine alten, handschriftlichen Aufzeichnungen aus der Kabul-Zeit abzutippen. Stundenlang saß ich mit meinem Laptop auf dem Bett und schrieb. Das tat mir gut. Es war meine Art, meine ganzen Erfahrungen zu verarbeiten. Einer meiner Zimmerkameraden, ein hoher Offizier aus dem Ministerium, feuerte mich sogar noch an: »Schreib doch irgendwann mal ein Buch darüber. Damit die da draußen erfahren, was für einen Mist wir durchleben.«

Schon bald begann ich mich zu entspannen und blickte nicht mehr ganz so düster nach vorne. Mit Anja telefonierte ich häufig. Ich hatte zwar verstanden, was bei mir und in unserer Beziehung schieflief, aber nicht die Kraft, mich zu ändern. Obwohl sie immer sehr verständnisvoll auf mich einging, spürte ich, dass ihr meine »Flucht« nach Hamburg Angst machte und dass sie nicht wusste, wohin das alles führte. Doch mir ging es immer besser: Mit jedem Tag, den ich hier verbrachte, lud ich meine Akkus wieder auf. Bald fühlte ich mich stark genug und hatte auch Lust, Anja am Wochenende in Bremen zu besuchen.

Die Begrüßung war herzlich, aber auch etwas vorsichtig. Keiner wusste so richtig, wie der andere reagieren würde, und natürlich stand immer wieder die Frage im Raum: Wie geht es mit uns weiter? Es war klar, dass wir an diesem Wochenende nicht einfach heile Familie spielen konnten, sondern dass wir ein paar happige Themen vor uns hatten. Wir unterhielten uns sehr lange. Darüber, wie es mir ging, was Anja von der ganzen Sache dachte und ob es einen Weg gab, wie wir uns zusammenraufen könnten. Als ich Sonntagabend zurück nach Hamburg fuhr, war nach wie vor keine Lösung in Sicht.

Nach insgesamt vier Wochen in Hamburg, etwa Mitte August, gab es erstmals ein ärztliches Gespräch über meine Fortschritte. Es ging mir inzwischen ziemlich gut, aber nach all der Entspannung konnte ich mir nicht vorstellen, zurück in den Dienst zu gehen – zumal meine Tage dort sowieso gezählt waren. »Kein Problem«, meinte meine Ärztin. »Wir können Sie auch entlassen und KZH schreiben.« KZH, das hieß »krank zu Hause«. Das klang erst mal nicht schlecht – wobei ich mir nicht sicher war, ob ich das wirklich wollte. Schließlich war ja ein Grund hierherzukommen auch meine schwierige private Situation gewesen. »Okay«, sagte ich zweifelnd. »Ich kann's ja mal probieren.« Die Ärztin guckte ein bisschen irritiert und sagte: »Machen Sie das auf alle Fälle, und gehen Sie bloß nicht zurück in den Dienst. Sie haben mehr als genug für den Laden getan und müssen jetzt auch mal wieder an sich denken und auf die zivile Schiene setzen.« Damit hatte sie zweifelsohne recht, trotzdem fragte ich mich, ob es mir zu Hause so gut gehen würde wie hier. »Und wenn's nicht klappt zu Hause – kann ich dann jederzeit wiederkommen?«, fragte ich. »Klar«, meinte sie. »Rufen Sie einfach an.«

Ich packte also meinen Seesack und fuhr Richtung Bremen. Als ich dort ankam, wurde ich schneller als mir lieb war wieder in die Normalität des Alltags gedrängt. Es waren Rechnungen zu bezahlen, am Haus herumzuwerkeln und Lena zu betreuen. Anja war zu diesem Zeitpunkt arbeitslos, und somit hingen wir fast ständig zusammen. Meinen zuvor gewonnenen Freiraum, die Zeit fürs Schreiben, die Gespräche mit gleichgesinnten Kameraden – all das war futsch. Sehr schnell fühlte ich mich wieder eingeengt. Und das, obwohl es mir schon viel besser ging als zuvor, ich wieder gut schlafen konnte und nicht mehr so aggressiv und in mich gekehrt war. Um immer mal wieder Abstand zu gewinnen, fuhr ich tageweise nach Wolfsburg zu meinen Eltern, ließ mich verwöhnen und machte, was ich wollte.

Vielleicht nach drei Wochen zu Hause regte sich die Sehnsucht nach Hamburg in mir. Eines Abends sprach ich Anja an, dass ich wieder dorthin zurück möchte. Für sie war das natürlich schwer zu verstehen. »Wieso willst du ins Krankenhaus zurück? Fehlt dir hier irgendwas?« Nach kurzem Zögern sagte ich: »Ja, meine Ruhe.« Anja war stinksauer und hatte einen bescheuerten Verdacht: »Hast du eine andere kennengelernt?« »Blödsinn«, sagte ich. »Ich vermisse einfach die Ruhe.« Am nächsten Tag schnappte ich mir wieder meinen Seesack und fuhr zurück ins Krankenhaus. Auf der Fahrt wurde mir wieder klar, dass ich fürs Zivilleben einfach nicht geeignet bin. Genauso war mir klar, dass ich auch in Zukunft nur das machen wollte, was ich die letzten Jahre gelernt und immer wieder unter Beweis gestellt hatte, nämlich Soldat zu sein. Für wen und in welchem Rahmen, musste ich noch herausfinden.

Dieses Mal bekam ich sogar ein Einzelzimmer, mit Fernseher und eigener Toilette. Allerdings bekam meine gute Stimmung einen Dämpfer, als ich eines Abends mit Soldaten ins Gespräch kam, die an einer posttraumatischen Belastungsstörung litten. Ich merkte ihnen an, dass sie sehr damit kämpften. Bis zu einem gewissen Punkt konnten sie über ihr Erlebnis reden, machten dann aber von einer Sekunde zur nächsten komplett dicht. Sie tauchten dann in ihre eigene kleine Welt ein, in die Außenstehende sehr, sehr schwer reinschauen konnten.

Viele waren im Afghanistaneinsatz gewesen, andere auch im Kosovo oder in Bosnien. Allesamt hatten sie etwas erlebt, was nur schwer zu verdauen war und sie aus dem Gleichgewicht gebracht hatte. Schlafstörungen, Flashbacks, aggressive Schübe oder schlimme Depressionen waren nur einige der Symptome, mit denen die Kameraden zu kämpfen hatten. Daniel war ein besonders harter Fall. Ich verstand mich gut mit ihm, kam aber nicht so richtig an ihn heran. Erst über Dritte erfuhr ich seine Geschichte.

»Was ist eigentlich mit Daniel?«, frage ich eines Abends in die Runde. »Daniel? Der bekommt jede Nacht Besuch«, sagte einer. Diese Aussage kannte ich schon von einigen anderen Kameraden. Damit war die nächtliche Tortur gemeint, wenn die Toten oder Verletzten sich in die Träume schlichen. Daniel hatte 1999, als die ersten deutschen Soldaten in den Kosovo abkommandiert wurden, bei einem Zwischenfall einen Menschen erschossen. Seitdem hatte er sein Leben nicht mehr im Griff und kämpfte mit seinem Gewissen. Zu allem Übel wurde er auch noch von seiner Einheit fallengelassen. Er wurde als Simulant abgestempelt, und keiner erkannte, dass er daran zerbrach, einen Menschen getötet zu haben. Daniels Zukunft war für ihn völlig im Eimer, auch seine Ernennung zum Berufssoldaten war mit seinem Krankenhaus-Aufenthalt gegessen. In Hamburg war er schon sehr lange in Behandlung, und man konnte ihm auch schrittweise helfen. Aber wann immer er zurück nach Hause kam, war er völlig überfordert. Das veranlasste ihn dazu, immer wieder fluchtartig nach Hamburg zurückzukehren.

Ich hatte im Vergleich zu diesem Mann und vielen anderen absolut keine Probleme und hatte manchmal sogar ein schlechtes Gewissen, dass ich immer noch hier herumhing. So vergingen die Wochen zwischen Hamburg und »KZH«, also Bremen. Meine private Situation verschlechterte sich natürlich dadurch. Bei Anja fand ich kein Verständnis mehr, was mich immer schneller zurück nach Hamburg trieb. Als ich im Oktober wieder im Krankenhaus war, lernte ich auch ein paar Kameraden kennen, die im 3. Kontingent Kundus gewesen waren. Sie hatten es überlebt, als am 29. September 2004 eine Rakete in der OPZ eingeschlagen war und fünf Personen verletzt hatte. Sie hatten keine äußeren Verletzungen davongetragen, aber seelische Wunden. Ich hätte mich gern intensiv mit ihnen ausgetauscht, aber ich spürte schnell, dass Kundus für sie ein rotes Tuch war. Die Vorfälle waren einfach zu nah an ihnen dran.

Kameraden, die den Bus-Anschlag mit vier Toten und 29 teilweise Schwerverletzten in Kabul überlebt hatten und die zum Teil ihre Kameraden hatten sterben sehen, lernte ich ebenfalls kennen. Es waren aber auch ziemlich viele Sanitäter dabei, die damals vor Ort Erste Hilfe leisten mussten und die Bilder der Verwundeten und Sterbenden nicht mehr aus dem Kopf bekamen. Ihre Geschichten ließen mich immer wieder schaudern, und ich war heilfroh, dass mir so eine schreckliche Erfahrung erspart geblieben war. Das Reden über die Probleme und Erlebnisse im abendlichen Kameradenkreis war für einige die eigentliche Therapie. Sie konnten sich leichter denjenigen öffnen, die bereits Ähnliches miterlebt hatten oder zumindest im gleichen Land gewesen waren.

Mitte November zeichnete sich ab, dass ich in absehbarer Zeit endgültig entlassen werden sollte. Es gab dazu ein ganz interessantes Gespräch mit meiner Ärztin. »Bei Ihnen ist das Problem ja etwas anders gelagert als bei den meisten anderen«, meinte sie. »Sie können nicht abschalten. Sie brauchen den Stress und den Trubel, nur dann blühen Sie richtig auf und vergraben sich in die Arbeit. Mit dem Ergebnis, dann alles, wirklich alles um Sie herum völlig auszublenden. Wohlgethan«, sagte sie und machte eine kleine Pause, »Sie sind immer auf der Jagd nach einer ständigen Herausforderung.« Ich war baff, die Ärztin hatte den Nagel auf den Kopf getroffen. Alles, was sie mir an typischen Verhaltensweisen aufzählte, kam mir sehr bekannt vor: das völlige Zurückziehen von Menschen, die mir nahestanden, zum Teil aggressives Verhalten, wenn ich glaubte, in die Enge getrieben zu werden, und, und, und. All das war mir mehr als einmal passiert, genau so hatte ich mich in bestimmten Situationen verhalten.

Abends saß ich alleine auf einer Bank im Krankenhauspark und dachte über diese neue Erkenntnis nach. Die Ärztin hatte wirklich vollkommen recht. Zum Beispiel dass ich jedes Mal die Segel setzte, wenn mir irgendwas zur Routine wurde und mich also zu langweilen begann. Sobald das passierte, verabschiedete ich mich und suchte nach dem nächsten »Abenteuer«. Im Grunde genommen galt dies nicht nur in beruflichen, sondern auch in privaten Dingen. Mit meinen Beziehungen hatte ich es ebenso gehalten. Sobald die erste Verliebtheit weg war und sich eine gewisse Routine eingeschlichen hatte, kam ich mir eingeengt und unfrei vor und musste raus aus der Situation. Schon komisch, dass einem so etwas immer erst ein völlig Fremder sagen muss, damit man sein eigenes Muster erkennt. Mit dieser Erkenntnis im Gepäck fuhr ich nach Bremen. Irgendwie war die Stunde der Wahrheit gekommen. Anja machte mir unmissverständlich klar, dass sie keine Kompromisse eingehen wollte. »Achim, ich brauche jemanden an der Seite, der zu mir steht. Und zwar voll und ganz.« Sie guckte mir dabei direkt in die Augen. Es war klar, dass ich diese Person nicht sein konnte. Und das wusste sie ebenso gut wie ich. Sie sagte es mit einfachen, klaren Worten: »Du bist zwar jetzt hier, aber eigentlich doch nicht da.« Ich konnte sie gut verstehen. Sie hatte meine Gefühlslage gut auf den Punkt gebracht: körperlich da, aber emotional irgendwo anders.

Es war viel passiert nach diesem zweiten Einsatz, wovon Anja eine ganze Menge abbekommen hatte. Mehr als einmal war ich, von Alpträumen geplagt, in der Nacht aufgewacht und hatte wild um mich geschlagen. Um einigermaßen schlafen zu können, hatte ich, wie nach meinem ersten Einsatz, meinen guten Freund, den Alkohol, wiederentdeckt. Mit einer kleinen Tochter im Hause war das natürlich gerade für Anja untragbar. Ich erkannte, dass sie sich im Grunde um zwei Kinder kümmern musste. Die Konsequenz lag auf der Hand: Wir trennten uns im beiderseitigen Einvernehmen.

Auch wenn es für Anja sicher schmerzvoller war als für mich – ich hatte ja akut mit mir selbst genug zu tun –, glaube ich, dass es für sie das Beste war. Mich hatten diese beiden Einsätze sehr verändert und die schlechten Merkmale meiner Persönlichkeit an die Oberfläche gespült. Traurig, aber schon wesentlich aufgeräumter, fuhr ich am gleichen Abend nach Hamburg zurück und begann zaghaft, mir mein neues Leben vorzustellen. Dabei gab es noch ziemlich viele Leerstellen: Es war ja nicht nur, dass mein Einsatz und seit gerade eben meine Beziehung vorbei waren, auch mein Dienstzeitende war in Sicht. Das waren ganz schön viele Veränderungen auf einmal, zu viele für meinen

Geschmack. Dabei war mir klar: Ich musste mich endlich mit meinem Leben nach der Bundeswehr beschäftigen.

Es kam mir vor, als stünde ich vor einer Mauer, die ich niemals überwinden kann – so zermürbt hatten mich meine beiden Einsätze, und so wenig Kraft und Phantasie hatte ich, mir einen beruflichen Neuanfang vorzustellen. Aber eines war so sicher wie das Amen in der Kirche: Auf gar keinen Fall wollte ich mich unterkriegen lassen. In Hamburg hatte ich Menschen kennengelernt, die viel Schlimmeres erlebt und gesehen hatten als ich. Durch die gemeinsamen Gespräche wurde mir bewusst, dass es mir sehr, sehr viel besser ging als diesen Kameraden. Ihre Seelen hatten teilweise einen irreparablen Schaden erlitten, mit dem sie den Rest ihres Lebens auskommen mussten. Die sich immer wieder den Träumen und Ängsten stellen mussten, ihr ganzes restliches Leben lang. Neben ihnen kam ich mir wie ein Simulant vor: Ich verzweifelte an der Bürokratie und an den hohlen Phrasen mancher Politiker, denen ich in den Einsätzen begegnet war. Sie leugneten die Realität, und das machte mich unsagbar wütend. Aber im Grunde war es das auch schon. Ich hatte nicht diese riesige, unsichtbare Last aus dem Einsatz mitgebracht wie viele meiner Kameraden. Mich quälte einfach die Frustration, nichts bewegen zu können, nicht wirklich etwas tun zu können.

Die restlichen Wochen in Hamburg verbrachte ich eigentlich nur noch dort, damit Anja in Ruhe ausziehen konnte. Ich wollte, konnte ihr dabei nicht zusehen. So verbrachte ich meine Tage in Hamburg, um über meine eigene Zukunft nachzudenken, sowie mit einer Menge Gespräche und Sport. Einigen Kameraden hatte ich meine Geschichte erzählt, die sich ihrerseits öffneten. Und so saßen wir oftmals bis spät in der Nacht zusammen, und sie erzählten und erzählten, und ich hörte ihnen zu. Ich hörte einfach nur zu.

Ein paar Mal fuhr ich nach Wolfsburg zu meiner Familie. Dort musste ich mich nicht mit einem schlechten Gewissen herumprügeln, das ich immer wieder hatte, wenn ich in Bremen war. Irgendwann rief ich Anja an, um zu klären, ob ich zurück ins Haus konnte, um es aufzulösen. »Ja«, meinte sie kurz angebunden, »ich hab alles rausgeräumt, bis auf deine persönlichen Sachen. Du hast freie Bahn«, und legte auf. Es war nahezu unmöglich, noch normal miteinander zu sprechen, da von ihrer Seite immer wieder die Enttäuschung durchkam und ich dadurch den Eindruck hatte, sie verraten zu haben.

Noch am gleichen Abend fuhr ich zu unserem ehemaligen gemeinsamen Haus. Nachdem ich die Tür geöffnet hatte, ereilte mich ein regelrechter Schock. Bis auf den Fernseher, eine Luftmatratze und ein paar Schränke war nichts mehr da. Die Wohnung war komplett ausgeräumt. Das darf doch nicht wahr sein, dachte ich. Ich war total sauer auf Anja und dachte, dass sie wesentlich mehr mitgenommen hat, als ihr eigentlich gehörte. Aber schon bald kam die Ernüchterung. Noch immer geschockt saß ich in der Wohnung und kapierte, dass ich ihr unrecht getan hatte. Ist das alles, was mein Leben ausmacht?, dachte ich. Ein paar Klamotten und ein Fernseher? Ich war 39 Jahre alt, gerade frisch getrennt und aus dem Bundeswehrkrankenhaus entlassen, kannte so gut wie keine Menschenseele in Bremen und fragte mich: Wie geht es jetzt weiter? Ich hatte keine Antwort.

Die Weihnachtstage wollte ich auf gar keinen Fall alleine in diesem kahlen Haus verbringen. Das wäre mein sicherer Absturz gewesen, und der Kamerad Alkohol hätte sein Übriges dazu getan. »Komm doch nach Hause nach Wolfsburg«, bot meine Mutter an. »Ist schon ewig her, dass wir zusammen Weihnachten gefeiert haben.« Ich konnte mir das beim besten Willen nicht vorstellen. Für mich wäre das einer Kapitulation gleichgekommen. Außerdem hatte meine Mutter mich immer unterstützt und war für mich da, deshalb wollte ich ihr meinen leeren Blick und meine Apathie nicht über die Feiertage zumuten. Ich lehnte also dankend ab und rief stattdessen bei einem Kumpel in Hamburg an, den ich schon ewig kannte. »Hi Ralf«, begrüßte ich ihn. »Ich brauch 'ne Bleibe für die Feiertage. Mir fällt sonst die Decke auf den Kopf.« Ralf war einer von den Menschen, die nicht fragten warum und wieso, sondern klare Ansagen machten. »Klar, komm einfach vorbei«, sagte er.

2005 sollte ein Neuanfang für mich werden, und in der Silvesternacht schwor ich mir, nach vorne zu schauen. Zurück in Bremen begann ich endlich, meine privaten Dinge zu regeln. Ich kündigte das Haus und suchte mir eine kleine Wohnung vor Ort, um alles regeln zu können. Außerdem beschäftigte ich mich mit den Möglichkeiten, die mir der Berufsförderungsdienst bot. Ich spielte damals mit dem Gedanken, mich an der Uni Bremen für Politik und Journalismus einzuschreiben, um vielleicht später einmal über meine Erlebnisse zu schreiben. Ein großer Umzugskarton in meiner neuen Wohnung war voller Tagebücher aus meinen beiden Einsätzen, und ich saß öfter vor diesem Karton und dachte an eine Veröffentlichung.

Aber dann stolperte ich über eine Website über Israel. Mich hatten dieses Land und seine Menschen schon immer interessiert. Vielleicht konnte ich ja das Angenehme mit dem Nützlichen verbinden: eine zivile Ausbildung zum Personenschützer in Israel. In Köln fand ich eine Sicherheitsfirma, die sehr eng mit den Israelis zusammenarbeitete. Sie legten mir den Ausbildungsplan vor und gaben mir noch ein paar Tipps mit auf den Weg. Dann fuhr ich nach Varel in mein altes Bataillon, um die entsprechenden Unterschriften einzuholen.

Ein paar Kameraden waren erfreut, mich zu sehen, und kamen schulterklopfend auf mich zu. Aber die meisten, auch ehemals gute Kameraden, waren eher zurückhaltend. Ich denke mal, sie vermuten wohl sehr tiefe psychische Probleme bei mir, mit denen sie nichts zu tun haben wollten. Vielleicht erinnerte ich sie auch nur an ihre eigenen Probleme. Ich kannte viele Soldaten, die sich nach dem Einsatz von ihrer Frau oder Freundin getrennt hatten und deren Alkoholkonsum sehr stark angestiegen war. Ich meldete mich bei meinem Kompaniechef zurück, der schon den Arztbericht aus Hamburg gelesen hatte. In diesem Bericht stand, dass ich voll verwendungsfähig sei, auch im Ausland, und an keinerlei Belastungsstörungen leiden würde. »Dann ist ja alles in Ordnung mit Ihnen«, meinte der Kompaniechef. »Sie haben sich wohl bloß ein paar Sachen zu sehr zu Herzen gehen lassen.«

Mit meinem Chef sprach ich die weitere Vorgehensweise ab.

Durch meinen langen Krankenhausaufenthalt hatte ich schon wieder ordentlich Urlaubsanspruch aufgebaut, und jetzt kam noch der ganze Jahresurlaub für 2005 dazu, auch wenn ich wegen des BFD gar nicht mehr da wäre. Ich reichte den Urlaub ein und bat ihn um eine Unterschrift für die entsprechenden Unterlagen. Da von meinen alten Kameraden kaum jemand in der Kaserne war, ging ich noch kurz in den Besprechungsraum und verabschiedete mich bei denen, die dort herumsaßen, mit einem kurzen »Macht's gut. Wir sehen uns«. Dann fuhr ich nach Wilhelmshaven, um beim Berufsförderungsdienst vorstellig zu werden. Die Sache war überhaupt kein Problem, die komplette Ausbildung zum Personenschützer wurde mir ohne weiteres bewilligt.

Die erste Stufe fand in Köln bei besagter Ausbildungsfirma statt. Es begann mit speziellen Fahrertrainings, Gefährdungsanalysen und dem Erstellen von Sicherheitskonzepten. Im August 2005 saß ich dann auf eigene Kosten in einem Flugzeug nach Israel. Drei Wochen lang wurde ich zusammen mit einem anderen Deutschen sowie je einem Polen, Bulgaren und Holländer hart rangenommen, doch ich beendete diesen eindrucksvollen Lehrgang als Bester. Wir profitierten von den Kenntnissen jedes Einzelnen genauso wie von dem unermesslichen Erfahrungsschatz der israelischen Ausbilder. Kein anderer Lehrgang in meinem Leben – und ich habe ganz schön viele gemacht – war realitätsnäher als dieser. In Deutschland bekämen die Behörden einen Herzinfarkt, wenn dort so eine Schießausbildung wie in Israel praktiziert würde.

Am 16. Januar 2006 stand dann meine offizielle Entlassung aus der Bundeswehr an, und es passierte – nichts! Dieser Bürokratenverein hatte mich schlichtweg vergessen! Es kam kein Anruf, kein Brief, in dem ich dazu aufgefordert wurde, meine Papiere, Truppenausweis, Impfbuch und Springerschein abzugeben. Also fuhr ich auf eigene Faust einen Tag später nach Varel und arbeitete meinen Laufzettel ab, den ich mir im Geschäftszimmer der Kompanie besorgte.

In der Abteilung 2, Militärische Sicherheit, war niemand Verantwortliches zur Stelle, und so setzte ein Vorzimmersoldat seine Unterschrift unter diesen Zettel. Ich war wirklich platt, wie lax das alles gehandhabt wurde. Eigentlich hatte ich erwartet, noch eine Belehrung über mich ergehen lassen zu müssen, wonach ich im Dienst erworbene Erkenntnisse für mich behalten muss, und ähnliche Ermahnungen. Nichts von alldem passierte. Ich erhielt auch kein Dienstzeugnis, geschweige denn meine Entlassungsurkunde. Bis heute habe ich diese wichtigen Unterlagen nicht erhalten, obwohl ich mehrmals danach gefragt habe. So schloss ich das Kapitel Bundeswehr für mich ab.

Als ich zurück zu meiner Wohnung fuhr, fand ich in meinem Briefkasten einen handgeschriebenen Zettel. Auch auf meinem Handy befand sich eine mir unbekannte Nummer. Da ich grundsätzlich nicht ans Telefon gehe, wenn ich die Rufnummer nicht kenne oder diese unterdrückt ist, machte ich mir keine weiteren Gedanken. Der Zettel war aber schon sehr interessant, ich erkannte ihn nämlich wieder. Es war die Antwort auf eine Mail, die ich selbst abgeschickt hatte. »Rufe Sie morgen um 18:00 Uhr an«, stand handschriftlich unter meiner Anfrage. Ich war sehr gespannt auf das morgige Telefonat.

Ich hatte mich in dieser Mail beim Bundesnachrichtendienst (BND) beworben. Da ich wusste, dass sehr viele ehemalige Soldaten aus Spezialverwendung für den BND unterwegs waren, und ich schon einige in Kabul kennengelernt hatte, war der Arbeitgeber für mich sehr interessant. Ich wollte ein Zwischending finden, zwischen Dienst in Uniform und Dienst in Zivil, und Nachrichtengewinnung hat mich immer besonders interessiert.

Pünktlich um 18 Uhr klingelte mein Telefon – und dieses Mal nahm ich das Gespräch an, auch wenn die Nummer unterdrückt war. Es meldete sich eine männliche Stimme. »Wir sind sehr an einem Treffen mit Ihnen interessiert«, sagte er und fragte mich, wann und wo dieses stattfinden könnte. Wir einigten uns darauf, uns in Wolfsburg in einem größeren Hotel zu treffen, und zwar schon wenige Tage später. Ich hatte mir die Hotel-Lobby schon einen Tag vorher angesehen und war gespannt auf die Zusammenkunft. Es kamen dann zwei Herren vom BND, ein etwas älterer und ein etwas jüngerer, der klein war und eine Brille aufhatte.

Der Jüngere von beiden führte das Gespräch. Wir sprachen über meine Einsätze bei der Bundeswehr sowie meine Zukunft in der zivilen Sicherheitsbranche und mögliche Einsatzgebiete weltweit. Es war eine Art Aufwärmen, eigentlich nur Belanglosigkeiten. Irgendwann wollte ich Butter bei die Fische tun und sagte: »Jetzt mal ehrlich: Das wissen Sie doch sowieso alles schon. Wenn ich nicht irgendwie interessant für Sie wäre, säßen wir doch gar nicht hier zusammen.« Sie sagten mir dann ziemlich unverblümt, welche Rolle ich in ihren Überlegungen spielte. Sie benötigten Personal im Irak und fragten mich, ob ich mir vorstellen könnte, für den BND dorthin zu gehen. Ich fragte mich insgeheim, womit man einen Menschen mit meiner Ausbildung beauftragen würde. Mir fiel so einiges ein, zumal ich ja auch mehrere Jahre als Scharfschütze eingesetzt gewesen war.

»Klingt interessant«, sagte ich. »Grundsätzlich kann ich mir das vorstellen« und machte eine Pause, »allerdings kommen Sie da einige Tage zu spät.« Der Jüngere schaute ein bisschen irritiert, und ich klärte ihn auf: »Noch vor einigen Tagen hätten Sie mich dafür dienstlich anfordern können, da ich ja noch im Dienst der Bundeswehr war. Aber jetzt möchte ich dafür bezahlt werden.« Ich wusste noch genau, wie ich in Kabul bei einigen heiklen Aufträgen für einen Geheimdienst meinen Hintern riskiert hatte, und das auch noch als unbezahlte Überstunden – das war nun vorbei. Die beiden quittierten meine Aussage mit einem Lächeln und ließen sich dazu nichts weiter entlocken. Nach etwa drei bis vier Stunden beendeten die beiden Herren aus Pullach das Gespräch. »Danke für das Treffen, Sie hören von uns.«

Nach zwei Wochen kam der Anruf, dass der BND keine Zusammenarbeit unter dieser Prämisse anstrebt. Für mich war das kein Problem, denn ich hatte zu diesem Zeitpunkt schon gute Angebote aus dem privaten Bereich. Gerade die Amerikaner gingen ja mehr und mehr dazu über, eine Menge der anfallenden Aufgaben in Kriegs- und Krisengebieten an private Firmen outzusourcen. Auch immer mehr Unternehmer mit Auslandsgeschäften leisteten sich inzwischen Leute für den Sicherheitsbereich.

Ein Angebot an mich war, ein Team für einen Einsatz in einem afrikanischen Land auszubilden. Die Ausbildung sollte in Frankreich stattfinden, aufgrund der lascheren Waffengesetze in diesem Land. So machte ich mich auf den Weg, um ein paar Tests zu bestehen, ob ich als Ausbilder geeignet wäre. Schon bald hatte ich den Posten und war ebenfalls in die Personalauswahl involviert. Fast 500 Bewerbungen aus den verschiedensten Nationen trudelten bei uns ein, dreißig luden wir zu einem Auswahltest ein. Das Training begann, und wir schickten Tag für Tag Leute wieder nach Hause. Nur eine Handvoll überstand dieses Auswahlverfahren.

In dieser Zeit begann ich mich zu fragen: Was tue ich hier eigentlich? Wohin führt mich das? Hatte ich meinen Beruf beim Militär aufgegeben, um nun genau das Gleiche im zivilen Bereich durchzuführen? War es das, was ich wollte? Bis an mein Lebensende? Andererseits hatte ich die meiste Zeit in meinem bisherigen Berufsleben Uniform getragen und eine Menge an Erfahrungen sammeln können, sammeln dürfen. Es war das, was ich sehr gut konnte und was ich auch mochte. So stand ich also hier in Frankreich und begann ein neues Kapitel in meinem Leben nach der Bundeswehr. Auch dieses sollte mich weit aus Europa herausführen und eine Menge neue Erfahrungen sammeln lassen.

Anja – Aus der Sicht einer Soldatenfrau

Für Achim, für alle Soldatenfrauen und Angehörige.

Achim bat mich, einen Teil zu diesem Buch beizutragen, um stellvertretend die Gefühle wiederzugeben, die all diejenigen empfinden, wenn ihre Lieben weit weg von zu Hause ihrer gefährlichen Arbeit nachgehen. Es wird dabei nämlich oft vergessen, dass ein solcher Einsatz auch die Daheimgebliebenen furchtbar belastet. Ich will versuchen, euch mitzunehmen, auf diese andere Reise ins »Abenteuerland«, wie Achim und ich das Land am Hindukusch immer nannten.

Ich hoffe, dass meine Zeilen denen weiterhelfen können, deren Angehörige sich ebenfalls in einem gefährlichen Einsatz befinden, indem sie in Zukunft mit dem Wissen durch die Welt gehen: Ihr seid nicht alleine mit euren Ängsten und Sorgen! Das Beste, was ihr tun könnt, ist euch anderen Menschen zu öffnen. Redet über das, was euch beschäftigt, teilt mit, mit welchen Gefühlen ihr zu kämpfen habt. Es ist wichtig, sich nicht zu vergraben oder seine Sorgen und Ängste zu verdrängen.

Achim und ich kannten uns schon eine Weile, wir telefonierten täglich, bis der Tag kam, an dem wir uns endlich trafen: Es war der 1. Mai 2003. Ich glaube, keiner von uns hatte je einen so ruhigen und gleichzeitig so aufregenden »Tanz in den Mai« verbracht. Es war Liebe auf den ersten Blick.

Was Achim beruflich machte, war mir damals nur ansatzweise bewusst. Heute ist mir klar, dass ich nur von einem Bruchteil dessen wusste, was er wirklich alles tat und getan hat. Wir führten schnell eine sehr harmonische Beziehung und waren schon bald zu einer kleinen Familie geworden, denn ich brachte meine Tochter mit in die Beziehung. Achim wurde Lenas Papa.

Er widmete sich ihr mit so viel Herz und Feingefühl, dass er mich in vielen Momenten zu Tränen rührte.

Wir erlebten einen schönen Sommer 2003, in dem Achim schon wusste, dass er uns bald verlassen und in einen neuen Einsatz müsste. Ich konnte fühlen, dass er sich immer wieder selber fragte: Wie soll ich es ihr bloß sagen? Oft sah ich es ihm an, ohne dass er je ein Wort darüber verloren hätte. Eine Weile später fragte ich ihn, wann es so weit wäre. Ich sah ihm die Erleichterung ins Gesicht geschrieben, dass ich mit diesem heiklen Thema den Anfang gewagt hatte. Ja, allem Anschein nach geht es wohl Ende des Jahres wieder nach Afghanistan, antwortete er mir. Nun war es raus. Um mein Herz legte sich eine eiserne Klammer, die es fast zu erdrücken schien.

»Glaubst du, du bekommst das hin?« höre ich ihn noch heute fragen.

»Ja, wir schaffen das, ich lasse dich nicht im Stich«, erwiderte ich.

Mir war mulmig. Bisher hatte ich mich mit den Folgen eines solchen Bundeswehreinsatzes nicht auseinanderzusetzen brauchen. Jetzt musste ich es – und ich fing an, mir Sorgen zu machen. Mir schossen die wildesten Gedanken durch den Kopf: Was ist, wenn er verletzt wird, unter Beschuss gerät oder gar das Schlimmste passiert? Hatte sich doch erst kürzlich ein Selbstmordattentäter in die Luft gesprengt und vier deutsche Soldaten um ihr Leben gebracht sowie 29 Soldaten schwer verletzt. Ich hätte laut schreien können vor Sorge. Ich hatte eine Scheißangst, ihn zu verlieren! Ich war verzweifelt, weil ich nicht wusste: Wie kann ich ihm aktiv helfen, wenn ich nicht bei ihm sein kann, um ihm Halt zu geben? Dass ich ihn später aufgrund seiner Einsätze verlieren würde, auf eine andere Art und Weise, hätte ich mir nicht träumen lassen.

Nie werde ich den Tag des Abschieds vergessen. Es zerriss mich, ich rang um Fassung. Dabei wollte ich ihm den Abschied von uns nicht noch schwerer machen. Ich wusste ja, dass er sich genau deshalb von mir hatte trennen wollen. Wir hielten einander innig fest, konnten uns nicht voneinander lösen – und in diesem Moment wurde mir klar: Jetzt kann ich ihm nur helfen, wenn ich für uns beide stark bin. Ich unterdrückte meine Tränen, versuchte ruhig zu wirken und sagte mir immer wieder, werde ruhig. Ich fühlte mich wie ein kleines Kind, das seine Eltern aus den Augen verloren hat. Dieses Abschiedsszenario ereignete sich bei meinen Eltern, zwei Tage vor Achims Abflug.

Am späten Abend telefonierten wir, und er fragte mich nochmals: »Bekommst du das hin?« Ich sagte: »Ja, ich schaffe das schon, mach dir keine Gedanken. Ich liebe dich!« Diese tiefe Liebe zu ihm gab mir Kraft. Meine Gedanken wurden sein ständiger Begleiter, die wie ein Schutzengel über ihm schwebten und ihre Flügel schützend um ihn legten. Ich schickte Achim all meine Liebe, in jeder Sekunde. Jedes kleinste Ding, das ich tat, war für ihn.

5. November, der Tag des Abflugs. Es dauerte eine Ewigkeit, bis endlich der erste erlösende Anruf von Achim kam. Ich kann euch gar nicht sagen, wie froh ich war, seine Stimme zu hören und zu erfahren, dass er im »Abenteuerland« gut angekommen war. Wann immer Achim die Möglichkeit hatte, sich zu melden, fragte er mich, ob die Presse schon berichtet hätte, dass die Vorauskräfte in Kundus angekommen waren und unter welchen Bedingungen sie dort zu arbeiten versuchten.

Ich musste das immer verneinen. Ich sog ja jede Information auf, verfolgte die Nachrichten im Radio wie im Fernsehen. Ich zappte zwischen allen verfügbaren Fernsehkanälen hin und her, verfolgte jegliche Berichte – aber es gab keine Informationen über die deutschen Vorauskräfte und deren Ankunft in Kundus. Achim schien nicht sonderlich verwundert über meine Antwort, er hatte nichts anderes erwartet. Mich aber machte das sehr stutzig. Wie konnte es sein, dass wir Frauen und Angehörige genau wussten, dass unsere Männer und Söhne als Vorauskräfte in Kundus im Einsatz waren, es dem Rest der Welt aber verborgen bleiben sollte? Was ist das für eine Politik, die so etwas zulässt? Ich nenne das Volksverdummung!

Nachdem Achim sich das erste Mal gemeldet hatte, kam der erste Pressebericht über die deutschen Vorauskräfte und deren

Ankunft in Kundus. Für die unter euch, die es nicht miterlebt haben: Habt ihr eine Ahnung, wie lange eineinhalb Wochen sein können? Ich sage euch, sie waren endlos lang! Um mein Informationsbedürfnis zu stillen, beschäftigte ich mich mit dem Land Afghanistan. Ich war und bin noch heute über die dort vorherrschende Armut und politische Lage zutiefst erschüttert. Die Zustände in diesem Land müssen uns alle beschäftigen. Uns geht es hier in Deutschland und Europa viel zu gut, als dass es die Mehrheit interessieren würde, wie es einem sechsjährigen Kind in Kundus im Winter ergeht, wobei dort noch richtiger Winter ist. Die Kinder laufen dort bei eisigen Temperaturen barfuß und in dünnen Leinengewändern herum, die sie über ihrer ärmlichen Kleidung tragen. Ihre Körper weisen häufig Erfrierungen auf. Ich musste vieles überdenken, vor allem die Moral dieser Einsätze, die Frieden bringen sollen, in denen unsere Männer und Söhne jedoch vor moralische Abgründe gestellt werden.

Erst nach etwa zwei Wochen konnten Achim und ich Briefe miteinander austauschen. Als ich in seinem ersten Brief las, wie er vor Ort untergebracht war, war ich empört. Er hauste in einem Zelt, das mit fünfzehn Mann belegt, aber nur für sechs Soldaten ausgerichtet war – das hieß: nicht das kleinste bisschen Privatsphäre! Er schrieb diesen Brief am 7. November 2003, einen Tag nachdem er angekommen war. An diesem Tag hatte es in Strömen geregnet. Überall war Schlamm, es war kalt, und sie hatten noch nicht mal eine Heizung. Achim schrieb mir, ich solle mir keine Sorgen machen, das wäre immer so, wenn man als Vorauskräfte unterwegs ist. Es würde dann immer an allem fehlen, was aber nicht nach außen dringen soll. Man sagte Achim und seinen Kameraden, sie sollten die Wahrheit verschleiern.

Achim ließ mich durch Briefe an seinem Leben in Afghanistan teilhaben. Jeden Tag waren er und sein Team unterwegs und schon über hundert Kilometer ins Landesinnere vorgedrungen und hatten weite Areale erkundet. Sie drangen in Regionen vor, in denen zuvor kein westlicher Soldat gewesen war. Er schrieb mir, es sei wie im Mittelalter, unvorstellbar, wenn man hier in der westlichen Welt lebt.

Ich erfuhr von Achim, dass er und sein Zug versucht hatten, von Kundus nach Kabul zu fahren. Das sind etwa 300 Kilometer, die über das Hochgebirge und den Salang-Pass führen. In über 4000 Metern Höhe wurden sie von einem Schneesturm überrascht, den keiner von den Jungs je zuvor erlebt hatte. Sie versuchten Schneeketten aufzuziehen, aber durch die eisige Kälte war das unmöglich. Innerhalb weniger Minuten war die Uniform der Jungs triefend nass und begann zu gefrieren. Auch an der Kleidung der Soldaten wurde in diesem Einsatz also gespart! Ich frage mich, wie man an so elementaren Dingen sparen kann. Wie kann man Soldaten im dicksten Winter mit dünnen Wüstenuniformen ausstatten? Welchen Idioten fällt so etwas ein?

Dass die Jungs immer mehr an die Grenzen der nördlichen Nachbarstaaten vordrangen, konnte meiner Meinung nach auch nichts Gutes bedeuten. Als permanentes Problem stellten sich zudem einige der eigenen Leute dar. Viele Soldaten kamen mit der Gesamtsituation nicht klar. Wo sind die psychologischen Kräfte, die das aufzufangen wissen, ob ein Soldat, aus welchen Gründen auch immer, nach Hause geschickt werden sollte? Immer geht es um den Faktor Geld. Aber das Geld nimmt einem Soldaten nicht die Alpträume.

Ich habe diese quälenden Träume miterlebt, wenn Achim nachts schweißgebadet hochschoss, wild um sich schlagend. Ich konnte ihn in diesen Zeiten nur in die Arme nehmen und versuchen, ihn zu beruhigen, ihn wieder ins Hier und Jetzt zurückzuholen. Oft war ich hilflos und hätte einen guten Rat gebraucht. Aber es gab niemanden, der uns unterstützt hat. Weder während des Einsatzes noch danach.

Die Familien werden während der Zeit eines solchen Einsatzes auf eine sehr harte Probe gestellt. Die Bundeswehr bietet zwar ein so genanntes FBZ an, ein »Familienbetreuungszentrum«, dessen Ruf jedoch, wie viele Betroffene sicher bestätigen können, nicht der beste ist. Bei den Veranstaltungen des

FBZ wird ein gemütliches Kaffeekränzchen veranstaltet, mit Highlights für die Kids, deren Informationswert über unsere Männer jedoch gegen null geht. Man geht genauso schlau nach Hause, wie man gekommen ist.

Das einzig Wertvolle dieser Zusammenkünfte ist das Kennenlernen von anderen Frauen und Angehörigen, mit denen man sich austauschen kann. Dennoch herrscht dort eine gewisse Cliquenwirtschaft. Wenn man nicht zum harten Kern gehört, ist es sehr schwierig, Anschluss zu finden. Ich habe viele Frauen gesehen, die sich ausschließlich mit ihren Kindern befassten, weil sie nicht wussten, mit wem sie reden sollten und wer sie verstehen würde. Oder wiederum andere, deren Art es einfach nicht entspricht, wildfremden Menschen ihr Innerstes zu offenbaren. Aber von einer Familienbetreuung kann nicht die Rede sein. Kaffee trinken und Luftballons aufpusten können wir auch zu Hause!

Achim und ich versuchten auf unsere Weise, einander nah zu bleiben. So oft, wie es Achim möglich war, telefonierten wir miteinander. Er wusste um die schwierige Situation für mich. Der regelmäßige Kontakt half uns beiden über diese schwere Zeit. Außerdem schrieben wir uns beinah täglich. Jeder zeichnete ein paar Zeilen auf, ähnlich einem Tagebuch. Oft las ich Achims Briefe unter Tränen. Vor allem sein Brief an meine Tochter Lena, die jederzeit auch »seine« Tochter war, berührte mich sehr. Wie sehr er unsere kleine Maus vermisste, wurde mir klar, als ich ihr den Brief vorlas.

Regelmäßig schickte ich Pakete und füllte sie mit allem, wovon ich wusste, dass es ein Stück »zu Hause« für Achim bedeutete. Selbst die Briefe parfümierte ich mit meinem Lieblingsduft, damit ein kleines Stückchen von mir bei ihm sein konnte. Achim nahm die parfümierten Briefe mit in seinen Schlafsack, damit er mich wenigstens riechen konnte. Meine Briefe waren seine ständigen Begleiter, und die Kette mit dem Kreuz, die ich normalerweise trug, hatte er immer bei sich. Dieses Kreuz symbolisierte für mich Sicherheit und den festen Glauben an Gott. Es hatte mich schon oft beschützt. Nun sollte es meinen Achim beschützen und ihn wohlbehalten zu mir zurückbringen.

Wie wichtig diese symbolischen Dinge für ihn waren, zeigten mir immer wieder seine Briefe, in denen er mir schrieb, wie sehr ihm diese Kleinigkeiten guttaten. Es gab ihm Mut und Kraft durchzuhalten. Ich muss ehrlich sagen, in der ersten Zeit habe ich viel darüber nachgedacht, wie ich seinen Einsatz aushalten soll. Aber diese Sorge verschwand schnell, weil sich alle meine Gedanken nur noch darum drehten, wie kannst du ihm helfen, das Ganze durchzuhalten?

Natürlich war ich oft verzweifelt, aber nicht wegen mir. Ich glaube, in dieser Zeit habe ich gelernt, was es heißt, selbstlos zu sein. Denn ich liebte Achim mehr als jemals zuvor. Er sollte wissen, dass ich zu jeder Zeit bei ihm war. Wir haben versucht, jeden Abend zu telefonieren. Das war zwar irrsinnig teuer für Achim, aber ihm war es wichtig, mich und Lena zu hören. Anhand unserer Stimmen konnte er sich vergewissern, dass es uns auch wirklich gutging – denn das beschäftige ihn am stärksten.

Bei aller Sorge und Sehnsucht schafften wir es dennoch, dass unsere kleine Familie irgendwie weiterfunktionierte. Meiner Meinung nach sollte die Politik die Soldaten dabei unterstützen, den Kontakt zu ihrer Familie aufrechtzuerhalten. Zum Beispiel durch zwei feste Tage in der Woche, an denen jeder Soldat für zehn Minuten kostenlos nach Hause telefonieren darf. Damit könnte man so viel für die Stabilität der Soldaten und der Familien tun! Denn die Tage unserer Lieben sind dort sehr stumpf und stressig.

In einem Brief schrieb Achim mir, dass viele Fernseh-Teams und Journalisten vor Ort wären und er manchen vor die Linse geraten war. Falls davon etwas ausgestrahlt würde, solle ich mich nicht über sein aktuelles Aussehen erschrecken: schwarze Mütze, Sonnenbrille und ein dicht gewachsener Bart. Ich wusste, das war nicht alles. Instinktiv wusste ich, dass es meinem Schatz sehr schlecht ging. Nicht umsonst hatte er mir das mit gewählten Worten geschrieben. Und wieder der Gedanke:

Ich kann nicht bei ihm sein und ihn trösten, mich um ihn kümmern, so dass es ihm schnell wieder besser geht.

In der Weihnachtszeit fühlte ich mich Achim besonders nahe. Ich erinnere mich noch genau an den Geruch des Stollens, den ich für Achim backte, und an den Duft der frisch geschnittenen Tannenzweige, mit denen ich ihm ein Adventsgesteck bastelte. Pro Kerze gab es einen Engel. Das bedeutete für jeden Kameraden einen Engel, denn zu viert waren sie in seinem Team. Die ganze Zeit überlegte ich mir, womit ich meinem Liebsten in der Ferne eine Freude machen kann. Oft schickte ich ihm Schokowaffeln, die Achim förmlich inhalierte. Mir seine Freude darüber vorzustellen, zauberte mir immer ein Lächeln ins Gesicht.

Es gibt viele Momente, die wie fotografiert in meinem Gedächtnis ruhen. Die Weihnachtszeit war besonders schlimm für uns. Gerade diese eigentlich so gemütliche Zeit, in der man eng umschlungen über den Weihnachtsmarkt geht und Weihnachtsgeschenke einkauft, hat unserer kleinen Familie schwer zu schaffen gemacht.

Heiligabend telefonierten wir, und Achim sagte »Du verrücktes Weib«. Weib war nicht als Schimpfwort gemeint, vielmehr eine Art Kosename. Warum er das sagte? Weil er sein Geschenk ausgepackt und den Weihnachtsstollen gefunden hatte, auf den ich mit Zuckergussfarbe »Willst du mich heiraten?« geschrieben hatte. An diesem Abend telefonierten wir außergewöhnlich lange. Wir hatten beide einen Kloß im Hals, so viele Kilometer trennten uns. Was hätten wir darum gegeben, jetzt zusammen zu sein, selbst wenn es nur für ein paar Stunden gewesen wäre. Aber die Gewissheit, dass wir beide Gleiches füreinander fühlten, hat uns durchhalten lassen.

An diesem Heiligabend war meine ganze Familie zu Besuch, nicht zuletzt, weil sie um die Last auf meinem Herzen wusste. Es war ein schönes Weihnachtsfest, doch mit meinen Gedanken und mit meinem Herzen war ich ganz bei Achim, ich vermisste ihn sehr. Im Stillen wünschte ich mir, es würde an der Tür klingeln, er würde vor mir stehen und wir uns in die Arme fallen. Es ist schon viel Wahrheit an dem alten Sprichwort: »Erst wenn du etwas verloren hast, weißt du, wie viel es wert war!« Wir hatten uns nicht verloren, aber durch die Situation wussten wir, wie viel uns der andere wert war.

Als meine Familie an diesem Abend gegangen war und ich meine Tochter ins Bett gebracht hatte, saß ich in Decken eingehüllt auf dem Balkon. Ich trank ein Glas Wein, hörte Zuccheros »Menta e Rosmarino«, eines unserer Lieblingslieder, und sah in den klaren Sternenhimmel. Ich fragte mich, ob Achim wohl dieselben Sterne betrachtete, und da war er mir plötzlich so nah, als hielte er mich in seinen Armen. Mir wurde bewusst, dass ich nach dem Einsatz nie mehr von ihm getrennt sein wollte. Die Liebe zu ihm hat sich in dieser schweren Zeit überdimensional entwickelt. Aber es sollte alles anders kommen.

Fazit

Sie kämpfen. Sie werden verwundet an Körper und Geist. Sie verlieren Kameraden. Sie töten. Das ist Afghanistan im Jahre 2009! Die Öffentlichkeit in ihrer Heimat registriert die Arbeit der deutschen Soldatinnen und Soldaten kaum. Die Politik verharmlost ihren Einsatz. Nur wenige wissen, was sie wirklich leisten.

Es ist zwischen drei und vier Uhr morgens. Sie sind müde und trotzdem angespannt. An einer Straßenkreuzung, nahe der Stadt Kundus, betreiben sie einen Checkpoint mit der afghanischen Polizei. Vor Tagen haben sie erneut Kameraden verloren, haben bei deren Rückführung nach Deutschland Spalier gestanden. Jetzt stehen sie an diesem Checkpoint. Jeder hat Angst, dass er der Nächste sein könnte, für den seine Kameraden Spalier stehen.

Plötzlich durchschneiden grelle Scheinwerfer die Nacht. Ein Fahrzeug kommt mit hoher Geschwindigkeit auf sie zu. Alles in ihnen verkrampft sich, immer fester umklammern sie ihre Waffen. Sie geben Lichtsignale, aber das Fahrzeug hält nicht an. Was sollen sie tun? Wie sollen sie handeln? In ihrem Kopf sehen sie Kameraden in einem Feuerball verschwinden. Jetzt heben sie ihre Waffe und feuern auf das Fahrzeug. Glas zerbirst, das Fahrzeug schlingert und kommt zum Stehen. Totenstille, nichts regt sich mehr. Das Einzige, was sie hören, ist das Rauschen und das Hämmern ihres Blutes in den Schläfen. Krampfhaft versuchen sie, ihre Atmung wieder unter Kontrolle zu kriegen. Die Anspannung fällt langsam von ihnen ab.

Jetzt bewegen sie sich auf das Fahrzeug zu, mit der Waffe im

Anschlag. Was sie finden, sind eine Frau und ihre zwei Kinder – alle tot.

Eine Welt bricht für sie zusammen. Viele sind Familienväter, denken an ihre Lieben zu Hause und brechen völlig in sich zusammen. Bis vor einigen Sekunden waren sie sich absolut sicher, einen Anschlag auf ihre Kameraden verhindert zu haben – und nun stehen sie vor einem großen und riesig aufklaffenden Schlund, der sie verschlingt. Von einer Sekunde auf die andere hat sich ihre Welt komplett geändert.

Wie hätten Sie entschieden? Wie hätten Sie reagiert?

Solche Zwischenfälle passieren täglich, überall auf der Welt. Unsere Soldatinnen und Soldaten werden fast jeden Tag mit solchen Extremsituationen konfrontiert. Selbst Sanitätskräfte werden beschossen, wenn sie ihren sterbenden Kameraden helfen wollen.

In einem warmen Büro, irgendwo in Deutschland mit jedem Komfort und Kaffee nebst Gebäck auf dem Tisch, sitzt eine Untersuchungskommission, um den Vorfall zu untersuchen. In Afghanistan herrscht bei solchen Zwischenfällen deutsches Recht.

Dass es bei so einem Vorfall – geschehen bei Kundus am 28. August 2008 – zu einer Untersuchung kommt, ist richtig und nötig. Dass aber der Soldat, der in einer Sekundenentscheidung die tödlichen Schüsse abgegeben hat, sich seinen eigenen Anwalt besorgen und bezahlen muss, ist ein Skandal. Erst auf massiven Druck aus der heimischen Presse wurde ihm ein Anwalt durch die Bundeswehr gestellt. Genau das ist etwas, was ich schon in meinem Buch »Endstation Kabul« beschrieben habe: die mangelnde Rückendeckung für die Soldatinnen und Soldaten im Einsatz. Weder die Politik noch das hohe Militär sind von alleine darauf gekommen, diesem Soldaten einen Anwalt an die Seite zu stellen. Es musste erst eine öffentliche Diskussion erfolgen, damit Soldaten künftig für rechtlichen Schutz nach solchen Vorfällen nicht selbst aufkommen müssen.

Jusuf, er ist sechzehn Jahre jung, gehört dem Volksstamm der Paschtunen an. Er wohnt mit seinem Vater, seiner Mutter und drei kleineren Geschwistern dreißig Kilometer nördlich von

Kundus. Eines Nachts wird er durch einen riesigen Knall und Feuerball aus seinem Schlaf gerissen. Er steht auf, rennt aus seiner Lehmhütte und bricht ohnmächtig zusammen. Mehrere Stunden später wacht Jusuf auf. Trümmer und Leichenteile liegen um ihn herum. Er rennt an den Ort, wo das Haus seiner Familie gestanden hat. Seine Eltern und zwei seiner Geschwister sind tot, völlig zerfetzt. Er weint und verflucht all die Soldatinnen und Soldaten, die in sein Land kamen und verantwortlich dafür sind, dass seine Familie ausgelöscht wurde. Das Einzige, was ihm bleibt, ist ein kleiner Bruder.

Hilfesuchend schaut er sich um, eine Gruppe bewaffneter Afghanen streift durch sein zerstörtes Dorf. Er bittet sie um Hilfe, und sie sagen ihm: »Komm mit deinem Bruder zu uns. Dann kannst du Rache an denen nehmen, die euch das angetan haben.«

Jusufs Vater hatte früher Ackerbau betrieben. Ihm war gesagt worden: »Wenn du aufhörst, Opium anzupflanzen, und stattdessen Weizen anbaust, wird dir der Einkommensverlust von der Regierung erstattet.« Doch die Unterstützung durch die Regierung Karsai blieb aus. Und so pflanzte Jusufs Vater wieder Opium an und bekam für drei Ernten im Jahr genügend Geld, um seine Familie zu ernähren und ein sorgloses Leben zu führen. Jusuf denkt darüber nach und fragt sich, ob das der Grund war, warum die westlichen Soldaten mit ihren Flugzeugen sein Dorf bombardierten. Er versteht es nicht, weil sein Vater doch nur wollte, dass seine Familie zu essen hat.

Jusuf weiß, dass er sich auf den Staat nicht verlassen kann. Wer ihm in diesen schwierigen Zeiten hilft, das sind die Taliban. Sie geben ihm zu essen und zu trinken, sie geben ihm eine Waffe. Mit den bewaffneten Kämpfern und seinem kleinen Bruder zieht er in die Bergregion um Kundus, wo sie sich verstecken.

Jusuf liegt hinter einem Felsen und schaut durch das Zielfernrohr eines alten russischen Scharfschützengewehrs. Er kennt diese Waffe nicht sehr gut, aber er weiß, wie er sie bedienen muss, um die westlichen Besatzer zu töten. Für ihn ist Krieg.

Er sieht, wie sich eine deutsche Patrouille auf ihn zubewegt.

299

Für die Soldaten, die auf ihrer ersten Patrouillenfahrt sind und erst seit zehn Tagen in diesem Land, ist ebenfalls Krieg, weil sie in diesen zehn Tagen bei der Verabschiedung ihrer gefallenen Kameraden Spalier gestanden haben.

Die Patrouille kommt immer näher, die Soldatinnen und Soldaten denken an ihre Lieben zu Hause. Jusuf denkt an seinen kleinen Bruder und drückt ab.

Wenn wieder einmal deutsche Soldaten in Afghanistan getötet wurden, geht hierzulande die Debatte los, ob dort ein »Krieg« herrscht oder nicht. Für mich ist die Antwort eindeutig: Die Soldaten empfinden es als Krieg, wenn sie täglich in schwere Gefechte verwickelt und verletzt werden, wenn immer mehr ihrer Kameraden – 35 bis zum Redaktionsschluss dieses Buches – in Zinksärgen nach Deutschland zurückkehren und wenn sie, wie im Juli 2009, zusammen mit der afghanischen Armee und erstmals mit deutschen Panzern eine Offensive gegen die Taliban machen. Es ist ein Guerilla-Krieg, den die Aufständischen gegen die NATO-Partner führen. Ein Krieg, der bislang Zehntausende afghanische Zivilisten und über 1200 westliche Soldaten das Leben gekostet hat. Sogar der Verteidigungsminister Franz Josef Jung spricht bei den in Afghanistan getöteten Soldaten seit Oktober 2008 von »Gefallenen«. Dieses Wort wird nur bei Kriegshandlungen benutzt. Aber das Wort »Krieg« für die Situation in Afghanistan nimmt Jung nicht in den Mund – genau wie die komplette politische Führungsriege.

Jung drückt sich um die Wahrheit. Die Regierung will der deutschen Bevölkerung die harten, unschönen Fakten über diesen gefährlichen und immer ineffektiver werdenden Einsatz nur in kleinen, wohldosierten Häppchen mitteilen. Leidtragende dieser Haltung sind die Soldatinnen und Soldaten im Einsatz sowie ihre Angehörigen. Sie frustriert es zunehmend, dass der Öffentlichkeit eine extrem geschönte Sicht der Dinge mitgeteilt wird, während die Soldaten in Afghanistan ihr Leben riskieren. Was wäre, wenn Jung, Merkel und Co. endlich Tacheles reden, wenn sie endlich das Wort »Krieg« benutzen würden? Sie müssten eingestehen, dass sie jahrelang die Lage komplett unterschätzt und dass sie die Öffentlichkeit über die Entwicklung in Afghanistan belogen haben. Im Jahr der Bundestagswahl und auch sonst keine gute Idee, mögen die Politiker denken. Fehler, gebrochene Versprechen und falsche Voraussagen bringen keine Wählerstimmen!

Auch finanziell hätte ein Bekenntnis zu einem »Krieg in Afghanistan« große Folgen: Ein offizieller Krieg kostet Geld und setzt ganz andere Mittel im Staatshaushalt frei. In Zeiten der Finanzkrise und der steigenden Arbeitslosigkeit scheint das erst recht nicht vertretbar. Dabei müsste in Afghanistan dringend etwas passieren, wenn dort die Lage für die Soldaten nicht immer bedrohlicher und vor allem für die Bevölkerung nicht immer hoffnungsloser werden soll. Die Soldaten brauchen nicht nur mentale Unterstützung, also Rückhalt aus der Politik und der Bevölkerung, sondern vor allem eine bessere Ausrüstung, wie ich bereits in »Endstation Kabul« gefordert habe. Dazu gehören Luftfahrzeuge zur Unterstützung und zum Transport der Truppen am Boden. Es fehlt an gepanzerten Verbänden mit Kampf- und Schützenpanzern sowie Artillerie-Unterstützung. Außerdem müssen die Fernmeldeverbindungen, vor allem zu den Alliierten, verbessert werden. Auf bessere Handfeuerwaffen und entsprechende Munition will ich nicht mehr eingehen, da dies eigentlich Grundvoraussetzungen sind, aber nach wie vor nicht ausreichend vorhanden sind. Die »Problemlisten«, die von Seiten der Soldatinnen und Soldaten an mich herangetragen werden, sind zu lang, um diese hier einzustellen. Ich habe so manchen Politiker auf die konkreten Mängel hingewiesen und diese Listen anonymisiert an diese Politiker herangetragen. Aber es hat keinen interessiert.

Aber nicht nur für die deutschen Soldaten sind die Zustände frustrierend, sondern erst recht für die afghanische Bevölkerung. Im neunten Jahr des Einsatzes gibt es am Hindukusch eher Rück- als Fortschritte. Das hat eine großangelegte Umfrage im Auftrag von ARD, ABC und BBC im Januar 2009 ergeben. Demnach glauben noch die wenigsten Afghanen (lediglich vierzig Prozent), dass die Entwicklung in ihrem Land in die richtige Richtung geht. Das liegt vor allem an der schlimmen Sicherheitslage. Aber auch die schwache Wirtschaft, hohe Arbeitslosigkeit und Armut sowie die immer stärker um sich greifende Korruption werden als Gründe genannt.

Heruntergewirtschaftet durch Jahrzehnte voller Krieg und die anschließende Schreckensherrschaft der Taliban, gibt es in dem archaisch geprägten Agrarstaat kaum Industrie, die Arbeitsplätze schafft. Was auch daran liegt, dass das Ausbildungsniveau sehr schlecht ist. Siebzig bis achtzig Prozent der Afghanen sind Analphabeten, und zwar Frauen noch stärker als Männer, weshalb beispielsweise Hilfsorganisationen bei ihren Informationskampagnen – etwa zum Thema »Empfängnisverhütung« oder »Wie ernähre ich einen Säugling?« – auf bunte Schaubilder zurückgreifen.

Da es keine nennenswerte Industrie gibt und die Bauern vor allem Selbstversorger sind, wird das meiste Geld in der Schattenwirtschaft verdient: mit Schmuggel sowie dem Handel mit Waffen und vor allem Drogen. Einer Schätzung der Vereinten Nationen zufolge haben 2008 die Taliban durch den Drogenhandel zwischen fünfzig und siebzig Millionen Euro verdient! Bei diesen schlechten wirtschaftlichen Voraussetzungen ist es kein Wunder, dass die Stimmung bei der Job-Situation im direkten Umfeld am schlechtesten ist. Lediglich 29 Prozent der Afghanen sind hier optimistisch, sechs Prozent weniger als 2005. Die meisten müssen mit weniger als 100 Dollar pro Monat auskommen. Lediglich magere acht Prozent können sich davon alle Lebensmittel, die sie brauchen, leisten – 46 Prozent haben sehr wenig Geld für Essen übrig und sechzehn Prozent überhaupt keins!

Bei so viel Mangel erstaunt es nicht, dass die allgemeinen Lebensumstände von vielen als negativ bewertet werden. Die überwiegende Mehrheit der Bevölkerung, 62 Prozent, sieht eine Verschlechterung im Vergleich zu 2005. Nur bei der Infrastruktur tut sich etwas – hier haben vor allem die privaten Hilfsorganisationen viel getan. Viele verfügen inzwischen über sauberes Wasser, auch Straßen, Brücken und Schulen wurden gebaut –

aber noch immer haben 55 Prozent der Menschen keinen Strom! Selbst in der Hauptstadt funktioniert das Elektrizitätsnetz bloß stundenweise. Kein Wunder, dass zwei Drittel der Befragten angeben, dass sie persönlich noch nicht von internationaler Hilfe profitieren konnten.

Dabei wurden unvorstellbare Summen in den Unterhalt der ISAF- und OEF-Truppen gepumpt, nur ein sehr geringer Teil geht in den Wiederaufbau. Alleine Deutschland hat im Jahre 2009 für das Militär 428 Millionen Euro für den Afghanistaneinsatz zur Verfügung gestellt. Für Entwicklungshilfe sind es dagegen nur 163 Millionen Euro. Und das, obwohl genau hier die Chance und ja auch der offizielle Auftrag liegt, dieses Land zu verändern! Auch die private Entwicklungshilfe gibt oft mehr Geld für den Unterhalt ihrer Organisation aus als für die notleidende afghanische Bevölkerung. Finanzielle Mittel werden nach einem nur schwer durchschaubaren »Gießkannenprinzip« über das Land verteilt. Besser wäre es, eine Region komplett zu verbessern und somit für andere Regionen zu werben. Das würde sich herumsprechen. Geduld haben die Afghanen, wenn sie sehen, dass sich etwas zum Positiven ändert.

Auch beim militärischen Engagement gibt es eine Schieflage. Bis heute investiert die westliche Staatengemeinschaft sehr viel mehr Geld in das Kosovo als in den afghanischen Staat. Die Zahl der ISAF-Soldaten in Afghanistan bewegt sich insgesamt um die 60 000 Mann – und das in einem Land, das doppelt so groß ist wie Deutschland! Kaum jemand weiß, dass im Kosovo knapp 50 000 Soldatinnen und Soldaten auf einer sehr viel kleineren Fläche eingesetzt waren – und dass derzeit noch immer 14 000 Soldaten dort ihren Dienst tun, wobei die Zahl bis Ende des Jahres 2009 auf 10 000 reduziert werden soll.

Aber auch das militärische Engagement hat so seine Tücken. Mit ihrer Taktik des »Shock and awe« (»Schrecken und Ehrfurcht«) sind die amerikanischen Streitkräfte – mit fast 30 000 Soldaten federführend in Afghanistan – gescheitert. Während vor vier Jahren noch 68 Prozent der Afghanen die Arbeit der USA als positiv beurteilten, hat sich dieser Wert mehr als halbiert und liegt bloß noch bei 32 Prozent. Nicht wie Befreier, wie anfangs von vielen Afghanen erhofft, traten die amerikanischen Truppen auf, sondern eher als Besatzer. Schießwütig und mit einem arroganten Verhalten gegenüber der muslimischen Kultur, wie ein Sprachmittler mir bereits 2002 in Kabul sagte, verscherzten sich die Amerikaner, aber auch andere westliche Truppen ihren Vertrauensbonus in der Bevölkerung. Erschwerend kamen der Folterskandal von Abu Ghraib, das Unrecht in Guantánamo und die sich mehrenden zivilen Opfer bei amerikanischen Luftschlägen hinzu. Obwohl die meisten (68 Prozent) in den Taliban das größte Problem für ihr Land sehen, finden immer mehr Afghanen, dass ihr Volk sich gegen die westlichen Truppen wehren sollte: Ein Viertel denkt inzwischen, dass Anschläge auf deren Truppen gerechtfertigt sind.

Die Gewalt im Land geht jedoch nicht auf die westlichen Truppen zurück. 27 Prozent halten die Taliban für schuldig, 22 Prozent Al-Qaida und ausländische Dschihadisten, die in pakistanischen Camps ausgebildet werden und den Terror nach Afghanistan bringen. Nur zwölf Prozent nennen die US-Truppen als Urheber der Gewalt – auf genau den gleichen Wert kommt übrigens die Regierung Karsai! Das liegt wohl auch daran, dass viele (ehemalige) Kriegsherren und Drogenbarone in wichtigen Regierungspositionen sitzen. Sie haben so viel Geld, dass sie sich eigene Privatarmeen leisten und ihre Interessen und Rechtsvorstellung durchsetzen können.

Damit in Afghanistan (wenn überhaupt) das Ruder noch herumgerissen werden kann, muss der Westen gemeinsam mit der afghanischen Regierung eine sehr lange Problemliste abarbeiten. Themen wie Bildung oder die Stärkung der Wirtschaft sind Dinge, die sich nicht von heute auf morgen ändern lassen – dafür ist in diesen Bereichen viel zu viel aufzuholen, ist die Ausgangslage einfach zu schlecht. Es war extrem blauäugig von der westlichen Staatengemeinschaft, hier schnelle Erfolge zu erwarten.

Am wichtigsten ist natürlich das Thema Sicherheit. Afghanistan kann nicht allein durch westliche Truppen befriedet werden. Hierfür ist der massive Einsatz der einheimischen Armee und vor allem Polizei nötig. Ohne eine gut ausgerüstete, vertrauenswürdige Polizei, die den Rechtsstaat vertritt und ihn nicht aushebelt, wird es in Afghanistan keine Stabilität geben.

Die Deutschen, die lange für die Polizei-Ausbildung in Afghanistan zuständig waren, haben in diesem Punkt völlig versagt. Konrad Freiberg, Gewerkschaftsführer der Polizei, sagte in einem Interview im Oktober 2008, dass im Januar 2008 nur achtzehn deutsche Polizisten vor Ort waren.

Zwar wurden in den letzten Jahren 4000 mittlere und höhere Polizeibeamte an einer Akademie in Kabul trainiert, aber einfache Streifenpolizisten wurden nicht ausgebildet. Selbst Angela Merkel hat im Mai 2009 zugegeben, dass bei der Polizei-Ausbildung lediglich zehn Prozent des Solls erfüllt wurden. Ein Armutszeugnis!

Es fehlt der Polizei an Bewaffnung, Munition, Ausrüstung, Fahrzeugen, Treibstoff und Funkgeräten. Und es fehlt immer mehr an Bewerbern. Zum einen wird der Job immer gefährlicher, weil einheimische Polizisten in den Fokus der Aufständischen geraten. Zum anderen ist die Bezahlung von etwa hundert Dollar im Monat zu wenig, um die Familie damit durchzubringen – vor allem, wenn der Lohn verzögert oder auch mal gar nicht ankommt. Wenn die Polizisten deshalb nicht irgendwann einen besser bezahlten Job in der Privatarmee eines Provinzfürsten annehmen, werden sie sehr leicht anfällig für Korruption. Sich in Uniform an einen Checkpoint zu stellen und die Hand aufzuhalten, ist eine verlockende und oft praktizierte Sache. Problematisch ist auch, dass Bewerber für höhere Ämter nicht unbedingt nach Eignung, sondern eher nach Macht und Geldbeutel ausgewählt werden. Da schafft es dann schon mal ein Provinzfürst, dass seine Milizionäre einfach ohne Ausbildung in eine Polizei-Uniform gesteckt werden – die dann ihr anarchisches Rechtsverständnis im Namen des Staates ausüben.

Schlimmerweise sind das nicht allein Probleme der Polizei, sondern generell des Staates. Die Regierung Karsai hat es nicht geschafft, sich aus den traditionellen, teilweise blutigen Machteliten zu lösen, sondern macht gemeinsame Sache mit ihnen. »Die meisten Politiker in unserem Land sind Kriminelle«, sagt der Chef der Drogenbekämpfungsbehörde in Nangarhar dazu. Ihr Draht zu den örtlichen Behörden ist oft so gut, dass Verbrechen ungeahndet bleiben oder dass Verdächtige sich aus der U-Haft freikaufen können. Was nutzt also eine Polizei, die Tatverdächtige oder Drogenhändler nicht an eine funktionierende Justiz übergeben kann? Wie kann ein Staat sich auf eigene Füße stellen, wenn über ein Drittel seines Bruttoinlandsprodukts mit dem Anbau und Verkauf von Drogen erwirtschaftet wird? Wenn selbst Regierungsmitglieder in diesem Sumpf von Schwarzwirtschaft und Korruption mitmischen und damit demokratische, staatsrechtliche Strukturen untergraben?

Bis heute vermisse ich einen »Fahrplan für Afghanistan« der Weltgemeinschaft, mit harten und überprüfbaren Fakten. Was wollen wir kurz-, mittel- und langfristig erreichen? Wo sind wir in zwei Jahren, wo sind wir in fünf Jahren, wann sind wir raus? Was tun wir, wenn wir die uns gesteckten Ziele nicht erreichen? Wie bündeln wir am besten die internationale Hilfe von staatlichen und privaten Organisationen? Bisher ist es ein einziges Neben- und Durcheinander, von gemeinsamer Koordination ist wenig zu sehen. Ein »Weiter so wie bisher« kann und wird nicht zum Erfolg führen. Das bisschen an Hoffnung in der Bevölkerung, das noch da ist, sollten wir nicht auch noch verspielen! Ein gründliches Infragestellen der eigenen Positionen und bisherigen Bemühungen, gepaart mit einer gehörigen Portion Selbstkritik, ist dringend nötig.

Afghanistan ist ein schönes, schreckliches und hartes Land mit einer großartigen Bevölkerung. Die Menschen dort verdienen unsere Hilfe und haben sie bitter nötig. Wir sollten sie nicht im Stich lassen. Genauso sollte dies für die eingesetzten Soldatinnen und Soldaten gelten, egal welcher Nation sie angehören. Über Tausende Kilometer entfernt von ihrer Heimat und ihren Lieben, leisten sie eine schwierige und sehr gefährliche Arbeit. Sie verdienen Respekt, Rückendeckung und Unterstützung, besonders von den Politikern, die sie in dieses Land gesendet haben. Unsere Soldatinnen und Soldaten befinden sich in einem Kriegsgebiet, dies muss anerkannt und entsprechend die Ausrüstung verbessert werden.

Ich kann nur hoffen, dass bei dem Engagement in Afghanistan ein klares Umdenken auf der ganzen Linie stattfindet. Und ich wünsche allen eingesetzten Soldatinnen und Soldaten ein kräftiges »Glück ab!«, auf dass sie heil an Geist und Körper nach Hause zurückkommen.

Achim Wohlgethan, im August 2009

Danksagung

Wenn ich mich bei allen Menschen bedanken würde, die mich bei diesem Buch unterstützt haben, müsste ich ein eigenes Kapitel anhängen. Einige will ich aber besonders hervorheben. Zunächst möchte ich mich bei allen Soldatinnen, Soldaten und deren Angehörigen aus tiefstem Herzen für ihre unzähligen Zuschriften bedanken, die mich dazu angetrieben haben, dieses zweite Buch über meine Zeit in Afghanistan und danach zu schreiben. Des Weiteren geht mein besonderer Dank an Dirk Schulze, meinen Ko-Autor bei dem Buch »Endstation Kabul«. Er hat mich gerade in der Anfangsphase bei der ersten Version des neuen Manuskripts, aber auch bei einigen fachlichen Fragen im Rahmen der Recherche sehr unterstützt.

Erneut konnte ich auf meine »Econ-Familie« zurückgreifen. Hier ein besonderer Dank an meine wunderbare Lektorin Silvie Horch. Ohne sie wäre dieses Buch niemals zustande gekommen. Sie glänzte erneut mit Professionalität, den richtigen Fragen sowie guten Ideen und stand mir 24 Stunden am Tag zur Verfügung. Der Verlagsleiter Jürgen Diessl hat mir erneut auch bei schwierigen Themen den Rücken freigehalten. Um die »Econ-Familie« abzurunden, will ich auch Linda Lauer erwähnen, die mir erneut bei den zahllosen Arbeits-Workshops in Berlin organisatorisch zur Seite stand.

Damit ein Autor ein Buch schreiben kann, braucht es Personen, die ihm auch im normalen Arbeitsalltag den Rücken freihalten und mit Rat und Tat zur Seite stehen. Deshalb geht mein besonderer Dank an meine Mutter, Esther Wohlgethan. Ich kann mir keine bessere Mutter vorstellen. Gerade für sie waren meine Jahre beim Militär sehr fordernd. Dank ihrer Unterstützung war es mir möglich, nach meiner Bundeswehrzeit den Übergang in ein ziviles Leben zu finden, da sie zu jeder Zeit zu hundert Prozent an mich glaubte und hinter mir stand. Mama, unendlicher Dank an dich von deinem Sohn.

Meiner Assistentin in meiner Firma, Michaela Blechschmidt, gilt auch ein besonderer Dank. Gerade Michaela war für mich im Rahmen der Recherche eine unschätzbare Bereicherung. Des Weiteren hat sie mich neben der Mitarbeit am Manuskript in ihrer Freizeit bei sämtlichen administrativen Aufgaben in meiner Firma entlastet. Für deinen Einsatz besonderer Dank an dich, Michi.

Ein ganz spezieller Dank geht an Anja (den Nachnamen möchte ich hier nicht erwähnen), die sich bereit erklärte, einen Teil zum Buch aus Sicht einer »Soldatenfrau« beizutragen. Anja, ich weiß, dass es sehr schwer für dich war, diese Worte zu Papier zu bringen. Aber damit hast du mit Sicherheit sehr vielen Angehörigen aus der Seele gesprochen und geholfen. Vielen, vielen Dank an dich.

Natürlich bedanke ich mich auch bei den interessierten Lesern von »Endstation Kabul«, aber auch den interessierten Lesern dieses Buches. Nach wie vor bin ich gespannt auf Ihre Meinung, die Sie mit per Post oder Mail zukommen lassen können:

post@operation-kundus
www.operation-kundus.de

Ullstein Buchverlage GmbH
Econ Verlag
»Operation Kundus«
Friedrichstr. 126
10117 Berlin

Allen Soldatinnen und Soldaten in den Einsatzländern wünsche ich in dieser schwierigen Zeit des Krieges in Afghanistan nur das Beste und hoffe, dass alle Armeeangehörigen unverletzt an Körper und Geist zu ihren Lieben zurückkehren.

Last but not least bedanke ich mich im Nachhinein bei allen Angehörigen meines Kontingents, die mit mir gemeinsam in Kundus waren und sich jetzt in diesem Buch wiederfinden. Mancher meint vielleicht, nicht so gut weggekommen zu sein. Aber wir alle haben uns damals über die Missstände aufgeregt (und die gehen eben über Materialprobleme hinaus) und waren uns einig, dass die Zustände in einem solchen Einsatz an die Öffentlichkeit gehören. Ich hoffe dass diejenigen, die nach der Lektüre vielleicht ein bisschen sauer auf mich sind, sich an die damaligen Gespräche erinnern.

Achim Wohlgethan, im August 2009

Glossar und Abkürzungsverzeichnis

AOR **A**rea **o**f **R**esponsibility
Auf Deutsch »Verantwortungsbereich« der Truppen; wurde im Falle der deutschen ISAF-Teile per Mandat vom deutschen Parlament festgelegt.

BAT **B**eweglicher **A**rzt**t**rupp
Eine militärische Teileinheit der Bundeswehr zur notfallmedizinischen Erstversorgung. Sie besteht aus einem Notarzt, einem Rettungsassistenten und einem Kraftfahrer und ist das militärische Gegenstück zum zivilen Notarztwagen. Unterwegs ist der BAT meistens in einem geländegängigen Rettungswagen.

BFD **B**erufs**f**örderungs**d**ienst der Bundeswehr
Informiert, berät und qualifiziert Soldatinnen und Soldaten für einen zivilen Beruf nach der Bundeswehrzeit. »Soldaten auf Zeit« können bereits gegen Ende der Dienstzeit dieses Aus- und Weiterbildungsangebot wahrnehmen. Die finanzielle Förderung orientiert sich an der Dienstzeit.

BND **B**undes**n**achrichten**d**ienst
Neben dem Bundesamt für Verfassungsschutz und dem Militärischen Abschirmdienst (→ MAD) einer der drei deutschen Nachrichtendienste des Bundes und zuständig für die Auslandsaufklärung. Er wird, wie alle deutschen Dienste, vom Parlamentarischen Kontrollgremium überprüft.

DSO **D**ivision **S**pezielle **O**perationen
Bündelt dezentral alle luftlandefähigen Kräfte der Bundeswehr und wird bis 2010 etwa 10 000 Mann umfassen. Teile der Kräfte sind als Eingreifkräfte klassifiziert. Die in der Öffentlichkeit bekannteste unterstellte Einheit ist das Kommando Spezialkräfte (→ KSK).

ELG **E**insatz-**L**eit**g**ruppe
Betreibt und koordiniert Behelfsflugplätze und Landezonen. Sie nimmt auch Wetterdaten, prüft die Beschaffenheit des Geländes und gibt alle Infos an heranfliegende Luftfahrzeuge weiter.

EOD **E**xplosive **O**rdnance **D**isposal
Auf Deutsch »Munitionsräumdienst«; speziell geschulte Kräfte zur Erkennung und der sicheren Beseitigung von Sprengstoffen, Munition, Granaten und Raketen.

EPA **E**inmann**pa**ckung
Verpflegungspaket für einen Soldaten, das für 24 Stunden ausreichend ist. Es handelt sich ähnlich einem handelsüblichen Fertiggericht um sofort verzehrbare Nahrung in einem Vakuumpack, die außer dem Erwärmen nicht extra aufbereitet werden muss und auch kalt gegessen werden kann.

FAC **F**orward **A**ir **C**ontroller
Auf Deutsch »Fliegerleitoffizier«; eine Peron, die nach entsprechender Ausbildung dazu berechtigt ist, von einem Ort in unmittelbarer Nähe des Kampfgeschehens den Einsatz von Kampfflugzeugen zur Luftnahunterstützung zu koordinieren und leiten.

GTZ **G**esellschaft für **T**echnische **Z**usammenarbeit
Ein weltweit tätiges Unternehmen der internationalen Zusammenarbeit für nachhaltige Entwicklung mit Sitz in Eschborn bei Frankfurt. Bei der Gründung dieser Gesellschaft handelte es sich um einen Zusammenschluss der ehemaligen Bundesstelle für Entwicklungshilfe (BfE) mit der Deutschen Fördergesellschaft für Entwicklungsländer (GAWI) unter der Federführung des damaligen Entwicklungsministers Egon Bahr. Einziger Gesellschafter des gemeinnützigen Unternehmens ist die Bundesrepublik Deutschland.

ISAF **I**nternational **S**ecurity and **A**ssistance **F**orce
Auf Deutsch »Internationale Sicherheits- und Unterstützungskräfte«; die Sicherheits- und Aufbaumission unter NATO-Führung in Afghanistan. Im Deutschen wird die ISAF oft als »Schutztruppe« bezeichnet.

KCT **K**orps **C**ommando **T**roepen
Niederländische Spezialeinheit, vergleichbar mit dem deutschen → KSK. Seine Zeit als dem KCT unterstellter Kommandosoldat beschreibt Achim Wohlgethan in seinem Buch »Endstation Kabul«.

KSK **K**ommando **S**pezial**k**räfte
Eine Spezialeinheit und ein Großverband auf Brigadeebene der Bundeswehr mit den Einsatzschwerpunkten Aufklärung, Terrorismusbekämpfung, Rettung, Evakuierung und Bergung, Kommandokriegführung und Militärberatung. Das KSK mit Sitz im baden-württembergischen Calw untersteht truppendienstlich der Division Spezielle Operationen (→ DSO).

MAD **M**ilitärischer **A**bschirm**d**ienst
Deutscher Geheimdienst der Bundeswehr zur Aufklärung gegen die militärische Sicherheit gerichteter

Straftaten. Er untersteht dem Inspekteur der Streitkräftebasis und ist Teil der Streitkräfte.

NVA **N**ationale **V**olks**a**rmee
Von 1956 bis 1990 die Armee der Deutschen Demokratischen Republik.

OEF **O**peration **E**nduring **F**reedom
Auf Deutsch »Operation andauernde Freiheit«; die erste und bisher einzige militärische Großoperation im Rahmen des von den Vereinigten Staaten ausgerufenen Krieges gegen den Terrorismus. Sie wird in vier Regionen durchgeführt: in Afghanistan, am Horn von Afrika, auf den Philippinen und in Afrika innerhalb und südlich der Sahara. Militärischer Hauptakteur der OEF ist die US-Army, aber es nehmen auch viele verbündete Streitkräfte daran teil.

OPZ **Op**erations**z**entrale
Das Lagezentrum, in dem alle Informationen des Einsatzverbands zusammenlaufen und verarbeitet werden. Die OPZ führt und leitet die verschiedenen Operationen des Einsatzverbands.

PRT **P**rovincial **R**econstruction **T**eam
Auf Deutsch »Regionales Wiederaufbauteam«; in den Provinzen Afghanistans operierende Einheiten, die den Wiederaufbau der afghanischen Infrastruktur unterstützen und schützen sollen. Zurzeit gibt es landesweit 26 PRTs, sie stellen eines der Haupttruppenelemente der → ISAF. Die personelle Stärke und Zusammensetzung der Teams ist unterschiedlich und abhängig von der Lage vor Ort.

PTBS **P**ost**t**raumatische **B**elastung**s**s**t**örung
Psychische bzw. psychosomatische Symptome, die direkt oder auch zeitverzögert nach einem existentiellen, lebensbedrohenden Ereignis auftreten. Das traumatisierende Ereignis ruft of Todesangst, Entsetzen oder Gefühle von Hilflosigkeit hervor und kann auch Menschen treffen, die vorher psychisch gesund und gefestigt waren.

QRF **Q**uick **R**eaction **F**orce
Auf Deutsch »Schnelle Eingreiftruppe«; ein Verband, der je nach Gefährdungslage zusammengestellt wird und eine sehr kurze Bereitschaftszeit hat, um im Ernstfall schnell und gezielt bei Gefahr zu unterstützen.

Stuffz **St**abs**u**ntero**ffi**zier
Die bei der Bundeswehr übliche Abkürzung wird auch umgangssprachlich verwendet.

TAC-P **T**actical **A**ir **C**ontrol **P**arty
Auf Deutsch etwa »Kräfte zur taktischen Kontrolle des Luftraums«, haben die Aufgabe, Luftfahrzeuge anzufordern und einzuweisen und bestehen aus Kräften der → FAC plus Unterstützungspersonal.

TVB **T**ruppen**v**ersorgungs**b**earbeiter
Bearbeitet Materialanforderungen und setzt diese um.

Achim Wohlgethan
Endstation Kabul
Als deutscher Soldat in Afghanistan – ein Insiderbericht

ISBN 978-3-548-37277-8
www.ullstein-buchverlage.de

Wie fühlt es sich an, als deutscher Soldat in den Straßen von Kabul zu patrouillieren? Wie reagiert man, wenn plötzlich ein Kind mit einer Waffe vor einem steht? Und wie geht man als Soldat mit der ständigen Bedrohung um? In seinem Erfahrungsbericht gewährt der Fallschirmjäger Achim Wohlgethan erstmals einen ungeschönten Einblick in den Afghanistan-Einsatz der Bundeswehr. Ein packendes und längst fälliges Buch, das die Diskussion um die gefährliche Auslandsmission der Bundeswehr auf eine neue Basis gestellt hat.

»Ein brisantes, schockierendes Buch, es rüttelt auf, weil deutlich wird, welchen Risiken die Bundeswehrsoldaten ausgesetzt sind. Zudem besticht es durch klare Sprache und durch Authentizität.«
Stuttgarter Nachrichten

Deutschlands kriegerische Söhne

Franz Hutsch · **Exportschlager Tod**
Deutsche Söldner als Handlanger des Krieges
280 Seiten, Klappenbroschur
€ [D] 18,90 · € [A] 19,50
ISBN 978-3-430-20072-1

Deutsche Söldner sind eine heiß begehrte Ware: Immer mehr ehemalige Bundeswehr-Soldaten kämpfen für private Auftraggeber in den Kriegsgebieten dieser Welt und betreiben so eine Außenpolitik am Parlament vorbei. Franz Hutsch hat sich auf den Schlachtfeldern im Irak und in Afghanistan umgesehen und bringt Licht ins Dunkel einer im Verborgenen agierenden Branche.

»Geschickt verschränkt der Autor energiegeladene, vibrierende Reportagen mit präzisen Analysen.«
Deutschlandfunk